FRISCHE
GEMÜSE
KÜCHE

FRISCHE GEMÜSE KÜCHE

Grüner Genuss nach Jahreszeiten –
Anbau, Verarbeitung und mehr als 135 Rezepte

JAMES STRAWBRIDGE

DK | Penguin Random House

Art Direction und Foodfotografie James Strawbridge
Texte James Strawbridge
Fotografie Simon Burt

Lektorat
Katie Cowan, Holly Kyte, Lucy Philpott, Alastair Lang, Ruth O'Rourke,
Gestaltung und Bildredaktion
Maxine Pedliham, Harriet Yeomans, Abi Read, Christine Keilty
Umschlaggestaltung
Amy Cox, Lucy Philpott
Herstellung
Heather Bladgen, Rebecca Parton

Für die deutsche Ausgabe:
Programmleitung Monika Schlitzer
Projektbetreuung Julia Sommer
Herstellungsleitung Dorothee Whittaker
Herstellungskoordination Claudia Rode
Herstellung Inga Reinke

Übersetzung Brigit van der Avoort
Lektorat Annika Genning, Text-Genuss

Titel der englischen Originalausgabe:
The Complete Vegetable Cookbook

Der Originaltitel erschien 2021 in Großbritannien bei
Dorling Kindersley Limited DK, London, ein Unternehmen der
Penguin Random House Group.

ISBN 978-3-8310-4384-2

Druck und Bindung TBB, a.s., Slowakei

www.dk-verlag.de

Hinweis
Die Informationen und Ratschläge in diesem Buch sind von dem Autor und vom Verlag
sorgfältig erwogen und geprüft, dennoch kann eine Garantie nicht übernommen werden.
Eine Haftung des Autors bzw. des Verlags und seiner Beauftragten für Personen-, Sach- und
Vermögensschäden ist ausgeschlossen.

INHALT

Einleitung

Meine Liebe zu Gemüse begann, als ich nach der Schule mit meiner Familie und einem Selbstversorgergarten in Cornwall lebte. Wir bauten fast unser gesamtes Essen auf einem kleinen Hof selber an, und der Druck, das geerntete Gemüse auch zu verwerten, war hoch. Die tägliche Zubereitung unseres Gemüses wurde zur Herausforderung und zum großen Vergnügen gleichermaßen. Ich habe viel gelernt und musste ein kreativer Koch werden – wie begeisterte Gärtner bestätigen werden, so muss man bei einem Überangebot an Gemüse jede Woche neue Kochmethoden und Rezepte ersinnen, um einer gewissen Gemüse-Müdigkeit zu entgehen.

Heute haben viele Menschen den Wunsch, sich besser zu ernähren und nachhaltiger zu leben, um ihren Fußabdruck zu reduzieren. Mehr Gemüse zu verwenden, ist die wohl wirkungsvollste Art, beides zu erreichen. Der gesundheitliche und ökologische Nutzen wird durch bereichernde Kocherfahrungen belohnt. Gemüse ist überaus köstlich, und egal, warum Sie mehr Gemüse essen wollen, ich hoffe, dass Sie in diesem Buch reichlich kreative Ideen finden. Mein Ziel ist es, Ihnen zu helfen, häufiger Gemüse zu kochen und Ihr Repertoire zu vergrößern. Ich möchte Ihnen Kochtipps geben und zeigen, wie Sie kochen, ohne viel wegzuwerfen. Einige Rezepte wurden von Generation zu Generation weitergegeben; andere habe ich auf Reisen kennengelernt und zu Hause nachgekocht, oder aus purer Notwendigkeit erfunden. Gemüse belebt meine Sinne. Dieses Buch ist kein Gemüsemanifest. Es zelebriert Gemüse in allen Formen, möchte inspirieren und begeistern.

ENTSPANNT GENIESSEN

Meine Einstellung zum Essen habe ich vor allem meiner Mum und meinem Dad zu verdanken, die in meiner Kindheit immer selbst gekochtes Essen serviert haben, und ich versuche heute, es bei meinen Kindern genauso zu machen. Ich denke, dass wir uns die Umweltbelastung durch Lebensmittel bewusst machen müssen, um einen Wandel in der Gesellschaft zu bewirken. Gleichzeitig sollten wir für jede Mahlzeit dankbar sein und uns Zeit nehmen, so oft wie möglich zusammen zu essen.

Es macht einen Unterschied, wie wir uns nach einer Mahlzeit fühlen, wenn wir uns Zeit nehmen und auf verarbeitete Lebensmittel verzichten. Zeit zum Essen und gemeinsame Gespräche am Tisch sind ein Ritual, das für viele Familien verloren gegangen ist. Ich hoffe, dass diese Gerichte Farbe in Ihre Mahlzeiten bringen. Heute verschwimmen die Grenzen zwischen vegan, vegetarisch und flexitarisch immer mehr, und ich halte das für eine positive Entwicklung. Wir beäugen weniger kritisch, wer was isst, und deshalb ist es auch nicht mehr merkwürdig, voller Stolz zu sagen:

»Ich esse gern Gemüse.« Gutes Essen sollte immer mit anderen geteilt und mit einem offenen Herzen geschätzt werden.

ENTDECKEN SIE IHR TALENT

Um köstliche Gerichte zu kochen, brauchen Sie großartige Zutaten und ein paar Grundkenntnisse. Im Kapitel »Ran ans Gemüse« zeige ich Ihnen einige meiner Lieblingsmethoden. Versuchen Sie, durch häufiges Üben das Vertrauen in Ihre Kochkenntnisse zu stärken, und wenn Sie wissen, was Sie mit einem Gemüse machen können, dann geht's ans Experimentieren. Um die Liebe zum Kochen und Essen von Gemüse wiederzufinden, sollten Sie mit den Grundlagen beginnen und nach und nach Neues ausprobieren. Gemüse verzeiht vieles, wenn Sie die Grundzubereitung geschafft haben. Kombinieren Sie ungewöhnliche Zutaten und entwickeln Sie Eigenes. Seien Sie innovativ und mutig – kochen Sie mit Freude und erschließen Sie sich Ihr Potenzial als Gemüseköchin oder -koch!

BEWUSST OHNE RESTE

Häufig wird Gemüse ohne Wurzeln und Blattwerk verkauft, es ist in Plastik verpackt und manchmal sogar vorgeschnitten im Einwegbeutel erhältlich. Das führt dazu, dass wir völlig aus dem Blick verlieren, wie Gemüse geerntet wird. Wir wissen oftmals

nicht mal mehr, wie rohes Gemüse seinen Weg vom Feld auf unseren Teller findet. Um unser Essen noch schneller zuzubereiten, noch einfacher klein zu schneiden oder nur danach auszuwählen, ob es gut in den Kühlschrank passt, werfen wir wertvolle Teile einfach weg. Ich möchte Ihnen Gemüse vorstellen und zeigen, wie Sie auch Spitzen, Schale, Wurzeln und Triebe verwerten können, um so Lebensmittelabfälle zu reduzieren und nahrhafte Mahlzeiten zuzubereiten. Kochen ohne Reste ist eine Geisteshaltung, dank der Sie immer neue Möglichkeiten

entdecken, wie alle essbaren Teile verwertet werden können. Dies ist keine neue Art des Kochens. Früher ging man sparsamer mit Lebensmitteln um, Brühen und Saucen wurden eigens zubereitet und man nutzte alle Gemüseteile. Mit wachsender Bequemlichkeit haben sich Gleichgültigkeit und Abfallberge breitgemacht. Heute können wir unseren Teil zu einer Zero-Waste-Zukunft beitragen. Das wird viel Zeit, etliche Karottengrünpestos oder Chips aus Schalen vom Wurzelgemüse dauern, doch ich hoffe, dass dieser Weg auch für Sie bald Alltag und Gewohnheit wird.

SAISONALITÄT

Saisonales Genießen ist eine Lebensart und nicht eine Art zu Kochen. Dazu braucht es Geduld und Wertschätzung für jahreszeitliche Produkte. Wir haben uns daran gewöhnt, dass Zutaten über die ganze Welt transportiert werden; und so kaufen wir Spargel im September und Tomaten im Januar. Diese verrückte ganzjährige Verfügbarkeit von Gemüse hat uns die Freude genommen, die wir empfinden, wenn wir darauf warten, dass etwas wächst und geerntet wird. Wir alle sind für diese Fehlentwicklung verantwortlich, verdorben durch die ständig verfügbare, erschlagend riesige Auswahl an Gemüse, und es wird Jahre dauern, bis wir uns wieder daran gewöhnen, rein saisonal zu kochen. Doch es lohnt

sich, denn der Geschmack und das Aroma von lokal angebautem, saisonalem Gemüse sind unschlagbar. Ich liebe geschmorten Kohl im Winter sowie gefüllte Paprikaschoten im Sommer. Diese Einstellung zu Lebensmitteln macht das Kochen einfacher, denn sie lenkt den Blick auf unsere Umgebung, unsere lokale Gemeinschaft und die Umwelt. Grundsätzlich schmeckt saisonales Gemüse besser, es ist umweltfreundlicher und versorgt uns mit mehr gesunden Nährstoffen – wer muss da noch überlegen?!

»

*Wenn die Erde sich erwärmt
und die Tage sich längen,
erscheinen zarte Triebe
und Blätter, voller Optimis-
mus, frischen Aromen und
Wohlgefühl.*

FRÜHLING

Frühlingszwiebeln

BESCHWINGT UND LEUCHTEND

01

02

03

04

ESSBARE TEILE

01 GRÜNE BLÄTTER

*Das Grüne der Frühlings-
zwiebel ist süß und würzig im
Geschmack. Ich verwende es
roh oder gebe es kurz vor dem
Servieren wie Kräuter zu einem
Gericht. Köstlich in Butter mit
Frühkohl geschmort.*

02 BLATTSTIELE

*Dieser mittlere Abschnitt der
langen Blätter ist mir am aller-
liebsten. Er ist eine Kombination
aus saftiger, knackiger Zwiebel
und leuchtend grünen Blattspitzen. Ideal zum Kochen oder
roh in feine Ringe geschnitten
in einem Sojadressing oder im
Kartoffelsalat.*

03 ZWIEBEL

*In den schlanken Zwiebeln findet
sich der intensivste Lauchgeschmack. Sie halten Grillen,
Rösten und scharfes Anbraten
aus. Ich persönlich finde die
Zwiebel zu herb, um sie roh zu
verzehren, aber fein geschnitten
ist sie eine schöne Ergänzung
zum schlichten Käsebrot.*

04 WURZELN

*Die dünnen Wurzeln sind absolut
köstlich. Gebraten kräuseln
sie sich dekorativ und werden
knusprig, behalten aber ihren
feinen Zwiebelgeschmack.*

Roh oder gegart einfach fantastisch – Frühlingszwiebeln sind unglaublich vielseitig. Sie sind milder als normale Zwiebeln und haben eine grasige Wärme, um ein Gericht abzurunden, ohne andere Aromen durch zu viel Schärfe zu verdecken.

PFLANZE

Die Frühlingszwiebel gehört zur Pflanzenart *Allium cepa*, der Zwiebel. Sie wird geerntet, bevor die Zwiebel sich weiter ausbildet. Auch die Winterheckenzwiebel (*Allium fistulosum*) kann als Frühlingszwiebel gelten, sie bildet jedoch buschige Horste aus. Die Frühlingszwiebel ist klein, etwa 20 cm lang, mit aufrecht wachsenden röhrenartigen Blättern, die zur Spitze hin dunkler werden, sich nach unten zu einer mehr oder weniger dicken Zwiebel verbreitern. Die ganze Pflanze ist essbar, wächst ganzjährig und ist auch in auffälligen roten Sorten erhältlich. Milder als die Zwiebel.

KOCHTIPPS

Frühlingszwiebeln können roh oder gegart für Salate und Getreide-Bowls oder für Grillgerichte und Pfannengerührtes verwendet werden. Verarbeiten Sie die Frühlingszwiebeln als Erstes, damit sie ihr fein-pfeffriges Aroma an andere Zutaten abgeben können. Die klein geschnittenen grünen Teile gebe ich zum Ende der Zubereitungszeit hinzu. Frühlingszwiebeln werden mit Ingwer für asiatische Gerichte verwendet. Sie geben Salsas und Dips eine pikante Note und sind perfekt in einem Ranch-Dressing. Schmoren Sie das knackige Grün wie Lauch in Öl und Zitrone oder fein gehackt mit Petersilie und Minze für ein Taboulé. Oder die Wurzeln in Mehl wenden, anbraten und als Garnitur für Suppe oder einen warmen Salat verwenden.

ZUBEREITUNG

Die Wurzeln unter fließendem kaltem Wasser abspülen, trockene äußere Blätter abziehen. Ich teile die Pflanze in grüne Blätter, weiße Zwiebel und Wurzeln, bevor ich mich an die Zubereitung mache (**Abb. a**). Dann schneide ich grüne und weiße Teile: längs in lange Streifen für Tacos und Reis-Pfannkuchen (lange Streifen lassen sich gut für ein knuspriges Allium-Nest mit Wurzeln frittieren); die Zwiebel in breite Scheiben schneiden. Der schräge Schnitt für Asia-Gerichte sorgt für hübsches Grün auf dem Teller und nutzt die Zwiebeloberfläche optimal – ideal für eine scharfe Sauce.

ZERO WASTE

Die grünen Enden nur kappen, wenn sie beschädigt sind. Genießen Sie zur Abwechslung einmal den Geschmack der unterschiedlichen Abschnitte der Frühlingszwiebel. Sie werden feststellen, dass nichts weggeworfen werden muss. Eigentlich haben Sie Gemüse und Kraut in einem.

Frühlingszwiebeln halten sich 5–7 Tage im Kühlschrank – oder länger, wenn sie zusätzlich in ein feuchtes Tuch gewickelt werden. Sie halten nicht so lange wie Zwiebeln, da sie weniger Feuchtigkeit enthalten. Blanchiert oder zusätzlich eingefroren sind sie haltbarer. Große Mengen im Ganzen oder klein geschnitten am besten in einer starken Lösung von 2:2:1 Apfel- oder Weißweinessig, Wasser und Zucker einlegen.

SORTEN

WINTERHECKENZWIEBEL

Sie hat meist nicht so dicke Zwiebeln und ähnelt Schnittlauch. Mit festem unterem Abschnitt, viel Süße und Schärfe. Beliebt in der mexikanischen oder asiatischen Küche, fein geschnitten wunderbar in Currys oder Reisgerichten.

CALÇOT

Saftig und weich, gekocht mit einer leichten rauchigen Süße. Eine Kreuzung mit Lauch, weshalb sie größer ist. Auch als rote Sorte erhältlich. Sie ähnelt im Geschmack der Winterheckenzwiebel, ist aber saftiger. Kurz blanchiert und gegrillt ist sie fantastisch, vor allem, weil sie bei starker Hitze karamellisiert und einen ausgeprägt süßen Geschmack entwickelt.

ROTE FRÜHLINGSZWIEBEL

Horstbildend, lange Blätter, eine dünne Wurzel, und sie ist leuchtend rot. Der Geschmack ist knackig mit grasiger Note. Ich finde sie ein wenig süß. Auch hier sind alle Teile essbar.

Abb. a

IMBISS ODER BEILAGE

Scharf gegrillte Calçots mit Romesco-Sauce

FÜR 2 PERSONEN

In Katalonien hat die Zubereitung frisch geernteter Calçots über dem Feuer Tradition. Dort wird sogar die Erde, in denen sie gewachsen sind, als Schutz vor den starken Flammen genutzt. Die Zwiebeln werden von der schmutzigen äußeren Schale befreit und in kühle Romesco-Sauce gedippt. Ich habe hier die Wurzeln für eine knusprige Garnitur gebraten und die rote Paprikaschote für die warme Sauce geröstet.

ZUTATEN

6–8 Calçots, Wurzeln abgeschnitten und beiseitegelegt
1 EL Olivenöl

Romesco-Sauce
1 rote Paprikaschote
3 EL Olivenöl, plus mehr zum Beträufeln
50 g blanchierte Mandeln
1 Knoblauchzehe
1 EL Sherryessig
1 TL geräuchertes Paprikapulver
Meersalz

Zubereitung

01 Für die Romesco-Sauce den Backofen auf 200 °C vorheizen. Die Paprikaschote auf ein Backblech legen, mit wenig Öl beträufeln und 25–30 Minuten im Ofen rösten. Kurz abkühlen lassen, dann die Haut von der Paprika abziehen und von Stiel und Samen befreien.

02 Die Mandeln in einer antihaftbeschichteten Pfanne ohne Fett 3–4 Minuten rösten und dann im Mixer mit gerösteter Paprikaschote, Knoblauch, Essig und Paprikapulver zu einer stückigen Paste verarbeiten.

03 Einen Grill anzünden. Das Olivenöl in feinem Strahl zur Paprikapaste hinzugießen, gleichzeitig mit der Pulsefunktion alles zu einem glänzenden Dip pürieren. Mit Meersalz abschmecken.

04 Die ganzen Zwiebeln auf dem Grill über glühenden Kohlen kräftig grillen und zusammenfallen lassen.

05 In einer Pfanne die Calçot-Wurzeln in Olivenöl knusprig braten und auf den kräftig gebratenen Zwiebeln anrichten. Alles mit der Sauce servieren.

Kartoffel-Zwiebel-Stampf

FÜR 4 PERSONEN

Ich komme aus einer großen irischen Familie, und zu meiner ersten Küchenerfahrung gehörte champ, *wie der Kartoffel-Zwiebel-Stampf bei uns heißt. Es ist kinderleicht, ein echter Klassiker, der gut zu Veggie-Würstchen, sautiertem Blattgemüse oder Nussbraten passt. Wie bei vielen irischen Gerichten sind allerbeste Kartoffeln und reichlich Butter wichtig. Die Frühlingszwiebeln stehlen mit ihrem Geschmack dem Rest die Show, doch das geht nur mit dem gehaltvollen, luftigen Stampf als Kontrast.*

ZUTATEN

12 vegetarische Würstchen

740 g mehligkochende Kartoffeln, geschält

Meersalz

150 ml Milch

100 g Frühlingszwiebeln, in feine Ringe geschnitten und in weiße und grüne Abschnitte geteilt

100 g Butter, plus mehr nach Belieben

frisch gemahlener weißer Pfeffer

Zubereitung

01 Den Backofen auf 200 °C vorheizen und darin die vegetarischen Würstchen 25 Minuten braten.

02 Gleichzeitig die Kartoffeln in Salzwasser in 20 Minuten weich garen.

03 Die Milch mit dem Weiß der gehackten Frühlingszwiebeln erhitzen. Aufkochen, den Topf vom Herd nehmen und die Zwiebeln ziehen lassen.

04 Die Kartoffeln abgießen, wieder im Topf mit der Butter zu einem glatten, cremigen Stampf zerdrücken. Ich mag den Stampf lieber grob und stampfe alles nicht so stark.

05 Milch samt gehackten Frühlingszwiebeln unterrühren.

06 Die grünen Blattspitzen untermischen und alles mit Salz und Pfeffer abschmecken. Nach Belieben mit Butter verfeinern, alles mit den Veggie-Würstchen anrichten. Als Beilage eignen sich in Butter angebratener Kohl oder Rübchen.

BEILAGE

Frühlingszwiebel-Pickles

ERGIBT 1 GLAS À 500 ML

Ich liebe eingelegte Zwiebeln, muss aber zugeben, dass sie intensiv schmecken und mit ihrer Schärfe die Tränen in die Augen treiben. Ich bevorzuge diese mildere Variante mit knackigen, eingelegten Frühlingszwiebeln. Mit Käse und Crackern ein echter Genuss!

ZUTATEN

12 Frühlingszwiebeln, geputzt und auf Glashöhe geschnitten

200 ml Zucker

2 Knoblauchzehen

1 TL schwarze Pfefferkörner

1 TL Chiliflocken

1 TL Aleppo-Pfefferflocken

1 TL gelbe Senfsamen

Meersalz

1 EL gehackter Dill

Zubereitung

01 Trockene oder gelbe Blätter entfernen und unter fließendem kaltem Wasser die Wurzeln abspülen. Zum Sterilisieren ein Glas mit 500 ml Fassungsvermögen 15 Minuten in den 100 °C heißen Backofen stellen. Anschließend die Frühlingszwiebeln einfüllen.

02 Sämtliche weiteren Zutaten, außer dem Dill, in einem großen Topf mit 100 ml Wasser und 1 Prise Salz erhitzen, bis die Mischung gerade anfängt zu kochen.

03 Diese heiße Einlegeflüssigkeit, einschließlich der Würzmittel, in das Glas gießen und nach 5 Minuten, wenn sie leicht abgekühlt ist, den Dill hinzufügen.

04 Den Deckel fest verschließen und die Pickles 2 Tage zimmerwarm ziehen lassen. Sie halten sich ungeöffnet an einem kühlen Ort bis zu 6 Monate, auch wenn die Frühlingszwiebeln ein wenig Biss verlieren. Geöffnet im Kühlschrank 1–2 Wochen haltbar.

Radieschen

PFEFFRIGER PUNKROCKER

01

02

03

04

ESSBARE TEILE

01 BLÄTTER

Jung geerntete Blätter sind noch weich genug, um sie roh zu essen, etwa gehackt in einem pfeffrigen Salat. Später werden die Blätter härter, und sie sind wegen ihrer feinen Borsten nicht mehr essbar: Braten oder grillen Sie ältere Blätter wie Spinat oder Brennnessel. Radieschenspitzen lassen sich mit Frühkohl in Butter anbraten.

02 STÄNGEL

Der Radieschenstängel ist saftig und pfeffrig wie Senf. Er kann roh im Salat oder gehackt in Wokgerichten oder Gemüseauf-läufen verwendet werden.

03 WURZEL

Die Wurzel ist der verlockendste Teil. Unter der farbenprächtigen Haut findet sich weißes Fleisch. Oftmals etwas scharf und schön knackig, kann die Wurzel roh oder gegart genossen werden.

04 PFAHLWURZEL

Die Pfahlwurzeln schmecken roh oder können im kleinen Bund gebraten als überraschende Garnitur genutzt werden.

Ein Bund Radieschen in der Küche ist ein denkwürdiger Anblick: bezaubernd mit seinen scharlachroten Knollen und hellgrünen Blättern. Wie eine Punkfrisur. Als echter Rebell kann dieses kleine Gemüse aber richtig Eindruck schinden.

PFLANZE

Das Radieschen gehört zur Familie der Kreuzblütengewächse und ist seit vielen Jahren der ungekrönte Star im Zwischenfruchtanbau jedes Gemüsegartens, da es schnell und gut zwischen anderen Gemüsereihen wächst. Man war sich lange Zeit uneins über sein scharfes, pfeffriges Aroma. Einige mögen die Senfschärfe, andere lehnen Radieschen frisch aus dem Garten rundheraus ab. Es gibt Radieschen in allen Formen, Farben und Geschmacksrichtungen. Die ganze Pflanze ist essbar und äußerst geschmackvoll. Von Februar bis Juli sparsam und regelmäßig aussäen, dann können Sie immer wieder frisch ernten.

ZUBEREITUNG

Radieschen unter fließendem kaltem Wasser säubern und ältere Blätter, die beschädigt sind oder bitter schmecken könnten, entfernen. Die abgeschnittenen Blätter in eine Schüssel mit Eiswasser legen, damit sie knackig bleiben. Außerdem werden die Wurzeln dadurch etwas fester. Die Wurzeln machen ein bisschen Arbeit, da sie so klein sind. Größere Sorten wie die Hybride 'Bluemoon' mit einem scharfen Messer in feine Scheiben schneiden (**Abb. a**), während eine Mandoline (Gemüsehobel) für hauchdünne Scheiben aus kleineren Sorten hilfreich ist. Scheuen Sie sich nicht, das Radieschen im Ganzen oder in Scheiben mit saisonalem Gemüse zu schmoren.

SORTEN

RADIESCHEN

Das allseits bekannte rote Radieschen ist scharlachrot, rund, mit weißem Fleisch und Blättern mit scharfem Senfaroma. Intensiver Brunnenkresse-Geschmack

'PURPLE PLUM'

Kleine kugelige Wurzel, außen leicht violett und innen weiß. Mit angenehmer würziger Schärfe bleibt dieses Radieschen länger knackig als andere Sorten.

'FRENCH VIOLET'

Ein violettes Radieschen von länglicher Form und mit buschigen Blättern. Die Farbe verblasst zur Spitze zu strahlendem Weiß; es schmeckt halbsüß und pfeffrig.

'MIRABEAU'

Ein zylinderförmiges, breiter werdendes Radieschen, rot mit hübscher weißer Spitze; knackig mit intensivem Pfefferaroma. Beim Grillen und Rösten treten die natürlichen nussigen und süßen Aromen hervor.

SCHWARZER RETTICH

Lang und schmal mit grober, matt-brauner oder schwarzer Schale und fest-knackigem weißen Fleisch. Diese Sorte enthält weniger Wasser, schmeckt würzig. Lässt sich gut sauer einlegen oder über Kohle grillen.

WINTER-/DAIKON-RETTICH

Eine winterfeste Pflanze, die einfach angebaut werden kann und mild schmeckt, fast wie ein Rübchen. Lässt sich gut kochen und ist größer als andere Sorten, bis zu 30 cm lang.

Abb. a

FORTSETZUNG

Abb. b

Abb. c

KOCHTIPPS

Viele würden Radieschen niemals kochen, und ich weiß auch, warum – sie schmecken roh einfach fantastisch. Gleichwohl ergeben sich durchs Garen aufregende neue Möglichkeiten. Durch (scharfes) Grillen tritt die Süße hervor, Einlegen fördert die würzige Wärme, und diese Pickles peppen ein Gericht ideal mit Pfeffernoten auf.

Schneiden Sie Radieschen roh in Scheiben und nehmen Sie den Geschmack als Richtschnur, um weitere Aromen anzupassen. Radieschen harmonieren mit Butter. Servieren Sie sie also eiskalt mit Kräuterbutter und Meersalzflocken als Appetizer. Dazu die harten Blätter entfernen – diese später separat zubereiten (siehe *Zero Waste*) – und die restliche Pflanze in Eiswasser tauchen, damit sie schön knackig bleibt. Als Fingerfood auf einer Party servieren (**Abb. b**).

Oder weiße Radieschen in reichlich Butter braten oder in Brühe mit Frühkohl und weißem Pfeffer dünsten (**Abb. c**), als Beilage Nussbraten oder Kartoffel-Zwiebel-Stampf, (s. S. 18) servieren.

ZERO WASTE

Das ganze Radieschen ist essbar, und es gibt keinen Grund, nicht die ganze Pflanze zu kochen. Vielleicht zunächst einmal die Blätter in Olivenöl, Meersalz und Zitronensaft anbraten, damit Sie wissen, wie sie sich gut zubereiten lassen, und dann den pfeffrigen Geschmack genießen. Radieschenblätter schmecken kräftig und passen gut zu intensiven Aromen.

Wenn Sie Radieschen haltbar machen wollen, dann eignet sich meiner Meinung nach nur das Einlegen. Ich nehme dazu immer Reisessig mit weißem Miso, Algen und Sternanis. Wenn es weniger ausgefallen sein soll, verwende ich eine Kombination aus Senfsamen, schwarzen Pfefferkörnern, Chiliflocken und Dill in einem gesüßten Apfelessig. Ich empfehle außerdem, Radieschen mit Roter Bete und roten Zwiebeln oder gehobeltem Fenchel einzulegen. Einfach Zitrone und Gewürze hinzufügen und später zu Butter, Käse und gehaltvollen Gemüsegerichten servieren.

Gegrillte Radieschen mit würzigem Labneh

FÜR 2 PERSONEN

Als ich zum ersten Mal Radieschen gekocht habe, kamen sie direkt aus dem Gemüsebeet auf den Raketenofen (Schnellverbrenner). Sie warfen Blasen, waren fast schwarz und landeten mit der restlichen Ernte auf einem Fladenbrot. Seitdem weiß ich um die dunkle Magie, die sich entfaltet, wenn Radieschen auf die offene Flamme oder die sehr heiße Pfanne treffen – ihre Farbe verändert sich deutlich, was fast frevelhaft erscheinen mag. Dieses wunderbare Gericht schockiert und verzaubert gleichermaßen.

ZUTATEN

8–12 Radieschen, samt Blattansätzen
1 EL Olivenöl
Meersalzflocken
Minzeblätter, zum Garnieren

Würziger Labneh
½ TL rosa Pfefferbeeren
½ TL Sumach (orient. Gewürzmischung)
½ TL Za'atar (orient. Gewürzmischung)
2 EL Labneh (liban. Frisch-käse; oder abgetropfter Joghurt

Zubereitung

01 Wenn die Zubereitung im Haus erfolgt, eine stabile Pfanne erhitzen – möglichst eine gusseisernen Grillpfanne verwenden, denn sie verträgt auch scharfes Anbraten. Ansonsten ein Holzkohlefeuer auf dem Grill anzünden.

02 In einer Schüssel die Radieschen im Olivenöl wenden und auf den heißen Grill legen. Bei starker Hitze oder über starker Glut kräftig grillen. Mit einer Zange regelmäßig wenden. Es macht nichts, wenn das Grün zusammen-fällt – es schmeckt trotzdem köstlich.

03 Vom Grill oder aus der Pfanne nehmen und kräftig mit Meersalzflocken bestreuen.

04 Für den Labneh rosa Pfefferbeeren, Sumach und Za'atar über den Labneh streuen und das Gericht mit Minzeblät-tern garnieren. Die Radieschen noch warm servieren.

FRÜHSTÜCK ODER LEICHTER LUNCH

Radieschenblatt-Frittata
FÜR 2 PERSONEN

Egal, wie viel Mühe Sie sich auch geben, es werden immer Radieschenblätter übrig bleiben. Ich selbst erliege der Versuchung: Die violett-roten Wurzeln schaffen es kaum in den Kühlschrank. Es bleiben die Blätter – und in diesem Gericht lassen sie sich wunderbar für ein schnelles, nahrhaftes Frühstück oder ein leichtes Mittagessen verwenden. Die Frittata feiert die pfeffrigen Radieschenblätter als eigenständige Hauptzutat.

ZUTATEN

3 Bio-Eier (Größe L)

Meersalz und frisch gemahlener schwarzer Pfeffer

1 EL geriebener Hartkäse (z. B. mittelalter Cheddar, Gouda oder Gruyère), nach Belieben

25 g gesalzene Butter

6–8 Radieschenblätter, gern noch mit Radieschenanschnitt

Zubereitung

01 Den Backofen auf 200 °C vorheizen und eine ofenfeste Pfanne darin vorwärmen.

02 Die Eier verquirlen, salzen und pfeffern. Nach Belieben den Hartkäse untermischen, wenn die Frittata gehaltvoller werden soll.

03 Die Butter in der Pfanne zerlassen, und bevor sie bräunt und Bläschen wirft, die Radieschenblätter hineinlegen. Die Eiermasse hinzugießen. Alles bei starker Hitze kurz durchrühren.

04 Die Masse in der Pfanne bei mittlerer Hitze stocken lassen. Noch 2 Minuten backen und dann die Pfanne in den Backofen stellen. Die Frittata 5–10 Minuten im Ofen backen, bis die Oberseite goldgelb ist.

Knackige Radieschenblätter und Shichimi Togarashi

FÜR 2 PERSONEN

Eines der schnellsten Gerichte: Es wird Ihr Bild vom Radieschen zunichte machen. Gebraten bekommt das Blatt einen pfeffrigen, algenähnlichen Umamigeschmack und eine gewisse Leichtigkeit. Es ist fast durchscheinend, wie ein Buntglasfenster. Die Blätter zergehen mit feinem Crunch. Mit japanischem Sieben-Gewürze-Pulver dazu werden sie noch köstlicher.

ZUTATEN

2 EL Pflanzenöl
12 Radieschenblätter
Meersalz
Limettenmayonnaise
(1 TL Limettensaft auf
1 EL Mayonnaise)
Schnittlauchblüten, zum
Garnieren (nach Belieben)

Shichimi Togarashi
je 1 TL Chiliflocken, Mohn-
samen, Szechuan-Pfef-
ferkörner, Algenflocken,
weißer sowie schwarzer
Sesam und gemahlener
Ingwer

Zubereitung

01   Für das Shichimi Togarashi sämtliche Zutaten mischen und in der Gewürzmühle oder im Mörser zu einem feinen Pulver verarbeiten.

02   Das Pflanzenöl in einer Pfanne erhitzen und darin nacheinander jeweils 2–3 große Radieschenblätter braten. Insgesamt 2–3 Minuten braten, bis sie fest, hellgrün und extrem knusprig sind.

03   Die gebratenen Blätter auf Küchenpapier abtropfen lassen und noch warm mit Shichimi Togarashi und Meersalz bestreuen.

04   Die Radieschenblätter mit Limettenmayonnaise anrichten und nach Belieben mit Schnittlauchblüten garnieren.

(Früh-)Kohl
FRÜHES BLATTGEMÜSE MIT WEICHEM HERZ

ESSBARE TEILE

01 ÄUSSERE BLÄTTER

Die dunklen äußeren Blätter haben in der Wachstumszeit mehr Licht bekommen und schmecken daher kräftiger. Viele entfernen sie zum Kochen, doch hier finden sich die meisten Vitamine und Nährstoffe der Pflanze, deshalb empfehle ich, sie zu nutzen.

02 INNERE BLÄTTER

Diese fest anliegenden, spitzen Blätter sind gegart äußerst süß und sehr zart. Sie haben einen feinen Geschmack, auch roh.

03 STRUNK UND HERZ

Der Strunk eines Frühkohls ist bitterer als die Blätter, aber längst nicht so hart wie bei einem ausgewachsenen Weißkohl. Er lässt sich, wie das Herz, mitgaren.

Wenn die Erntezeit des Frühkohls naht, ist jede Winterdepression verflogen. Die süßen, zarten Blätter betteln förmlich nach Öl, zerlassener Butter und Zitrone, oder aber nach einer kräftigen Kräuterbrühe zum Schmoren. Sie schmecken auch pur gedünstet mit etwas Salz und Pfeffer.

PFLANZE

Frühkohl gehört zur Gattung des Kohls und ist reich an Vitamin K und C. Es gibt einige Frühkohlarten, aber auch Rüben aus der Familie des Kohls, wie die Speiserübe, zählen dazu. Der Frühkohl kann spitz sein oder lockere Blätter haben. Er ist zarter als seine Wintercousins, denn seine inneren Blätter bilden nur ein kleines Herz oder liegen flach am Strunk, ohne Herz in der Mitte. Frühkohl ist in Nordeuropa beliebt und hier oftmals das erste geerntete Blattgemüse im Jahr. Der Kohl wird knapp über dem Boden abgeschnitten, und der zurückbleibende Strunk wird dann für die zweite Ernte eines Minikohls kreuzweise tief eingeschnitten.

KOCHTIPPS

Wenn Sie zum ersten Mal Frühkohl zubereiten, dann schwitzen Sie die Blätter einige Minuten in Butter und Zitronensaft an. Die Zitrone erst zum Ende hinzugeben, damit der Kohl nicht bitter wird und sich verfärbt. Dazu passen Muskatnuss, weißer Pfeffer, Rosmarin und Nusskerne. Den härteren Strunk längs vierteln, damit die Hitze besser dorthin gelangt. Wird er beim Braten oder Grillen mit Flüssigkeit beträufelt, trocknet er weniger aus. Behandeln Sie ihn wie Blumenkohl oder Brokkoli – er sollte Biss haben, aber ein wenig nachgeben, wenn Sie hineinstechen. Ganze Herzen beim Garen mit Fetten oder Marinaden beträufeln, damit sie saftig bleiben.

ZUBEREITUNG

Wählen Sie beim Frühkohl feste, glänzende Exemplare, die an den Rändern nicht dunkel oder welk sind. Ein dunkles Grün deutet auf einen kräftigen Geschmack hin, der einigen vielleicht zu intensiv ist. Die einzelnen Abschnitte unterschiedlich zubereiten, so wie es ein Fleischesser mit einem großen Bratenstück machen würde: Der Strunk ist wie ein Knochen, in dem viel Geschmack steckt, doch es dauert, bis er weich wird und bis das Bindegewebe zerfällt. Vor der Zubereitung die dunklen Außenblätter entfernen und waschen, dann zum Anbraten das Innere längs in Streifen schneiden oder das ganze Blatt verwenden.

ZERO WASTE

Frisch geernteter Frühkohl hält sich etwa 1 Woche im Kühlschrank. Soll er länger haltbar sein, dann aus den inneren Blättern Sauerkraut oder Kimchi zubereiten (s. S. 284–285). In einer dreiprozentigen Meersalzlösung (s. S. 103) fermentieren und nach Belieben (Kreuz-)Kümmelsamen hinzufügen – oder reichlich Ingwer und Chili, wenn daraus ein Kimchi werden soll. Die gesäuberten, kräftig schmeckenden äußeren Blätter können beim Fermentieren das Backpapier ersetzen. Ein Blatt zuschneiden, über die Lake legen und zum Fermentieren mit einem Gewicht beschweren, damit Sauerkraut oder Kimchi vollständig von der Lake bedeckt sind.

SORTEN

SPITZKOHL

Das ist mein persönlicher Favorit. Er ist zart und wegen seines großen spitzen Kopfes und des süßen Geschmacks beliebt. Nach dem Schmoren hat er noch Biss, auch perfekt im Krautsalat.

BLATTKOHL

Mit seinen lockeren grünen Blättern und ohne harten Strunk ist er häufig das erste zarte Kohlgemüse im Frühjahr.

GEMÜSEKOHL 'GREYHOUND'

Eine alte Sorte mit wenigen äußeren Blättern. Zwar hat er ein Herz, doch oftmals wird er als Blattkohl gezogen, denn er wächst schnell und hat einen exzellenten Geschmack.

RÜBENBLÄTTER

Diese werden zwar häufig weggeworfen, doch das pikante Blatt enthält viel Vitamin C und A. In der Küche der amerikanischen Südstaaten sowie in einigen Küchen Skandinaviens sehr beliebt. Aus den Blättern lässt sich wunderbar ein Kimchi zubereiten. Zeitig geerntet, schmecken die Blätter am besten.

HAUPTGERICHT

Frühkohl mit gelbem Kokoscurry

FÜR 4 PERSONEN

Kohl muss nicht klösterlich daherkommen. Hier erfährt er mit Zitronengras und Ingwer eine Zen-Verwandlung und wird zum perfekten Freitagabend-Wohlfühlessen. So gibt er den allmählich länger werdenden Abenden etwas Farbe und lässt uns von exotischen Küsten träumen. Der Spitzkohl ist eine großartige Alternative zu Asia-Nudeln – die grünen Blätter scheinen durch die gehaltvolle Kurkumasauce, und die Kohlstreifen behalten gerade so viel Biss, dass sie sich um Gabel oder Essstäbchen wickeln lassen.

ZUTATEN

1 EL Kokosöl

1 EL gemahlene Kurkuma

1 EL dünn gehobelter frischer Ingwer

1 TL gelbe Thai-Currypaste

½ Spitzkohl, gehobelt

½ rote Paprikaschote, in Streifen geschnitten

1 Karotte, geschält und in Scheiben geschnitten

100 g Shiitake-Pilze oder Austernseitlinge, in Scheiben geschnitten

6 Frühlingszwiebeln, in Ringe geschnitten

2 Stängel Zitronengras, klein gehackt

1 Zucchini, in Scheiben geschnitten

4 Kaffirlimettenblätter

2 EL fein gehacktes Koriandergrün

200 ml Kokosmilch

1 TL Kokoszucker

Sojasauce, zum Würzen

Zubereitung

01 In einem großen Wok das Kokosöl mit Kurkuma, Ingwer und gelber Currypaste 1–2 Minuten bei starker Hitze anbraten, dann sämtliche weiteren Zutaten, außer Kokosmilch, Kokoszucker und Sojasauce, hinzufügen.

02 Alles gut umrühren und garen, bis der Kohl in sich zusammenfällt und das Gemüse weich ist. Dann Kokosmilch und Kokoszucker hinzufügen.

03 Aufkochen und 3–4 Minuten köcheln lassen. Zum Schluss die Sauce mit Sojasauce würzen und das Curry sofort servieren; die Kaffirlimettenblätter zuvor entfernen.

BEILAGE

Gerösteter Spitzkohl mit Rosmarin und Orange

FÜR 2 PERSONEN

Dies ist eine meiner Spezialitäten – eine sehr persönliche Kreation, die ich auf einige Speisekarten gesetzt habe, inspiriert von dem letzten Gastro-Trend, Frühkohl über dem Feuer zu grillen. Das Gemüse selbst ist ideal, um meine Liebe zu Aromen, Geschmacksschichten und architektonischer Einfachheit zu verbinden. Das mag sich für Kohl etwas überkandidelt anhören, aber Sie schmecken die Metamorphose förmlich. Die gewellten Blätter des Spitzkohls bilden perfekte Taschen, die mit Geschmack gefüllt und mit seidiger Butter beträufelt werden können.

ZUTATEN

75 g Butter

4 Knoblauchzehen, in Scheiben geschnitten

abgeriebene Schale und Saft von 1 Bio-Orange, etwas Abrieb zum Garnieren aufbewahren

2 Zweige Rosmarin, Nadeln abgestreift und grob gehackt

1 Spitzkohl

etwas Schlangenknoblauch (oder Frühlingszwiebeln)

Meersalz

Zubereitung

01   In einer Pfanne die Butter mit Knoblauch, Orangensaft und gehackten Rosmarinnadeln zerlassen. Orangenabrieb hinzufügen. Die aromatisierte Butter vom Herd nehmen und durchziehen lassen.

02   Den Backofen auf 200 °C vorheizen oder den Grill anzünden. Den Kohl längs halbieren und rundum mit der aromatisierten Butter einpinseln.

03   Die Kohlhälften auf dem Backblech im Backofen rösten oder direkt auf den Grill legen, dabei sollte die Butter möglichst nicht ins Feuer tropfen. Regelmäßig wenden und mit Knoblauch-Rosmarin-Butter einpinseln.

04   Noch 20–25 Minuten rösten und einpinseln, bis der Strunk weich und die Kohlblätter dunkel geröstet sind (je länger die Röstzeit, desto weicher das Herz). Den Schlangenknoblauch mit auf das Backblech legen oder grillen, bis er nach 15 Minuten weich ist.

05   Der Kohl ist gar, wenn der Strunk sich leicht einschneiden lässt. Mit Meersalz bestreuen und mit Orangenabrieb garnieren, um die Aromen der Zitrusöle zu verstärken.

BEILAGE

In Cidre geschmorter Kohl mit Maronen

FÜR 2 PERSONEN

Dieses Gericht berührt alle Sinne, obwohl es einfach nur beige aussieht. Das blass-grüne Herz des Spitzkohls ist ideal zum sanften Schmoren in warm-würzigem Cidre, um so seine ganze Süße preiszugeben. Ich habe zusätzlich noch schwarze Sommertrüffeln darübergehobelt, denn ich finde, der Kohl hat es verdient. Ebenso prima mit geriebenen Maronen. Das Gericht erinnert an kalte Wintertage. Legen Sie nach Belieben etwas rohen Kohl beiseite, zum Garnieren für Biss und Frische, was nur Frühkohl zu bieten hat.

ZUTATEN

1 Spitzkohl

50 g Butter

1 gute Prise frisch geriebene Muskatnuss

1 Prise frisch gemahlener weißer Pfeffer

100 g Maronen, gegart und geschält, (plus mehr, in Butter geschwenkt und gehobelt, zum Garnieren – nach Belieben)

250 ml Cidre

Meersalz

1 schwarze Sommertrüffel, gehobelt, zum Garnieren (nach Belieben)

Zubereitung

01 Den Kohl vierteln und mit dem Gemüsehobel von jeder Seite eines Viertels etwas abhobeln. Die Hobel in Eiswasser aufbewahren.

02 Für die Schmorflüssigkeit in einem breiten Topf die Butter mit Muskat und Pfeffer zerlassen. Dann die Kohlviertel und die Maronen hinzufügen. Alles in der Butter von jeder Seite scharf anbraten, sodass sich die Umaminoten und Röstaromen entfalten.

03 Dann den Cidre hinzugießen und bei geschlossenem Deckel stark köcheln lassen, bis der Kohl weich und die Flüssigkeit eingekocht ist. Mit Meersalz kräftig abschmecken.

04 Auf jeden Teller etwas abgetropften rohen Kohl legen, mit geschmortem Kohl, Maronen, Schmorflüssigkeit und Cidre-Jus anrichten. Zum Schluss mit frisch gehobelten Trüffeln oder gehobelten Maronen garnieren.

Spargel
GERNE ZART UND GUT GEGART

ESSBARE TEILE

01 SPITZE

Der weichste Teil der Pflanze. Spargelspitzen haben gedämpft oder gebraten eine zarte, buttrige Textur. Sie bieten den feinsten Spargelgeschmack und eine kürzere Garzeit.

02 BLÄTTER

Die Blattschuppen sind essbar und müssen nicht entfernt werden. In Restaurants wird Spargel meist geschält angeboten, aber gerade hier sitzt viel Aroma. Deshalb koche ich immer die Stangen im Ganzen.

03 STANGE

Textur und Geschmack sind zwar von unten bis oben unterschiedlich, dabei ist die ganze Stange essbar. Am besten ist der Teil oberhalb des Bruchpunkts.

04 UNTERES ENDE

Spargel wird knapp oberhalb der Erde gestochen. Deshalb bleiben am unteren Ende noch Erde oder Sand hängen, was entfernt werden muss. Das untere Ende ist faserig und holzig, aber dennoch genießbar (großzügiger schälen, auf jeden Fall beim weißen Spargel).

Die Spargelzeit ist leider nur kurz; sie fällt genau in den Beginn des Frühlings. Trotz seines zarten Geschmacks passt Spargel gut zu starken Aromen. Deshalb kochen Sie ihn am besten mit Zutaten, deren erdige Noten er unterstreicht.

PFLANZE

Spargel wächst am besten im gemäßigten Klima in einem durchlässigen, unkrautfreien Boden, der vor dem Pflanzen so aufbereitet wird, dass er einen neutralen pH-Wert (6,5–7,5) hat. Da die Erntezeit kurz ist und er erst ab dem dritten Jahr gestochen wird, ist Spargel meist teuer. Den Großteil des Jahres hat er seine Ruhezeit und ist eigentlich ein mehrjähriges Kraut, das unterirdische Rhizome bildet. Von den essbaren weiblichen oder männlichen Stängeln wird meist der männliche bei der Ernte bevorzugt, da er bessere Stangen produziert. Spargel ist reich an antioxidativem Glutathion und der Aminosäure Asparagin, die den Körper bei der Abfuhr von zu viel Salz unterstützen.

KOCHTIPPS

Spargel kann gedämpft, kurz angebraten, über glühender Kohle gegrillt oder pfannengerührt werden. Spitze und oberer Stängel sind so zart, dass ich sie häufig separat zubereite. Schneiden Sie die Spitzen in der letzten Minute in ein Risotto oder verwenden Sie sie roh in einem Salat. Längere Stangen in der Mitte längs halbieren, damit sie schneller und gleichmäßiger garen, oder in feine Bänder schälen. Das Stangenende ist holziger und wird durchs Schmoren, Braten oder Grillen weich und süß. Ideal auch für kräftige Saucen und zum Glasieren. Investieren Sie eventuell in einen extra hohen Spargeltopf mit Einsatz.

ZUBEREITUNG

Wählen Sie beim Spargel immer die frischesten Stangen für den besten Geschmack. Die Stangen sollten fest, saftig und die Spitzen geschlossen sein. Puristen brechen die Stangen immer an ihrem natürlichem Bruchpunkt mit den Händen durch und verwenden nur den zarten oberen Abschnitt. So wird das faserige Ende entfernt, was jedoch eine ganz schöne Verschwendung ist. Ich verwende möglichst jeden Zentimeter meines Spargels und entferne nur die Abschnitte, die sich wirklich kaum garen lassen (s. *Kochtipps*). Die grünen Stangen vor dem Kochen gründlich abspülen, weißen Spargel mit dem Gemüseschäler schälen und die Enden kappen.

ZERO WASTE

Spargel hält sich ungewaschen bis zu etwa 1 Woche im Kühlschrank. Eventuell die Stangenenden aufrecht in etwas Wasser stellen oder mit einem feuchten Küchentuch einwickeln. Bei einem Überschuss an Spargel einfach die Stangen blanchieren und für später im Jahr einfrieren. Ich bewahre Spargel kaum auf, denn die Saison ist kurz. Ich koche ihn gern frisch, doch er lässt sich auch extrem gut einlegen. Durch die Einlegflüssigkeit mit Lorbeerblatt und Aromaten (wie schwarzer Pfeffer, gelber Senf, Chili und Knoblauch) bleiben die Stangen noch lange schön knackig.

SORTEN

GRÜNER SPARGEL

Die grünen Stangen werden bis zu 23 cm lang und zwischen März und Ende April geerntet.

JUMBO-SPARGEL

Trotz seiner Größe behält der Jumbo-Spargel mit den dicken Stängeln Textur und Geschmack. Je größer der Spargel, desto nussiger der Geschmack, obwohl die zarte Note nicht direkt zu erkennen ist. Ihm macht auch längeres Kochen nichts aus.

WEISSER SPARGEL

Er wächst ohne Sonnenlicht in der Erde und hat daher einen milden und feinen Geschmack mit bitterem Hauch. Ich finde, er schmeckt eher wie Rübe oder Erbse im Vergleich zur pflanzlichen, grasigen Note des grünen Spargels.

VIOLETTER SPARGEL

Ähnlich dem grünen Spargel, allerdings weniger faserig und mit 20 Prozent höherem Zuckergehalt, was die Süße erklärt. Nur die Schale ist violett; darunter ist er blassgrün und cremig.

WILDER SPARGEL

Dieser mehrjährige Spargel wächst im Mittelmeerklima, in Ländern wie Italien oder Kroatien also durchaus als Wildwuchs. Sammeln Sie in der Natur nur wenige Stangen, damit die Pflanze nachwachsen kann. Sie wächst im späten Frühling und hat dünne Stängel, ist fest und knackig. Das Blatt ist farnähnlich.

HAUPTGERICHT

Teriyaki-Spargel-Nudeln und eingelegte Eier
FÜR 2 PERSONEN

Das Schöne an Pfannengerührtem ist, dass es schnell und einfach geht und köstlich schmeckt. Der feine Spargelgeschmack bleibt dabei erhalten. Abgerundet wird das Frühlingsgemüse durch ein einfaches Sojadressing. Mit dem eingelegten Ei, das bereits einige Stunden vorher zubereitet werden muss, kommt eine farbenfrohe Schärfe hinein, die das süße und salzige Spargelnest aufmischt.

ZUTATEN

Udon-Nudeln (jap. Weizennudeln), nach Belieben

6 Stangen grüner Spargel

1 EL Sesamöl

1 EL dünn gehobelter frischer Ingwer

½ Frühlingskohl, gehobelt

2 EL Teriyaki-Sauce

2 EL grob gehacktes Koriandergrün

1 Prise Shichimi Togarashi (jap. Sieben-Gewürze-Pulver, s. S. 25)

Eingelegte Eier

75 ml Apfelessig

1 Knolle Rote Bete, gegart und gewürfelt

1 EL Zucker

½ TL Meersalz

2 Eier, hart gekocht und gepellt

Zubereitung

01 Für die eingelegten Eier Essig und 50 ml Wasser in einem Topf erhitzen. Rote Bete (für Farbe und erdige Note), Zucker und Salz hinzufügen und alles umrühren. Die gepellten Eier in die Flüssigkeit legen und 4–6 Stunden darin ziehen lassen, zwischendurch wenden. Sie werden durch die Rote Bete rosa und durch die Flüssigkeit süßsauer.

02 Werden Udon-Nudeln verwendet, diese vorher in Salzwasser 8 Minuten garen. Unter fließendem kaltem Wasser die Stärke abspülen und die Nudeln abtropfen lassen.

03 Inzwischen die Spargelstangen mit einem Sparschäler oder einem Gemüsehobel in lange Bänder zerteilen. Das Sesamöl in einer Pfanne erhitzen und Ingwer, Kohl und Spargel 2 Minuten darin anbraten.

04 Die Teriyaki-Sauce und den Koriander hinzufügen. Gut umrühren und die Udon-Nudeln (falls verwendet) untermischen.

05 Auf Tellern mit dem eingelegten Ei und 1 großzügigen Prise Shichimi Togarashi anrichten und sofort servieren.

BRUNCH

Spargelspitzen mit Algen-Hollandaise

FÜR 2 PERSONEN

Dies ist ein sonniges Brunchgericht, das noch immer einer meiner absoluten Lieblinge ist. Es ist mild im Geschmack und raffiniert, dabei gleichzeitig kühn und optisch überzeugend. Die zarten Spargelstangen werden gegart und bekommen einen üppigen Samtmantel. Die Algen-Hollandaise ist meine Version dieser klassischen Buttersauce, die so wunderbar zum Spargel passt.

ZUTATEN

1 EL Olivenöl

8–12 Stangen grüner Spargel

1 Prise Algensalz

Saft von 1 Zitrone

1 EL Apfelessig

4 Eier

1 große Handvoll Brunnenkresse, zum Garnieren

Algen-Hollandaise

4 Eigelb, zimmerwarm

½ TL Dijonsenf

1 Knoblauchzehe, klein gehackt

1 TL Algenflocken

150 g Butter, zerlassen und abgekühlt

1 EL Zitronensaft

1 Prise Algensalz

Zubereitung

01 Für die Algen-Hollandaise in einer großen Rührschüssel Eigelbe verquirlen und Senf, Knoblauch und Algenflocken hinzufügen. Die zerlassene Butter unter ständigem Schlagen in feinem Strahl hinzugießen. Dann Zitronensaft einrühren, alles mit Algensalz abschmecken.

02 Für den Spargel das Olivenöl in einer großen Pfanne erhitzen und die Spargelstangen darin 2–3 Minuten rundum anbraten. Mit Algensalz und Zitronensaft abschmecken.

03 Inzwischen die Eier pochieren: Wasser in einem Topf aufkochen, den Apfelessig hinzufügen. Alles verwirbeln und die Eier einzeln in den Wirbel aufschlagen und 2–3 Minuten sprudelnd kochen. Mit dem Schaumlöffel herausheben. Die Eier auf Spargelbett mit der Sauce hollandaise und Brunnenkresse servieren.

Spargelstangen im Tempura-Mantel

FÜR 2 PERSONEN

Der Spargel hat eine Selbstsicherheit, die sich auch dann noch zeigt, wenn er von starken Aromen umgeben ist. Dieses Gericht feiert die kräftigen, nussigen Aromen, indem es die Stangen mit süßsaurem Dipp und einer kräftigen Prise Algensalz verbindet. Für Tempura-Gemüse blanchiere ich das Gemüse vor dem Frittieren leicht, doch beim Spargel reichen die wenigen Minuten im heißen Öl, damit der goldgelbe Teigmantel knusprig bleibt und der Spargel darunter zwar weich wird, aber seinen Biss behält.

ZUTATEN

Pflanzenöl, zum Frittieren

12 Stangen Spargel

1 TL Algensalz oder
  Kimchi-Pulver

Tempura-Teig

100 g Speisestärke

150 g Mehl

10 g Backpulver

180 ml Sprudelwasser,
  eisgekühlt

Dip

2 EL Sojasauce

1 EL Mirin (Reiswein)

1 EL fein gewürfelte
  Salatgurke

1 TL flüssiger Honig

1 TL Sesam

½ TL fein gehackter frischer
  Ingwer

½ TL entkernte und fein
  gehackte rote Chilischote

½ TL fein gehackter
  Knoblauch

Zubereitung

01 In einer großen Pfanne oder im Wok das Pflanzenöl auf 180 °C erhitzen. Für den Teig Speisestärke, Mehl und Backpulver in einer Schüssel vermischen. Unter ständigem Rühren in feinem Strahl das eiskalte Sprudelwasser hinzugießen und alles zu einem glatten Teig verarbeiten.

02 Für den Dip sämtliche Zutaten in einer Schüssel mischen.

03 Die Spargelstangen in den Teig tauchen und portionsweise jeweils 3–4 Minuten im heißen Öl frittieren. Mit dem Schaumlöffel herausheben und auf Küchenpapier abtropfen lassen. Mit Algensalz oder Kimchi-Pulver bestreuen und noch warm mit dem Dip servieren.

(Früh-)Kartoffel

BOTEN DES FRÜHLINGS

01

'Red Duke of York'

'Charlotte'

02

'Cornish' Frühkartoffel

'Jersey Royal'

ESSBARE TEILE

01 SCHALE

Die Schale der Frühkartoffeln ist sehr dünn und kann schnell aufreißen. Darum die Knollen nur sehr vorsichtig mit einer Gemüsebürste oder einem Tuch säubern. Die meisten Nährstoffe stecken im Fleisch, aber die essbare Schale ist kaliumreich und deshalb lasse ich sie beim Garen lieber dran.

02 FLEISCH

Das süße weiße, gelbe oder butterfarbene Fleisch der Frühkartoffel ist das Beste an der Pflanze. Die Kartoffel kann im Ganzen oder klein geschnitten (dann geht's schneller) gegart werden. Roh ist sie aufgrund ihres Gehalts an Solanin giftig.

Wenn dieses bescheidene Gemüse erscheint, wird es Zeit, sich die Hände schmutzig zu machen und nach Gold zu graben. Schnuppern Sie an der süßlichen Erde an den Knollen und genießen Sie die Vorboten des Frühlings. Ganz gleich, welche Form, Größe oder Farbe: Meine Küche ist den Frühen treu zu Diensten.

PFLANZE

Frühkartoffeln sind spezielle Sorten, die aus Saatkartoffeln wegen ihrer frühen Erntezeit und ihres ausgeprägten Geschmacks angebaut werden. Sie unterscheiden sich von Babykartoffeln und werden als frühes Gemüse im Frühling geschätzt. Die meisten Sorten sind fest und speckig, einige etwas mehlig. Sie haben eine dünne Schale, die sich beim Rösten schön zusammenzieht. Anders als mehlige Spätkartoffeln behalten Frühkartoffeln auch gegart und geschnitten ihre Form. Sie haben wenig Fett und viel Vitamin C. Da sich ihr Zucker noch nicht in Stärke umgewandelt hat, sind sie süßer. Ideal als Salatkartoffeln, da sie gut zu kalten Gerichten und leichten Aromen passen und im Salat nicht zerfallen.

ZUBEREITUNG

Wählen Sie möglichst feste, trockene, unbeschädigte Kartoffeln – frisch vom Feld. Frühkartoffeln werden nicht geschält, sondern nur vorsichtig, aber gründlich gebürstet oder abgerieben (**Abb. a**). Diese Vorbereitung mag aufwendig erscheinen, vor allem, wenn Sie sonst saubere Kartoffeln im Plastikbeutel gewöhnt sind. Aber ungewaschene Kartoffeln sind länger haltbar, denn der Schmutz schützt ihre Schale und kann leicht entfernt werden.

SORTEN

'JERSEY ROYAL'

Eine bekannte Frühkartoffel, die gegart süß und festkochend ist. Sie wächst im fruchtbaren Boden auf Jersey und hat eine geschützte Ursprungsbezeichnung. Sie kann früh geerntet werden und gehört zu meinen Lieblingssorten.

'RED DUKE OF YORK'

Diese Sorte hat eine auffallend purpurne Schale, die auch das Kochen übersteht, cremig weißes Fleisch und einen kräftigen Geschmack. Nicht so festkochend wie die meisten.

'CHARLOTTE'

Meine Schwester heißt Charlotte, sodass wir aus reiner Familienverbundenheit diese Sorte immer schon gern gekocht haben. Ich mag voreingenommen sein, aber die Sorte ist fantastisch, mit weißer Schale, ovaler Form und einem Hauch von Süße. Perfekt für einen Kartoffelsalat.

'CORNISH' FRÜHKARTOFFEL

Das ist meine heimische Knolle. Dank der warmen Frühlinge und des milden maritimen Klimas in Cornwall können die Bauern bereits im Januar pflanzen und früh ernten. Bei diesen Kartoffeln mit weicher Schale reicht es aus, die hauchdünne Schale sanft abzureiben. Köstlich und süß im Geschmack.

Abb. a

FORTSETZUNG

KOCHTIPPS

Als Zutat ist die Frühkartoffel äußerst vielseitig und hat einen feinen Mandelgeschmack. Sie kann gekocht oder geröstet werden, zu genießen heiß oder kalt. Zum Kochen die Kartoffeln in kaltem Salzwasser aufsetzen (und nicht in bereits kochendes Wasser legen; da sie sehr klein sind, würden sie außen zu stark und innen zu wenig gegart) und 10–15 Minuten garen. Größere Frühkartoffeln halbieren und genauso lange garen. Mit einem Messer die Garprobe machen. Abgießen, in gesalzener Butter und frischen Kräutern wie Schnittlauch oder Petersilie schwenken.

Oder die Kartoffeln mit Minzestängeln oder Rosmarinzweigen im Kochwasser garen – und dann mit Meersalz und Olivenöl servieren. Seit einigen Jahren bereite ich meine Version des klassischen Frühkartoffelsalats zu, der Zutaten einer Sauce tartare mit frisch gegarten Kartoffeln mischt. Dazu jeweils 1 EL Dill, Petersilie, Schnittlauch, Zitronenabrieb, Kapern, Gewürzgurkenwürfel und Mayonnaise verrühren. Die noch warmen Kartoffeln darin wenden und fertig ist ein frischer, pikanter Salat (**Abb. b**).

Frühkartoffeln sind perfekt für ein Curry. Meine Oma in Nordirland hat uns als Kinder mit dieser Sucht infiziert und Kartoffeln mit würziger Tomatensauce gemischt. Probieren Sie ein klassisches Saag Aloo mit Kreuzkümmelsamen, Garam masala und Fenchelsamen. Die buttrigen Kartoffeln saugen die Aromen auf und schenken jedem scharfen Gericht eine wunderbare Süße.

Abb. b

ZERO WASTE

Frühkartoffeln sind haltbar, wenn sie kühl, dunkel, »dreckig« und gut belüftet gelagert werden. In einem perforierten Karton oder in einer braunen Papiertüte bleiben sie länger frisch. Wenn Sie Kartoffeln selbst anbauen, lassen Sie sie möglichst lange in der Erde – frisch geerntet schmecken sie, wie vieles, am besten.

Ich mache sie durch Fermentieren gern länger haltbar. Durch die Milchsäuregärung bekommen sie vor dem Rösten zusätzlich Geschmack. Fermentiert sind sie einige Monate haltbar. Ich fermentiere sie am liebsten nur kurz (s. S. 282–283), höchstens 4–5 Tage, und lege sie vor dem Garen oder Rösten in den Kühlschrank. Vor dem Fermentieren in einer dreiprozentigen Salzlake (s. S. 103) die Kartoffeln gründlich abbürsten.

LEICHTER LUNCH

Hasselback-Kartoffeln in Kressesuppe
FÜR 4 PERSONEN

Diese Suppe ist extrem einfach in der Zubereitung, hat aber trotzdem das gewisse Etwas, das ich als Koch so sehr schätze: Sie schmeckt genauso wie im Rezept angekündigt. Die Balance zwischen süßen Kartoffeln und leichter, mineralischer Brunnenkresse wärmt, aber nicht zu stark. Die Hasselback-Kartoffeln sind mein Ersatz für Croûtons, sind aber mehr als nur knusprig. Diese Suppe ist sämig, samtig, schlicht und fein-pfeffrig. Sie feiert den Frühling mit unaufdringlicher Pracht.

ZUTATEN

1 kg Frühkartoffeln

2 EL Olivenöl

1 Schalotte, gewürfelt

1 TL Meersalz, plus 1 Prise

1 TL frisch gemahlener weißer Pfeffer, plus 1 Prise

1 TL frisch gemahlener schwarzer Pfeffer

½ TL frisch geriebene Muskatnuss

500 ml Gemüsebrühe

100 ml Milch

200 g Brunnenkresse

Minzöl, zum Beträufeln

Joghurt, zum Garnieren

Zubereitung

01 Den Backofen auf 220 °C vorheizen. Die Hälfte der Kartoffeln vorsichtig zu Hasselbacks schneiden – d. h. in kleinen Abständen ein-, aber nicht ganz durchschneiden. In eine Auflaufform legen und mit 1 EL Olivenöl zwischen den Einschnitten beträufeln. Mit je 1 Prise Salz und Pfeffer bestreuen und 30–35 Minuten im Ofen rösten.

02 Inzwischen die restlichen Kartoffeln würfeln. Restliches Olivenöl (1 EL) in einem Topf erhitzen und Kartoffel- sowie Schalottenwürfel bei geringer Hitze weich dünsten. Nach 10 Minuten Salz, weißen und schwarzen Pfeffer, Muskat und Gemüsebrühe hinzufügen. Aufkochen und dann 10 Minuten köcheln lassen.

03 Die Kartoffeln sind weich genug, wenn sie sich zwischen den Fingern zerdrücken lassen. Milch und Brunnenkresse hinzufügen. Alles mit dem Stabmixer pürieren.

04 Alles salzen und pfeffern, einmal durchwärmen. Mit den Hasselback-Kartoffeln und einigen Spritzern Minzöl servieren und Joghurt in kleinen Wirbeln einrühren.

HAUPTGERICHT

Röstkartoffeln mit Schlangenknoblauch, fermentierter Chili und Oliven

FÜR 4 PERSONEN

Meine Frau Holly hat sich ursprünglich von einem Ottolenghi-Rezept inspirieren lassen und diese Variante kreiert, die bei uns zu einem beliebten Frühlingsgericht avanciert ist. Die Kartoffeln sind der perfekte Widerspruch in sich: knusprig, zäh, weich und fest gleichzeitig. Oliven und fermentierte Chili setzen salzige Highlights, während der Schlangenknoblauch für die Lauchnote sorgt. So muss einfaches Kochen sein – ohne Tricks und viel Schnickschnack.

ZUTATEN

1 kg Frühkartoffeln, 2–5 cm dünn gehobelt

50 g grüne Oliven

1 Schalotte, gewürfelt

8 Artischockenherzen, gegart

1 Bund Schlangenknoblauch

2 Zweige Thymian

1 EL fermentierte Chilischote (s. S. 107 oder 1 TL Chiliflocken)

1 TL Meersalz

4 EL Olivenöl

Zubereitung

01 Den Backofen auf 200 °C vorheizen.

02 Sämtliche Zutaten, außer dem Öl, auf einem tiefen Backblech oder in einer Raine vermischen und großzügig mit Olivenöl beträufeln. Nochmals mischen, damit alles vom Öl überzogen ist, und dann möglichst flach verteilen.

03 Im Ofen 20–25 Minuten rösten, zwischendurch wenden, damit alles gut vom Öl überzogen ist.

04 Servieren, sobald die Kartoffeln schön knusprig gegart sind.

BEILAGE

Röstkartoffelsalat mit Holunderblüten und Zitrone

FÜR 4 PERSONEN

Wenn im Spätfrühling die ersten Holunderblüten erscheinen, erwacht in mir das Verlangen, leichtere Gerichte zu kochen. Dieser wärmende Kartoffelsalat verbindet die Jahreszeiten. Ich röste Frühkartoffeln mit dünn geschnittenen Zitronen- und Knoblauchscheiben für herbe Umaminoten. Dazwischen knusprige Blütendolden für einen Blüten-Honig-Hauch.

ZUTATEN

1 kg Frühkartoffeln

Meersalz

1 Bio-Zitrone, in dünne Scheiben geschnitten

2 Knoblauchzehen, in dünne Scheiben geschnitten

8–12 Holunderblütendolden, plus mehr zum Garnieren

2 EL Olivenöl, plus mehr zum Beträufeln

frisch gemahlener schwarzer Pfeffer

Zubereitung

01 Den Backofen auf 220 °C vorheizen.

02 Die Kartoffeln in Wasser mit wenig Salz 5–10 Minuten garen und dann abgießen, danach halbieren.

03 In einer großen Auflaufform Kartoffeln, Zitronen- und Knoblauchscheiben, Holunderblüten und Olivenöl gründlich mischen, salzen und pfeffern.

04 Nun 20 Minuten im Ofen rösten, dabei nach 10 Minuten einmal wenden. Die Kartoffeln müssen außen knusprig und innen weich und wachsartig sein. Zitrone, Knoblauch und Holunderblüten sollten schön karamellisieren.

05 Mit etwas extra Öl beträufeln und mit 1 Prise Meersalz bestreut sowie einigen frischen Dolden garniert servieren.

Erbsen

IN DER SCHOTE LIEGT INNERER FRIEDEN

Zuckerschote

Gartenerbse

ESSBARE TEILE

01 ERBSE

Die Erbse ist nicht nur die Schote (Hülse), sondern auch die süße grüne Frucht oder der Samen im Inneren. Sie schmeckt roh vorzüglich und sollte möglichst frisch verzehrt werden, da sie rasch an Süße verliert.

02 SCHOTEN

Alle Erbsenschoten sind essbar, aber die Hülsen einiger Sorten (vor allem bei der Gartenerbse) sind roh nicht wirklich lecker. Deshalb zunächst die Schote aufbrechen und den Faden an der Seite entfernen. Bei Zuckererbsen und -schoten kann die ganze Schote gegessen werden.

03 BLATTRANKEN

Die Erbsenranken – Triebe, Blätter und Stängel – sind köstlich im Salat und schmecken auch roh, wenn sie jung geerntet werden.

BLÜTEN

Die hübschen, zarten Blüten sind essbar, schmecken aber besser, wenn sie wie ausgewachsene Blattranken eine Minute mit etwas Öl in der heißen Pfanne angebraten werden.

Der Zauber der Erbsen offenbart sich, wenn die rundlichen Schoten gepflückt werden, um dann die süßen grünen Samen zum Vorschein zu bringen. Sie sind bei uns in der Familie äußerst beliebt, roh oder gegart – mit ihrem leuchtenden Grün machen sie immer Freude.

PFLANZE

Erbsen gehören zur Familie der Hülsenfrüchtler und sind reich an Vitamin A und B, Kalzium und Zink. Sie liefern Protein und Kohlenhydrate. Die Pflanze wächst an einem sonnigen Ort bis zu 2 m hoch und benötigt ein Rankgerüst oder Stangen, an denen sie sich emporwinden kann. Sie nehmen im Gemüsebeet viel Platz ein, liefern aber nur eine kleine Ernte, doch genau wie bei Kartoffeln gibt es frühe oder späte Sorten. Wenn sie nicht alle zur selben Zeit geerntet werden müssen, können Sie täglich eine Handvoll frischer Erbsen aus dem Garten holen. Durch eine versetzte Aussaat verlängern Sie die Erntezeit. Sie können Blattranken und ausgereifte Schoten genießen. Die Pflanzung im Winter unter einem Schutz lässt das Grün im Garten sprießen, sobald der Frühling kommt.

Abb. a

ZUBEREITUNG

Je nach Erbsensorte gibt es bei der Zubereitung außer dem Palen wenig zu tun. Zudem schmecken fast alle Erbsen roh ganz wunderbar. Also beschränkt sich das Kochen auf das Nötigste. Sorten mit fester Hülse vor dem Palen 2 Minuten in kochendes Wasser und dann in Eiswasser (**Abb. b**) legen, das stoppt den Garvorgang. Dann den Faden an der Seite abziehen. Die Schote aufbrechen, die Erbsen herauslösen und entweder einfrieren, roh genießen oder kochen. Erbsen möglichst direkt nach dem Pflücken zubereiten, bevor der Zucker in Stärke umgewandelt wird, dann schmecken sie am süßesten.

Abb. b

SORTEN

GARTENERBSE

In großen grünen Schoten stecken süße rundliche Erbsen mit Biss, die roh oder gegart verzehrt werden können. Die Schoten sind faserig, können aber gegart und dann als Suppe oder Dip püriert werden. Oder sie aromatisieren Brühen und Saucen.

ZUCKERSCHOTE

Manchmal auch Zuckererbse genannt; sie produziert viel kleinere Kerne als die Gartenerbse. Die flache Schote wird als Ganzes gegart und gegessen.

GELBE ZUCKERSCHOTE

*Diese Sorte reift langsamer, schmeckt süß und nussig und hat goldgelbe Schoten (**Abb. a**). Zuckerschoten sind winterhart und können schon im Winter gesät werden, um im zeitigen Frühjahr geerntet zu werden, allerdings sind die Erbsen dann kaum erkennbar. Die Blüten sind wunderschön violett.*

ZUCKERERBSE

Diese fadenlose Sorte hat eine knackige, fülligere Schote (im Gegensatz zu den flachen Zuckerschoten) und darin sechs bis acht schöne, süße Erbsen. Sie ist quasi eine Kreuzung zwischen Gartenerbse und Zuckerschote und braucht vor dem Kochen nicht gepalt zu werden.

FORTSETZUNG

Abb. c

KOCHTIPPS

Erbsen sind sehr vielseitig und können für
verschiedene Gerichte verwendet werden,
einschließlich Currys, bunten Pürees,
Suppen und Eintöpfen. Ich favorisiere
meist eine schnelle Zubereitung – entweder Dämpfen oder 2–3 Minuten Garen
in kochendem Wasser, damit sie Farbe,
Süße, Knackigkeit und Frische behalten.
Ich koche sie gern mit Schote, sodass sie
dann in der Hülse gedämpft werden. Oder
Sie beträufeln sie mit Öl und garen sie in
einem Metallsieb über dem heißen Grill
oder schmoren sie in einer heißen Pfanne
mit gehobelten Mandeln und Minzeblättern
an. Die Schoten braten kräftig an, während
die Erbsen weich werden und süß bleiben.
Die Erbsen selbst werden geröstet auch
zum leckeren Imbiss: blanchierte Erbsen
kräftig mit Meersalz bestreuen und dann
im Backofen 35 Minuten rösten oder in Öl
anbraten. Mit Wasabipulver bestreut werden
sie extrascharf.

ZERO WASTE

Meine irische Oma braute Erbsenschoten
zu Wein, und so versuche ich auch immer,
die Schoten weiterzuverwenden, statt sie zu
kompostieren. Sie können sie für ein rustikales Hummus mit Erbsen blanchieren und
pürieren oder die Schoten anbraten, damit
sie Suppen und Saucen Umami verleihen.
Wie wäre es mit der Zero-Waste-Erbsensuppe (**Abb. c**)? Schoten und Erbsen mit
gehackter Schalotte und Minze kurz anbraten, glatt pürieren und für eine rustikale
Suppe mit kräftig angebratenen Schoten
statt Croûtons garnieren und Joghurt
einquirlen.

Wenn Sie Erbsen haltbar machen möchten, dann am besten direkt nach der Ernte.
Zum Einfrieren 1–2 Minuten in kochendem
Wasser blanchieren, abtropfen lassen und
in Eiswasser legen, um den Garprozess
zu stoppen. Nebeneinander verteilt mit
Abstand auf einem Backblech einfrieren.
So lassen sie sich besser in einen Gefrierbeutel oder einen Behälter füllen – und
sich portioniert entnehmen.

Erbsen-Bulgur-Risotto mit Minze und eingelegter Zitrone

FÜR 4 PERSONEN

Dieses war eines der ersten Gerichte, auf das sich meine Frau und ich für unsere Hochzeit einigen konnten. Erbsen und Minze sind ein zeitloses Duo, aber ich habe meiner Version ein kleines Update verpasst. Die salzig eingelegte Zitrone und die blumigen Blütenpollen ergänzen die süßen Erbsen, während reichlich Pfeffer den Geschmack erdet. Dieses Gericht liegt mir besonders am Herzen, und ich werde es immer weiter verfeinern.

ZUTATEN

1 Schalotte, fein gewürfelt

2 Knoblauchzehen, fein gewürfelt

2 EL Olivenöl

250 g Bulgur

75 ml Weißwein

200 g Erbsen, gepalt

2 EL fein gehackte Minze

2 kleine eingelegte Zitronen, grob gehackt

1 l Gemüsebrühe (Erbsenschoten hinzufügen, wenn die Brühe selbst zubereitet wird; s. S. 266–267)

1 TL Meersalz

1 TL frisch gemahlener schwarzer Pfeffer

2 TL Blütenpollen

frisch geriebener Parmesan, Erbsentriebe sowie Zuckererbsen, blanchiert, zum Garnieren

Zubereitung

01 Zuerst die Schalotten- und Knoblauchwürfel im Olivenöl bei schwacher Hitze 4–5 Minuten anschwitzen.

02 Den Bulgur einrühren, bis er vom Öl überzogen ist. Den Weißwein hinzugießen, um den Bodensatz zu lösen, und 2–3 Minuten einkochen lassen.

03 Erbsen, Minze, eingelegte Zitrone und Brühe hinzufügen. Bei mittlerer Hitze 10–15 Minuten köcheln lassen, dabei immer wieder umrühren, damit nichts ansetzt. Den Bulgur garen, bis die Brühe aufgenommen ist.

04 Vor dem Servieren den Risotto mit Salz, Pfeffer und Blütenpollen abschmecken. Mit Parmesan, Erbsentrieben und blanchierten Zuckererbsen garnieren.

LEICHTER LUNCH ODER BEILAGE

Salat aus Erbsentrieben mit essbaren Blüten und Zitronenöl

FÜR 2 PERSONEN

Erbsentriebe eignen sich fantastisch für einen Salat – ich mag, dass sie in allen Küchen als essbarer Teil der Erbsenpflanze gesehen werden. Das gilt auch für essbare Blüten. Sie laden dazu ein, eine Zutat zu entdecken und alle ihre Teile zu genießen. Die von mir hier verwendeten Blüten passen wunderbar zu süßen Erbsentrieben und pfeffrigen Radieschen. Sie sorgen für Farbtupfer sowie ungewöhnliche Aromen. Auch wenn Sie nicht alle oder keine frischen Blüten finden – vielleicht bekommen Sie ja einige –, so sorgen getrocknete Blütenblätter für eine sommerliche blumige Würze.

ZUTATEN

4 Radieschen

2 große Handvoll Erbsentriebe

Meersalz

1 EL frische Rosenblütenblätter

1 EL frische Ringelblumenblüten

1 EL Schnittlauchblüten

1 EL Holunderblüten, von den Dolden abgestreift

1 EL Fenchelblüten

Zitronenöl

abgeriebene Schale von 1 Bio-Zitrone

50 ml Olivenöl

Zubereitung

01 Für das Zitronenöl Zitronenabrieb und Olivenöl in einem kleinen Topf 10–15 Minuten leicht erwärmen, aber nicht köcheln lassen. Vom Herd nehmen und ziehen lassen, bis es abgekühlt ist. Durch ein feines Sieb passieren und zum Beträufeln des Salats verwenden.

02 Die Radieschen mit dem Gemüsehobel oder einem scharfen Messer hauchdünn schneiden.

03 Erbsentriebe und Radieschenscheiben mit etwas Zitronenöl beträufeln und mit 1 Prise Meersalz bestreuen.

04 Auf Teller verteilen und mit den Blüten garnieren.

Erbsenpüree auf Pumpernickel

FÜR 2 PERSONEN

Ein weiteres Rezept, bei dem sich die Frühlingskomplizen Erbse und Radieschen zusammentun. Die Aromen reichen von süß bis pfeffrig. Dieses wundervolle improvisierte Gericht ist rau, einfach und unglaublich frisch. Der Pumpernickel überzeugt mit kräftigen nussigen Noten, die gut mit dem feinen Bitteren der pürierten Schoten harmonieren. Ich habe noch spritzigen Zitronenabrieb hinzugefügt, damit das Ganze richtig in Schwung kommt.

ZUTATEN

150 g Erbsen, gepalt, Schoten aufbewahrt und Fäden entfernt

1 EL Olivenöl

1 EL Pinienkerne

2 EL Zitronenabrieb

1 EL Zitronensaft

1 EL frisch geriebener Parmesan

1 EL fein gehackte Minze

1 TL geräuchertes Meersalz

2 Scheiben Pumpernickel (oder dunkles Roggenbrot), geröstet

4 Radieschen, in feine Scheiben geschnitten

Erbsentriebe, zum Garnieren

Zubereitung

01 Die Erbsenschoten mit Olivenöl und Pinienkernen im Mixer zu einer glatten Paste verarbeiten.

02 Erbsen, Zitronenabrieb und -saft, Parmesan und Minze im selben Mixer einige Male mit der Pulsefunktion zu einem groben Püree verarbeiten. Die grobe Erbsenmasse mit geräuchertem Meersalz abschmecken.

03 Pumpernickel oder Roggenbrot rösten und mit dünnen Radieschenscheiben belegen. Darauf je 1 ordentlichen Klecks Erbsenpüree anrichten und das Ganze mit Erbsentrieben garnieren.

Gartensalat

COMEBACK EINES BLÄTTERSTARS

01

02

03

ESSBARE TEILE

01 LOCKERE ÄUSSERE BLÄTTER

Die äußeren Salatblätter haben meist einen ausgeprägten bitteren Geschmack. Sie werden leicht beschädigt und welken schnell, wenn das Dressing zu früh hinzugegeben wird. Ich mag ihre gewölbte Form, die als Unterlage für verschiedene Zutaten dienen kann.

02 INNERES/HERZ

Die festeren inneren Blätter können knackig und knusprig sein. Sie schmecken süß und lassen sich schmoren, um noch mehr Aroma abzugeben. Ich finde, die inneren Blätter vertragen ein kräftigeres Dressing, und sie machen auch beim Garen nicht zu schnell schlapp.

03 STRUNK

Der Strunk ist essbar, hat aber manchmal kaum Geschmack. Trotzdem sollten Sie ihn verwenden. Einfach die Grundblattrosette in Streifen schneiden und als knackiges Topping über den Salat geben. Dieser Salatteil passt gut zu einem Salat mit viel Zitronenaroma.

Gartensalat verbrachte lange Zeit in der Einöde, hat sich aber mit einem beeindruckenden Album zurückgemeldet. Gemüseanbau sowie Küche experimentieren nun mit allen Formen und Größen exotischer Blätter. Ein Geschmacksfestival!

PFLANZE

Es gibt verschiedene Arten des Gartensalats und jede Menge beliebter Sorten, die auf ähnliche Weise für Salate Verwendung finden. Der Gartensalat ist als solches sehr nährstoffreich, obwohl er durch den hohen Wassergehalt eine geringere Nährstoffdichte hat als dunkles Blattgemüse wie Grünkohl oder Spinat. Am besten schmeckt Gartensalat im Frühling, da er eigentlich eine Kaltwetterkultur ist, die im Sommer häufig vorzeitig Samen bildet. Bei einigen Sorten können jedes Mal einige Blätter geerntet werden, während andere so dicht gewachsen sind, dass gleich der ganze Kopf gepflückt werden muss. Baby-Leaves-Salat ist sehr beliebt – gemeint sind damit Salatblätter, die geerntet werden, wenn sie unreif und damit kleiner und zarter sind.

Abb. a

ZUBEREITUNG

Die Blätter des Gartensalats unter fließendem kaltem Wasser gründlich abspülen (**Abb. a**) und dann in Eiswasser tauchen, damit sie vor dem Anrichten schön knackig werden. Fürs Garen behandle ich die unterschiedlichen Teile separat. Viele Sorten haben lockere Blätter und können als Zutat im Ganzen verwendet werden, während andere – was ich persönlich bevorzuge – von der Spitze bis zum Stiel und vom äußeren zum inneren Blatt ganz unterschiedlich schmecken. Machen Sie also die einzelnen Abschnitte separat mit einem Dressing an oder garen Sie andere Teile, um die feinen Geschmacksnuancen herauszukitzeln.

SORTEN

RÖMERSALAT
Legendärer Salat mit limettengrünen Blättern an hellem Strunk. Bittere Blätter mit knackigem, festem Herz, das süßer ist.

EISBERGSALAT
Dieser feste Salat erlebt Höhen und Tiefen in der Beliebtheit. Er ist superknackig, aber weniger geschmacksintensiv.

GRÜNER KOPFSALAT
Eine zarte Sorte mit knackigem Kopf und gewölbten Blättern. Die Sorte 'Boston' ist größer, süßer und lockerer gewachsen.

RADICCHIO
Oft als italienischer Chicorée bezeichnet. Der violette oder gesprenkelte Salat ist frisch bitterer und gegrillt etwas süßer.

FRISÉE
Auch Endiviensalat genannt, schmeckt gut mit Vinaigrette. Gekräuselt, mit Crunch.

RÖMERSALAT 'LITTLE GEM'
Mit zartem Biss und feinem Geschmack. Er lässt sich gut in feine Streifen hobeln oder in Stücke geteilt anbraten.

FELDSALAT
Süß und saftig im Geschmack, kräftig in der Struktur. Vier bis fünf saftige Blätter sitzen an einer Wurzel. Gut waschen.

PFLÜCKSALAT
Lockerer Blattsalat mit Strunk in Rot über Grün bis Bronze. Das Dressing erst zuletzt hinzufügen.

FORTSETZUNG

Abb. c

KOCHTIPPS

Ein Römersalat, in mehrere Abschnitte geteilt, beweist, wie ein einfacher Gartensalat unterschiedlich zubereitet werden kann. Die saftigen äußeren Blätter sind perfekt in einem gemischten Blattsalat mit Honig-Senf-Dressing, während die festeren inneren cremefarbenen Blätter gut mit einem Dressing aus Yuzu-Scheiben und Koriander harmonieren, oder mit Grilltofu ideal für einen frischen Krautsalat. Den Strunk können Sie kurz braten und unter eine kalte Gazpacho oder Brunnenkresse-Velouté mixen. Oder Sie halten es schlicht – für mich ist ein Taco ohne gehobelten Salat nicht vollständig (**Abb. c**). Er verleiht den weicheren Zutaten Biss und neutralisiert den Geschmack schwerer Gewürze und komplexer Zitronenaromen. Gehobelter Gartensalat ist unter gegrilltem Halloumi ganz fantastisch, da er einen Gegenakzent zum gehaltvollen Grillkäse setzt.

ZERO WASTE

Ich sträube mich beim Gedanken, frischen Gartensalat haltbar zu machen. Als würde man essbare Blüten haltbar machen! Sie können Salat zwar einfrieren und später Suppe daraus machen (s. unten), aber dadurch wird die schöne Struktur zerstört. Soll der Gartensalat länger frisch bleiben, wickeln Sie ihn in ein feuchtes Küchenpapier und stecken ihn in einen Frischebehälter oder ein Schraubglas.

Haben Sie zu viel Salat? Bereiten Sie die erwähnte Salatsuppe mit frischen oder eingefrorenen Blättern zu: Die Blätter mit Zwiebelwürfeln kurz anbraten und Kartoffeln hinzufügen, damit die Suppe sämiger wird. Kräftig würzen und Petersilie hinzufügen – das gibt extra Geschmack und Farbe. Diese seidige, erfrischende Suppe schmeckt warm oder kalt oder sie wird eingefroren. Zum Servieren mit in feine Streifen geschnittenen Radieschen aufpeppen.

LEICHTER LUNCH

Mein Caesar-Salat

FÜR 2 PERSONEN

Der Original-Caesar ist ein Klassiker; mein scharf angebratener Salat hingegen etwas für Rebellen: Als ich ihn auf die Karte setzte, hatte ich Mühe zu erklären, warum die Salatblätter gegrillt waren – es schien damals noch seltsam, Salat zu rösten. Inzwischen ist weithin anerkannt, dass dadurch die Süße verbessert und das Bittere eines Römersalats reduziert wird. Karamellisierte Birnen, salzige Kapernbeeren und krosse Croûtons passen gut zu dem glänzenden Dressing. Deshalb sollten Sie dies unbedingt probieren, wenn Sie heimlich das Gemüseregime stürzen und Spaß am Grill wollen.

Zubereitung

01 Für das Caesar-Dressing sämtliche Zutaten, außer Salz, im Mixer glatt pürieren. Mit Salz abschmecken.

02 Für die Croûtons den Backofen auf 200 °C vorheizen. Das Brot in Würfel schneiden, in Olivenöl wenden und mit 1 Prise Salz und dem Thymian vermischen. In der Pfanne knusprig und goldbraun anbraten. Die Croûtons auf einem Backblech im vorgeheizten Backofen 10 Minuten trocknen.

03 Die Salatköpfe längs vierteln oder achteln und mit dem Olivenöl einpinseln. Den Grill oder eine Grillpfanne heizen und die Salatstücke 2–3 Minuten von jeder Seite rösten. Dabei zwischendurch mit Öl einpinseln und zum Schluss großzügig mit Zitronensaft beträufeln.

04 Birnenspalten mit Öl bestreichen. Samt Kapernbeeren mit dem Salat (Grill oder Pfanne) schmoren.

05 Zum Anrichten sämtliche Komponenten überlappend anrichten, mit reichlich Caesar-Dressing beträufeln. Noch warm genießen und mit Parmesan, eingelegten Zwiebelringen und Zitronenabrieb garnieren.

ZUTATEN

2 Köpfe Römersalat 'Little Gem' (oder 1 Römersalat)

2 EL Olivenöl

abgeriebene Schale und Saft von 1 Bio-Zitrone

1 Birne, vom Kerngehäuse befreit und in Spalten geschnitten

2 EL Kapernbeeren

1 EL geriebener Parmesan

1 TL eingelegte Zwiebelringe (s. S. 287)

Croûtons

2 Scheiben Brot vom Vortag

2 EL Olivenöl

1 TL frisch gehackter Thymian

Caesar-Dressing

1 Eigelb

1 Knoblauchzehe, gerieben

2 EL frisch geriebener Parmesan

2 EL Olivenöl

1 TL Dijonsenf

1 TL Weißweinessig

Meersalz

LEICHTER LUNCH

Bunte Salatvariation
FÜR 2–4 PERSONEN

Mit dem richtigen Dressing stellt der Salat alle anderen Zutaten in den Schatten, auch wenn diese dominant sind. Dieser knackige Blatt-salat setzt präzise und glasklar einen schönen Gegenakzent. Meine hübsche Salatvariation ist fröhlich und spritzig, sie spricht mit gereiftem Cheddar, rohen roten Zwiebeln und knackigen Baby-Zucchini die Sinne an. Doch es ist der bronzefarbene Eichblattsalat, der das Gericht mit Eleganz führt und alles zusammenhält.

Zubereitung

01 Für das Dressing sämtliche Zutaten, außer den Gewürzen und Salz, in einer Schüssel glatt verquirlen. Dann mit Salz und Pfeffer abschmecken.

02 Die Salatblätter waschen und in eine große Schüssel mit Eiswasser tauchen. So 5–7 Minuten knackig werden lassen und inzwischen die restlichen Zutaten klein schneiden, die Eier pellen.

03 Den Salat aus dem Eiswasser nehmen, trocken schütteln und auf Küchenpapier abtropfen lassen.

04 Die Blätter auf Boden und Seiten einer Salatschüssel verteilen und die restlichen Zutaten darauf anrichten. Die Eier hal-bieren und auf dem Salat verteilen.

05 Alles großzügig mit dem Dressing beträufeln und die Blätter möglichst nicht mehr wenden. So bleiben die Blätter knackig, mit leichtem Dressing, und erfrischend einfach.

ZUTATEN

12 Eichblattsalatblätter

100 g gereifter Cheddar (oder anderer Hartkäse), gewürfelt

½ rote Zwiebel, in feine Ringe geschnitten

2 Baby-Zucchini, in feine Scheiben geschnitten

2 EL gekeimte Sprossen

4 Eier, weich gekocht

Dressing

2 EL Olivenöl

1 EL Apfelessig

1 EL Zitronensaft

1 TL fein gehackte Schnittlauchröllchen

1 TL grobkörniger Senf

1 TL Honig

Meersalz und frisch gemahlener schwarzer Pfeffer

Salat-Kanapees mit Linsen-Kaviar

ERGIBT 12 STÜCK

Wenn auf einem Gartenfest Kanapees gereicht werden, wird ans Vegetarische meist nicht gedacht – abgesehen von schlaffen Spargelstangen und müden Oliven. Das möchte ich unbedingt ändern: Diese Kanapees sind garantiert ein Hit. Es ist immer ein gutes Gefühl, wenn eine vegetarische Alternative plötzlich zum Thema wird. Diese ist wirklich einfach und elegant, mundgerecht und witzig. Die Mischung aus bitteren und süßen Blättern sorgt für Aufmerksamkeit und eine echte Geschmacksexplosion.

ZUTATEN

100 g schwarze Beluga-Linsen

1 TL Meersalz

12 Stängel Schnittlauch

1 Handvoll kleine Salatblätter – 'Little Gem' oder Baby-Leaves

50 g Crème fraîche

abgeriebene Schale und Saft von 1 Bio-Zitrone

weißes Trüffelöl, zum Beträufeln

Zubereitung

01 In einem Topf mit Wasser die schwarzen Beluga-Linsen 20–25 Minuten garen, abtropfen lassen und abspülen. Mit Meersalz verfeinern und abkühlen lassen.

02 Die Schnittlauchstängel 30 Sekunden blanchieren und dann unter kaltem Wasser abkühlen. Mit einem Schnittlauchstängel immer einige Salatblätter unten am Stiel zusammenbinden, sodass sie ein flaches Schiffchen für die Füllung formen.

03 Crème fraîche mit Zitronensaft verrühren und in jedes Salatschiffchen 1 Klecks davon geben. Darauf immer 1 EL der Beluga-Linsen anrichten und zum Schluss mit Zitronenabrieb und 1 Tropfen Trüffelöl garnieren.

Brunnenkresse

SUPERFOOD IN DER KÜCHE

ESSBARE TEILE

01 BLÄTTER

Die kleineren Blätter sind zart und saftig mit feinem Senfaroma. Größere Blätter entwickeln eine pfeffrige Schärfe und sollten am besten gekocht werden.

02 BLÜTEN

Die scharf riechenden kleinen weißen Blüten sind essbar und eine tolle Dekoration für Salate, obwohl Brunnenkresse mit sehr vielen Blüten leicht bitter schmeckende Blätter haben kann.

03 STÄNGEL

Die hohlen Stängel enthalten Wasser und sind daher feucht und knackig. Sie sind nicht so holzig wie die Stängel anderer Kreuzblütler, behalten aber gegart ihren Biss, sodass sie eine schöne Ergänzung zu Suppen und Pestos sind.

Brunnenkresse wurde schon früh von Menschen verzehrt.
Mit ihrem scharfen Senfgeschmack, pfeffrigem Aroma und
jeder Menge Vitamine und Mineralstoffe ist Brunnenkresse
ein Superfood. Sie sollte als Wundermittel bewahrt werden.

PFLANZE

Die Brunnenkresse aus der Familie der Kreuzblütler ist eine Wasserpflanze, die einen dichten Teppich aus Blattwerk bildet, mit hohlen, schwimmenden Stängeln. Sie ist voller Vitamin C, K und A, Kalzium, Eisen und Folsäure und enthält zudem bioaktive Pflanzenstoffe, sogenannte Phytochemikalien, und Antioxidanzien wie Betacarotin und Quercetin, die vor chronischen Erkrankungen schützen, freie Radikale neutralisieren und entzündungshemmend wirken. Brunnenkresse besteht zu 95 Prozent aus Wasser, ist aber nährstoffreich, und wird deshalb oft für Diäten empfohlen. Mir geht es aber nicht um Verzicht. Für mich steht Brunnenkresse für guten Geschmack, und sie ist eines meiner Lieblingsgemüse beim Kochen. Sie ist gesund, kann draußen in der Natur umsonst gepflückt oder ganzjährig gekauft oder angebaut werden. Sie schmeckt nicht so bitter wie einige Frühkohlsorten oder bestimmte Gartensalate. Ich liebe die senfige Wärme und das metallische Bittere.

ZUBEREITUNG

Meist wird Brunnenkresse im Bund ganzjährig angeboten. Die im Handel verkaufte Brunnenkresse muss zuerst noch geschnitten und vorbereitet werden. Die größeren Blätter zum Garen von den frischen jungen Trieben und Blättern für den Salat teilen. Dann Erde und Sand von den Wurzeln abspülen. Wenn Sie Brunnenkresse selbst pflücken, dann schauen Sie genau hin – oftmals wird Bitteres Schaumkraut für Echte Brunnenkresse gehalten, und obwohl beide essbar sind, besteht doch das Risiko, sich einen Leberegel einzufangen. Das ist ein Parasit, der durch flussaufwärts grasendes Vieh in die Gewässer gelangen kann. Da er äußerst gefährlich ist, sollten Sie auf jeden Fall darauf achten, dass die Stelle, an der Sie wilde Brunnenkresse suchen, sicher ist und selbst gepflückte Brunnenkresse unbedingt vor dem Verzehr garen.

SORTEN

ECHTE BRUNNENKRESSE

Auch kommerziell angebaut ist sie nicht lange haltbar. Wählen Sie frische Ware. Der Geschmack ist pfeffrig, aber auch süß mit mineralischer Note.

ROTE BRUNNENKRESSE

Diese Sorte ist stark geädert mit auffallend rot-violetter Farbe, starkem Pfefferaroma und Senfnoten. Wird oft unter der Bezeichnung Microgreens im Gastro-Handel verkauft.

BITTERES SCHAUMKRAUT

Es gehört zwar nicht zur Gattung der Brunnenkresse, ist aber eine ähnliche essbare Sorte, die in der Natur gepflückt werden kann. Aber Vorsicht vor dem Leberegel (s. links). Mit Bedacht sammeln und unbedingt garen. Es schmeckt und riecht stark nach Karotte, die Blätter sind gezackter als bei der Brunnenkresse.

BARBARAKRAUT

Das Frühlings-Barbarakraut erinnert an Brunnenkresse, ist aber pfeffriger im Geschmack und gehört zu einer anderen Gattung. Es wächst gut in der Natur oder im Anbau und wird häufig mit Wurzeln verkauft, da es dann länger haltbar ist.

GARTENKRESSE

Die einjährige krautige Pflanze wird meist unreif geerntet. Gartenkresse hat dann saftige kleine Blätter, und der Geschmack ist weniger würzig als bei vielen Senfpflanzen. Sie lässt sich leicht als Microgreens ziehen.

FORTSETZUNG

Abb. a

Abb. b

KOCHTIPPS

Roh ist die Brunnenkresse meine liebste Frühlingsgarnitur. Sie gibt Gerichten Wärme durch den Senf und eine schöne Farbe, während sie eine Alternative zu Spinat ist – in Omeletts, Quiches, und Suppen. Pesto wird mit ihr pfeffrig und Püree grüner. Durch Garen verliert sie an Geschmack, und da sie dabei stark zusammenfällt, sollten Sie Brunnenkresse direkt in großer Menge zubereiten. Wenn sie fast anfängt zu welken, wird sie mit Hasselback-Kartoffeln zur Kressesuppe (s. S. 41). Probieren Sie sie kurz angebraten mit Brennnesselspitzen (**Abb. a**). Letztere können im Frühling gesammelt und mit Gemüsebrühe zu einer grünen Gazpacho verarbeitet werden. Klassischer Begleiter ist Muskatnuss und milder wird sie durch Zugabe von Sahne, Crème fraîche oder Joghurt. Für die schöne Farbe püriert unter Nudelteig mischen. Mit einer Füllung aus Dicken Bohnen und Minze werden daraus köstliche Ravioli (**Abb. b**). Brunnenkresse harmoniert gut mit Nusskernen, Schimmelkäse, Apfel und Schalotte.

ZERO WASTE

Die ganze Brunnenkresse-Pflanze ist essbar, deshalb mögliche Reste einfach zu einer Paste pürieren und mit Butter oder Pesto mischen. Ich nutze sie oft als natürliche grüne Lebensmittelfarbe, die zusätzlich für einen mineralischen Geschmack und ein scharfes Aroma sorgt. Broten, Quiches, Suppen oder Nudeln verleiht sie Farbe und Senfaromen.

Blätter und Stängel welken schnell und halten sich nur einige Tage im Kühlschrank. Am besten die Stängel aufrecht in ein Wasserglas stellen, mit einem Beutel abdecken und im Kühlschrank aufbewahren – das verlängert die Frische direkt nach der Ernte. Um sie haltbar zu machen, die Brunnenkresse blanchieren, das Wasser durch ein Sieb herausdrücken. Die Blätter klein schneiden und in einer Eiswürfelform in kleinen Portionen einfrieren.

VORSPEISE ODER IMBISS

Brunnenkresse-Safran-Arancini

FÜR 2 PERSONEN

Wenn ich mit meinem Essen Eindruck schinden möchte, dann kaufe ich frische saisonale Produkte, die mit natürlichen Farben, unterschiedlichen Formen und starken Aromen begeistern und die ich in etwas Neues verwandle. Dieses Rezept ist ein gutes Beispiel: Es verbindet knallgrüne Brunnenkresse mit Safran und Kohle-Panko-Mantel zu einem optischen Genuss und einer effektvollen Geschmacksbombe.

ZUTATEN

1 Schalotte, fein gewürfelt

1 EL Olivenöl

1 Prise Safranfäden

100 g Risotto-Reis

75 ml Weißwein

750 ml Gemüsebrühe

2 EL Mehl

Meersalz und frisch gemahlener schwarzer Pfeffer

2 Eier, verquirlt

4 EL Panko (jap. Semmelbrösel)

1 EL Aktivkohlepulver

Pflanzenöl, zum Braten

Fenchelgrün/-blüten, zum Garnieren

Zitronenöl, zum Servieren (s. S. 48)

Brunnenkressepüree

1 Schalotte, gewürfelt

50 g Butter

200 g Brunnenkresse, plus mehr zum Garnieren

1 EL Zitronensaft

Zubereitung

01 Für den Safran-Risotto in einem großen Topf die Schalottenwürfel 3–4 Minuten in Olivenöl anbraten, dann Safran und Risotto-Reis hinzufügen. Im Öl wenden und mit Weißwein ablöschen.

02 Nun Kelle für Kelle die Brühe hinzufügen. Der Reis sollte die Brühe jeweils aufnehmen. Nach 15–20 Minuten vom Herd nehmen und abkühlen lassen.

03 Den abgekühlten Risotto zu 6 Bällchen formen. Das Mehl mit je 1 Prise Salz und Pfeffer vermischen und jedes Bällchen zuerst im Mehl, dann in Eiern, Panko und im Kohlepulver wenden. Im heißen Pflanzenöl 4–5 Minuten braten, bis die Brösel knusprig und schwarz sind. Im auf 200 °C vorgeheizten Backofen 5–10 Minuten warm halten.

04 Inzwischen für das Püree in einer Pfanne die Schalottenwürfel in Butter weich dünsten. Die Brunnenkresse in kochendem Wasser 1 Minute blanchieren,

herausnehmen und kräftig ausdrücken. Die Brunnenkresse zur Schalotte geben. Mit 1 Spritzer Zitronensaft im Mixer zu Püree verarbeiten. Die Masse nach Belieben durch ein Sieb streichen – ich hingegen mag es gern etwas gröber und möchte nichts verschwenden.

05 Die Arancini aus dem Backofen nehmen und mit je 1 EL Püree anrichten. Mit Meersalz bestreuen und mit Brunnenkresse, Fenchelgrün und -blüten garnieren. Mit etwas Zitronenöl beträufeln.

LEICHTER LUNCH

Melonen-Brunnenkresse-Salat mit Feigen

FÜR 4 PERSONEN

Brunnenkresse wurde bereits zu Zeiten der Römer angebaut. Dieses Gericht ist von meinen Reisen nach Italien inspiriert: Im Laufe der Jahre habe ich dort viele wunderbare Antipasti und venezianische Salate gegessen. Hier der Beweis, wie vielseitig Brunnenkresse sein kann. Wenn Sie die zarten Blätter mit rohen Feigen, bitterer Melone und zerkrümeltem Blauschimmelkäse kombinieren, wird daraus eine echte Sensation. Genauso gut mit gerösteten Feigen und geschmolzenem Blauschimmelkäse! Auf jeden Fall ein salzig-pfeffriger, süßer Genuss.

ZUTATEN

½ Cantaloupe-Melone, gewürfelt

4 Feigen, fein gewürfelt

Meersalz

1 EL Olivenöl

2 Bund Brunnenkresse (etwa 200 g)

12 Minzeblätter

100 g Blauschimmelkäse, zerkrümelt

4 Knäckebrote oder Cracker

2 EL Balsamico-Glasur

1 Handvoll Schnittlauchblüten

Zubereitung

01 Melonen- und Feigenwürfel in einer Schüssel mit 1 Prise Salz und (vorsichtig) mit Olivenöl vermischen.

02 Falls zur Hand, einen großen Stellring auf jeden Teller setzen und einen kleineren hineinstellen. Nun die Lücke zwischen beiden Ringen mit dem Feigen-Melonen-Mix füllen. So setze ich den Salat im Restaurant zusammen. Einfach geschichtet reicht aber auch aus.

03 Nun die Mitte des kleinen Rings (falls verwendet) mit den Brunnenkresseblättern, den Minzestängeln und dem zerkrümelten Blauschimmelkäse füllen.

04 Die Stellringe abnehmen. Den Salat mit Knäckebrot garnieren und mit Balsamico-Glasur beträufeln. Vor dem Servieren mit Schnittlauchblüten bestreuen.

Brunnenkressetarte mit Walnusskernen

FÜR 4 PERSONEN

Ich habe über die Jahre unterschiedlichste Backwaren kreiert, die in Supermärkten, Restaurants und Feinkostläden im Vereinigten Königreich angeboten wurden. Trotz meiner Erfahrung suche ich noch immer eine herzhafte Frühlingstarte, die ich so sehr mag wie diese. Sie hat alles: fruchtige Süße, nussige Noten, einen pfeffrigen Unterton und cremigen Käse – und es ist kein Geheimnis, dass Brunnenkresse hier der Star ist. Dazu passen eingelegter Kohl und Linsen-Brunnenkresse-Salat.

ZUTATEN

Teig

500 g Mehl, plus mehr zum Arbeiten

250 g gesalzene Butter, gut gekühlt und gewürfelt

Füllung

2 Eier

100 g Crème double

100 g gereifter Hartkäse (z. B. Cheddar), gerieben

¼ TL frisch geriebene Muskatnuss

Meersalz und frisch gemahlener schwarzer Pfeffer

1 Bund Brunnenkresse (etwa 150 g), grob gehackt

1 Birne, in dünne Spalten geschnitten

2 EL Walnusskerne

Zubereitung

01 Für den Teig Mehl und Butterwürfel zwischen den Fingern fein zerreiben. Nach und nach etwa 100 ml kaltes Wasser hinzugießen, bis sich der Teig zur Kugel formen lässt. Im Kühlschrank 1–2 Stunden kühl stellen.

02 Den Backofen auf 200 °C vorheizen. Den Teig auf einer bemehlten Arbeitsfläche ausrollen und in eine gefettete Tarteform (30 × 12 cm) legen. Den Teig mit einer Gabel einstechen, mit Backpapier und Hülsenfrüchten abdecken und 15 Minuten im Backofen blindbacken. Hülsenfrüchte und Backpapier entfernen. Den Teig weitere 10 Minuten backen und dann abkühlen lassen.

03 Inzwischen für die Füllung die Eier in einer Schüssel verquirlen, Crème double, Käse und Muskat unterrühren. Salzen und pfeffern.

04 Brunnenkresse, Birnenspalten und Walnusskerne auf dem Teig verteilen und mit der Eimasse übergießen. Die Tarte im Backofen 20–25 Minuten backen, bis die Masse gerade gestockt ist. Aus dem Ofen nehmen, 10 Minuten abkühlen lassen und aus der Form heben. Auf Zimmertemperatur abgekühlt servieren.

Dicke Bohnen

PRALLE SCHOTEN DER FREUDE

ESSBARE TEILE

01 BOHNEN

Im wolligen Inneren der Schote finden sich meist 2–7 limetten-grüne Bohnenkerne. Sie sollten möglichst jung geerntet werden, wenn sie noch zart sind und eine feine Grasnote haben. Die Textur der Haut liegt zwischen knackig und fest für junge Bohnen bis cremig und stärkehaltig bei älteren Bohnen.

02 GRÜN

Die salbeigrünen Blätter, Ranken und Triebe sind allesamt essbar. Sie können in einem Tempura-Teig frittiert, zum Pesto püriert oder roh in einem Salat ange-richtet werden.

BLÜTEN

Die Blüten der Dicken Boh-nen sind schwarz und weiß mit einem Hauch Violett und haben einen süßlichen, milden Geschmack und eine weiche Textur. Sie können mit Trieben und Blättern gegart werden oder sind eine hübsche Garnitur für einen Salat.

Dicke Bohnen bereiten wir gern im Kreis der Familie zu. Es ist diese haptische Qualität der Schoten mit ihrem samtigen Inneren und den köstlichen Smaragden, die sich in der Hülse verstecken. Mit Dicken Bohnen zu kochen ist keine Last, sondern ein kulinarisches Vergnügen.

PFLANZE

Als Mitglied der Familie der Hülsenfrüchtler liefern Dicke Bohnen Protein und Kohlenhydrate. Ihre Erntezeit ist von Mai/Juni bis Oktober. Sie sind leicht anzubauen und daher im Gemüsebeet und Schrebergarten häufig anzutreffen. Oft werden sie bei der Fruchtfolge eingesetzt, um einer Auslaugung der Böden vorzubeugen – die stickstoffbindenden Wurzelknötchen halten die Erde im Gleichgewicht. Am Ende der Anbauzeit sollten Sie den Boden auflockern, die Wurzeln aber noch einige Tage am Boden liegen lassen, damit Nährstoffe in den Boden gewaschen werden.

ZUBEREITUNG

Dicke Bohnen sollten möglichst jung und frisch geerntet werden, dann sind sie schön knackig und süß. Wenn die Pflanze zu lange reift, verlieren die Bohnen ihre Vitalität und schmecken oftmals bitter, sind aber noch immer schmackhaft, wenn sie richtig zubereitet werden. Die Schoten sauber aufbrechen, die längliche Sehne entfernen und die Bohnen mit den Fingern aus der Hülse lösen. Kleine Bohnen direkt zubereiten. Größere Exemplare zuerst 2 Minuten in kochendem Wasser blanchieren und vor der weiteren Zubereitung in Eiswasser abkühlen (**Abb. a**). Zum Schluss die Bohnen aus ihrer hellgrauen Haut drücken, sodass der grüne Kern sichtbar wird.

SORTEN

'LONG POD'

Eine winterfeste britische Sorte, die bis zu 1 m hoch wird und ideal für die Aussaat im Herbst oder zeitigen Frühjahr ist. Sie sollte eine Rankhilfe aus Bambusstäben bekommen, wenn sie höher wird. Jede Schote enthält 8–10 große flache nierenförmige Bohnenkerne.

'SUTTON DWARF'

Kürzer als die Long Pods und deshalb besser für offene Flächen oder für den Anbau im Topf auf der Terrasse geeignet

'WINDSOR'

Diese recht kurze Sorte produziert 4–7 runde Bohnen in kürzeren, breiteren Hülsen. Ich finde sie am aromatischsten.

KOCHTIPPS

Wenn Sie Dicke Bohnen kochen, sollten Sie größere, ältere Bohnen kräftig würzen, um die Grasnote zu unterstreichen. Sie nehmen viel Olivenöl auf, sodass Sie eventuell etwas mehr Öl benötigen als gedacht. Ganz simpel zubereitet lassen sich die Bohnenkerne kurz blanchieren, häuten und anschließend in einer Pfanne mit Olivenöl, Zitronensaft und schwarzem Pfeffer und Meersalz anbraten. Dicke Bohnen schmecken aber auch in einem rustikalen Eintopf oder in einer Gemüsesuppe. In diesem Fall die frischen Dicken Bohnen 10 Minuten vor Ende der Garzeit hinzufügen.

ZERO WASTE

Junge Dicke Bohnen können wie Erbsentriebe zubereitet werden: Getrocknete Dicke Bohnen können Sie mal in einer flachen Schale mit Anzuchterde dicht aussäen und die Blätter 6 cm hoch abschneiden. Die Hülsen wären essbar, aber ich esse ungern die dickeren, faserigen Exemplare. Grillen Sie sie in der Hülse über Holzkohle, so schmecken sie süß, oder bereiten Sie Bohnenschotenasche zu: 1–2 Stunden rösten, abkühlen lassen, mit Meersalz im Mixer als Aromat zerkleinern. Zum Haltbarmachen die Hülsen blanchieren, bis zu 3 Monate einfrieren. Für ein Hummus trocknen lassen oder zu Suppen und Eintöpfen geben.

Abb. a

LEICHTER LUNCH ODER BRUNCH

Buddha-Bowl mit Dicken Bohnen

FÜR 2 PERSONEN

Für einen farbenfrohen Frühlingsbrunch ist eine Buddha-Bowl fast unschlagbar. Meine Version verwendet Hummus aus Dicke-Bohnen-Püree und Chilisalz. Die Dicken Bohnen dominieren mit cremiger Gelassenheit und bittersüßer Ausgewogenheit. Wie eine feste Umarmung halten sie die Bowl zusammen. Runden Sie das Ganze mit einem warmen pochierten Ei als Topping ab.

ZUTATEN

Dicke-Bohnen-Hummus
150 g Dicke Bohnen, in Hülsen
2 EL Zitronensaft
1 EL geriebener Parmesan
1 EL Olivenöl
1 EL Tahin (Sesammus)
1 Knoblauchzehe, gerieben
1 EL gehackte Minzblätter
½ TL Meersalz

Vinaigrette
2 EL Olivenöl
1 EL Apfelessig
1 TL Zitronensaft
1 TL gehackter Schnittlauch
½ TL Honig
½ TL Dijonsenf
Meersalz

Buddha-Bowl
1 EL Apfelessig
2 Eier
2 große Handvoll gemischte Salatblätter
2 Tomaten, klein geschnitten
2 EL Sprossen
1 Avocado, in Spalten geschnitten
1 TL Chili-Meersalz
Olivenöl, zum Beträufeln

Zubereitung

01 Die Dicken Bohnen in den Hülsen blanchieren und dann mit Zitronensaft, Parmesan, Olivenöl, Tahin und Knoblauch im Mixer mit der Pulsefunktion zu einem groben Hummus verarbeiten. Gehackte Minze untermischen und mit Meersalz abschmecken.

02 Für die Vinaigrette sämtliche Zutaten, außer Salz, in einer kleinen Schüssel verquirlen. Dann mit 1 Prise Salz abschmecken.

03 Zum Pochieren der Eier reichlich Wasser und Essig in einem Topf aufkochen. Umrühren, sodass ein Wirbel entsteht, und die Eier nach und nach in der Mitte aufschlagen. Für 2–3 Minuten sprudelnd kochen und dann mit dem Schaumlöffel herausheben.

04 Zum Anrichten der Buddha-Bowl die Salatblätter auf die Bowls verteilen und mit der Vinaigrette beträufeln. Tomatenstücke, Sprossen für die Textur und Avocadospalten darauf anrichten. Jede Bowl mit 1 ordentlichen Klecks Dicke-Bohnen-Hummus und 1 pochierten Ei anrichten. Zum Schluss mit Chili-Meersalz bestreuen und mit Olivenöl leicht beträufeln.

BEILAGE ODER IMBISS

Habas Fritas mit geräuchertem Meersalz

FÜR 4 PERSONEN

Traditionell wird dieser spanisch angehauchte Imbiss mit einem Glas Wein oder einem kalten Bier serviert. Er ist ein köstlicher Wachmacher für Ihre Geschmacksknospen vor einer Mahlzeit – geräuchertes Meersalz und Paprikapulver sind einfach perfekt zu Dicken Bohnen. Sie können diese braten oder im Backofen backen und mit unterschiedlichen Würzmitteln ganz eigene Kreationen schaffen.

ZUTATEN

1 EL Mehl

1 TL geräuchertes Paprikapulver

2 TL geräucherte Meersalzflocken, plus Meersalzflocken, zum Bestreuen

200 g Dicke Bohnen, gepalt, blanchiert und gehäutet (s. S. 63)

4 EL Olivenöl

Zubereitung

01 Das Mehl mit geräuchertem Paprikapulver und 1 EL geräuchertem Meersalz vermischen und die gehäuteten Dicken Bohnen darin wenden.

02 In einer Pfanne das Olivenöl erhitzen und die Bohnen 5–6 Minuten darin anbraten, zwischendurch umrühren.

03 Die Bohnen aus der Pfanne nehmen und auf Küchenpapier abtropfen lassen. Die warmen Bohnen mit dem restlichen geräucherten Meersalz sowie Meersalzflocken bestreuen. Warm genießen oder abkühlen lassen. Wenn es weniger Öl sein soll, die Dicken Bohnen im Backofen zubereiten: die Bohnen auf einem Backblech verteilen und mit Olivenöl beträufeln, mischen, sodass sie leicht vom Öl überzogen sind. Im auf 220 °C vorgeheizten Backofen 10–15 Minuten backen. Noch warm servieren.

Bohnensalat mit Dicke-Bohnen-Pesto

FÜR 2 PERSONEN

Dieses Pesto kann kalt oder warm gegessen werden und ist fantastisch, um ein Gericht mit einem frischen Farbfeuerwerk abzurunden. Ich mag die feine Herbe der Dicken Bohnen mit einer spritzigen Note und habe deshalb Zitrone und frischen Sauerampfer mit Minze verwendet. Dazu ist eine grüne Explosion aus gedünsteten Erbsen und Dicken Bohnen perfekt.

ZUTATEN

Pesto

100 g Dicke Bohnen, gepalt, blanchiert und gehäutet (s. S. 63)

50 ml Olivenöl

25 g Sauerampferblätter oder Blattspinat

1 EL gehackte Minzblätter

1 Knoblauchzehe, fein gewürfelt

Saft von 1 Zitrone

½ TL Kreuzkümmelsamen

Meersalz

Bohnensalat

50 g Erbsen (TK)

50 g Edamame (TK)

50 g Dicke Bohnen gepalt, blanchiert und gehäutet (s. S. 63)

1 EL Olivenöl

Meersalz

4 EL Kefir oder abgetropfter Joghurt, zum Servieren

frische Blätter von Minze, Sauerklee und Kerbel, zum Garnieren

Zubereitung

01 Für das Pesto die Dicken Bohnen mit Olivenöl, Sauerampferblättern oder Blattspinat, Minze, Knoblauch, Zitronensaft, Kreuzkümmelsamen und Salz im Mixer zu einer glatten Paste verarbeiten.

02 Tiefgekühlte Erbsen und Edamame-Bohnen auftauen lassen und für den Bohnensalat Dicke Bohnen, Erbsen und Edamame in Olivenöl bei mittlerer Hitze 2–3 Minuten andünsten und zum Schluss mit 1 Prise Meersalz bestreuen.

03 Die warmen Bohnen und Erbsen mit kaltem Kefir und einem eingerührten Wirbel Dicke-Bohnen-Pesto anrichten und mit frischer Minze, Sauerklee- und Kerbelblättern garnieren.

Spinat

EINE ART SUPERHELDEN-BLATT

01

ausgewachsenes Blatt

02

junges Blatt (Babyspinat)

ESSBARE TEILE

01 BLATT

Spinatblätter schmecken roh oder gekocht. Ausgewachsene dunklere Blätter sind intensiver im Geschmack als junge, und haben gegart auch mehr Biss. Die jungen Blätter am besten im Salat verwenden, da sie gekocht viel von ihrem Geschmack verlieren.

02 STIEL

Die Stiele sind faseriger als die Blätter, allerdings relativ saftig. Ich koche sie meist mit den Blättern (außer junge Blätter, die roh am besten sind), denn sie sorgen in jedem Spinatgericht für fantastischen Biss. Wenn im Rezept steht, dass die Stiele entfernt werden sollen, hacken Sie diese klein und geben Sie sie beim Kochen zu den Blättern, statt sie wegzuwerfen.

Viele von uns haben als Kind Popeye im TV geguckt, der übermenschliche Kräfte bekommt, wenn er viel Spinat isst. Und das stimmt – beinahe. Spinat ist eine Kraftquelle; er macht stark durch Eisen und trägt ein hellgrünes Superhelden-Cape.

PFLANZE

Spinat hat löffelähnliche Blätter, die entweder ganz flach oder gewölbt sind. Er ist ein idealer Lieferant von Antioxidanzien und Betacarotin, die im Körper zu Vitamin A oder Retinol umgewandelt werden und so eine gute Sehkraft und gesunde Organe fördern. Spinat liefert roh oder leicht gegart die meisten Nährstoffe. Ein schnell nachwachsendes Gemüse, das nach dem Schnitt noch mehr Blätter produziert und so mehrere Ernten in einer Saison erlaubt. Es gibt einen großen Unterschied zwischen dem beliebten Babyspinat im Supermarkt, der recht langweilig schmeckt, und dem robusten mehrjährigen Spinat und anderen älteren Sorten, die ebenfalls gegart werden können. Nach denen sollten Sie Ausschau halten.

ZUBEREITUNG

Den Spinat gründlich waschen, da er meist voll Sand und Kies steckt. In einem Sieb unter fließendem kaltem Wasser abspülen und trocken tupfen (**Abb. a**). Die Blätter sind empfindlich und welken schnell, sodass Sie den Spinat erst in letzter Minute waschen und nicht feucht aufbewahren sollten. Ich sortiere die Blätter und koche Stiele separat – gern ganze Blätter zusammenfallen lassen –, aber wenn Sie Blätter mit dicken Stielen haben, können Sie diese auch sauber herausschneiden. Die Blätter beim Schneiden locker halten, damit nichts gequetscht wird. Ich teste rohe Blätter auf Geschmack und Textur, um zu entscheiden, ob sie gegart oder roh gegessen sollten. So weiß ich, wie viel Säure und Würze hinzugefügt werden muss, um die bittere Note des Spinats zu neutralisieren.

Abb. a

SORTEN

FLACHBLATTSPINAT

Kräftige Sorten, die ganzjährig wachsen, mit dunkelgrünen glänzenden Blättern. Dieser klassische Spinat ist weltweit beliebt. Alle Teile der Pflanze sind essbar, und der Spinat kann roh oder gegart verzehrt werden.

'PERPETUAL SPINACH'

Eine Art Mangold, aber im Geschmack Spinat ähnlich. Eine unempfindliche zweijährige Winterpflanze, die sehr ertragreich ist. Mit tanninbetontem Geschmack und gut zu kochen.

BABYSPINAT

Das unreife Blatt des klassischen Flachblattsalats. Sehr beliebt in Salatmischungen, wächst gut nach. Die Blätter sind leuchtend grün mit zäher, saftiger Textur. Die kleinen knackigen Blätter sind süßer als bei reifem Spinat. Feiner Geschmack und essbare Stiele. Beim Garen geht der Geschmack verloren.

'BLOOMSDALE'

Alte Sorte mit dunkelgrünen Blätter, die unten am Stiel geerntet werden. Süß, saftig und robuster als andere Sorten, mit kräftigem Geschmack von wintergrünem Blattgemüse und gegart noch intensiver im Geschmack.

ROTER SPINAT

Auffällige Sorte mit scharlachroten Adern und Stielen und milder Blattsüße. Oft als Microgreen geschnitten oder im Baby-Leaves-Salat für die Farbe verwendet. Darf dieser Spinat länger wachsen, werden die roten Adern noch intensiver. Gegart verliert er etwas von seiner Leuchtkraft.

FORTSETZUNG

KOCHTIPPS

Spinat entfaltet seinen vollen Geschmack, wenn er mit aromatischen Gewürzen, vor allem Ingwer, Bockshornklee-, Kreuzkümmelsamen, Knoblauch und Chili, kombiniert wird. Roher Spinat harmoniert gut mit einer Vinaigrette, saurem Zitrusdressing, Kräutern und mildem Olivenöl. Als farbenfrohe Beilage in der Pfanne mit wenig Butter oder Öl zusammenfallen lassen oder, soll es gehaltvoller sein, Sahne und Muskatnuss unterrühren.

Babyspinat am besten roh für ein Sandwich oder einen Salat verwenden. Ausgewachsene Blätter in einem großen Bund in 1 EL zerlassenem Kokosöl mit Knoblauchscheiben und roten Chilischoten zusammenfallen lassen und mit etwas Kokosmilch cremig anrühren. So wird daraus eine großartige exotische Beilage für Gemüsecurrys oder zu gekochtem Maniok.

Eines meiner Lieblingsrezepte stammt vom Ehemann meiner Mutter und ist bei uns als »Robs Spinatquiche« ein beliebter Klassiker (**Abb. b**). Er bereitet dafür den Teigboden (s. S. 61) mit Dinkelvollkornmehl zu und backt ihn zunächst in einer runden Tarteform 15–20 Minuten im vorgeheizten Backofen blind. Dann lässt er einige Handvoll Spinat in einem großen Topf zusammenfallen, drückt möglichst viel Feuchtigkeit heraus und zerkleinert den Spinat für die Füllung mit etwas Milch, 5 Eiern und einigen Gewürzen im Mixer. Diese Masse gießt er auf den blindgebackenen Teigboden, verteilt einen halben Block Schafskäse in Würfel geschnitten darüber und backt die Quiche weitere 25–30 Minuten bei 190 °C.

Abb. b

ZERO WASTE

Wenn Sie einmal eine große Menge Spinat haben, gehen Sie neue Wege und dörren sie ihn. Dann für Smoothies, Teig und Nudeln zu Pulver vermahlen: die Blätter säubern und Stiele entfernen (diese für ein Curry oder eine Nudelsauce verwenden). Die Blätter 6–8 Stunden im Dörrapparat bei 50 °C dörren, dann zu Pulver vermahlen. Das können Sie auch mit anderem Wintergemüse probieren und es als nährstoffreiches Superfood-Pulver einsetzen. Spinatpulver braucht auch weniger Platz als die voluminösen Blätter im Kühlschrank.

Spinat lässt sich auch einfrieren. Dazu maximal 1 Minute blanchieren und dann direkt in Eiswasser tauchen. So wird der Garprozess unterbrochen und Geschmack, Vitamine und Nährstoffe bleiben erhalten. Überschüssiges Wasser herausdrücken, damit der Spinat möglichst trocken ist und die Textur fester bleibt. Dann zerkleinern und in Eiswürfelformen einfrieren.

FRÜHSTÜCK ODER LUNCH

Spinat-Feta-Päckchen

ERGIBT 8 STÜCK

Als wir noch in London lebten, spazierten meine Frau und ich jeden Samstag schlaftrunken mit unserem Sohn im Wickeltuch durch die frühe Morgensonne durch leere Straßen. Unsere Mission: der erste Kaffee des Tages, Croissants sowie Spinat-Feta-Röllchen als zweites Frühstück. Von The Spence Bakery bekam ich nie das Rezept, aber nach langem Ausprobieren habe ich die Siegesformel gefunden. Die gesamte Familie genießt nun diese Köstlichkeiten – und sie schmecken noch immer so gut wie damals.

ZUTATEN

etwa 500 g Spinat, im Sieb gewaschen

1 Schalotte, fein gewürfelt

1 EL Olivenöl

2 EL Pinienkerne

abgeriebene Schale und Saft von 1 Bio-Zitrone

frisch geriebene Muskatnuss

2 EL gehackte Minze

½ TL getrockneter Wilder Thymian

½ TL Oregano

150 g Schafskäse, zerkrümelt

Meersalz und schwarze Pfefferkörner, zerstoßen

275 g Filoteigblätter (Kühltheke)

100 g Butter, zerlassen

Zubereitung

01 Den Backofen auf 200 °C vorheizen. In einem großen Topf den Spinat mit Schalottenwürfeln und Olivenöl kurz zusammenfallen lassen. Alles 3–4 Minuten garen, oder bis die Zwiebeln gerade weich werden.

02 Den Spinat einige Minuten abkühlen lassen, dann im Sieb ausdrücken. Den noch warmen Spinat in einer Schüssel mit Pinienkernen, Zitronenabrieb und -saft, Muskat, Kräutern und Schafskäse mit den Händen vorsichtig mischen. Mit Salz und Pfeffer abschmecken.

03 Während die Spinatfüllung weiter abkühlt, die Teigblätter in 8 Streifen von 10 cm Breite schneiden. In die Mitte jedes Streifens 1 großen EL der Füllung geben.

04 Die Teigecken schräg über die Spinatfüllung zum Dreieck klappen und die Außenseiten mit zerlassener Butter einpinseln. Das Dreieck noch vier- bis sechsmal übereinanderklappen, dabei jedes Mal mit Butter einpinseln. Mit den anderen Päckchen ebenso verfahren.

05 Die Päckchen auf einem Backblech 25 Minuten im vorgeheizten Backofen goldbraun backen und warm servieren.

Saag Paneer

FÜR 4 PERSONEN

Durch einen mehrmonatigen Aufenthalt im Himalaja, wo ich Kochherde baute, bekam ich einen Einblick, wie sich Spinat mit Gewürzen, Reis und einem Korianderchutney zu einer komplexen sättigenden Mahlzeit verbindet. Spinat ähnelt einem Seidenstoff, der je nach Anlass bestickt und mit Pailletten und berauschenden Farbtupfern verziert wird. Die zusammengefallenen Stiele formen und beleuchten das Gericht, sie senden erdige Aromen vom Teller aus.

ZUTATEN

- *je 1 TL Bockshornklee-samen und getrocknete Bockshornkleeblätter*
- *je 1 TL gemahlene Kurkuma und Garam masala (ind. Gewürzmischung)*
- *1 TL Kashmiri-Chilipulver*
- *50 g Ghee (oder Butter)*
- *250 g Panir (ind. Frischkäse), gewürfelt*
- *1 Zwiebel, gewürfelt*
- *1 EL frisch geriebener Ingwer*
- *1 rote Chilischote, entkernt und gehackt, plus mehr zum Garnieren*
- *3 Knoblauchzehen, gehackt*
- *500 g Spinat*
- *100 ml Kokosmilch*
- *1 EL Zitronensaft*
- *1 TL Meersalz*
- *Kokosflocken, zum Garnieren*

Zubereitung

01 Die Gewürze in einer Pfanne ohne Fett 1–2 Minuten rösten, dann Ghee oder Butter hinzufügen und alles zu einer glatten Paste verrühren.

02 Die Panirwürfel mit Zwiebelwürfeln, Ingwer, Chilischote und Knoblauch hinzufügen. Dann 4–5 Minuten anbraten, bis der Käse goldbraun ist und die Zwiebeln weich sind.

03 Den Spinat untermischen und in 5–10 Minuten zusammenfallen lassen, dabei gut umrühren, damit der Käse nicht am Boden anbrennt.

04 Zum Schluss die Kokosmilch und den Zitronensaft hinzufügen. Aufkochen und dann 10–15 Minuten köcheln lassen, damit sich die Aromen entfalten können. Mit Salz abschmecken, mit Kokosflocken bestreuen und noch warm servieren. Ich reiche zu dem Saag gern Roti (indisches Fladenbrot), gedämpften Reis, frisch geschnittene Chiliringe und Korianderchutney.

FRÜHSTÜCK

Grüner Super-Smoothie

FÜR 2 PERSONEN

Essensneid ist der Fluch des Familienkochs. Wenn ich zu Hause einen Imbiss zubereite, stehen plötzlich die Geier neben mir. Meine Kinder lieben violette, pinke oder orange Smoothies, aber sobald sie diese supergrüne Variante entdecken, verziehen sie sich. Auf dass es so bleiben möge! Mein Wachmacher-Smoothie ist ein großartiger Einstieg in den Tag – frisch, nährstoffreich und perfekt, um ihn allein zu genießen. Spinat mit Limette, Kiwi, Avocado und Apfelsaft ist voller Vitamine und schmeckt spitzenmäßig. Versuchen Sie eine Lassi-Version mit Joghurt, geriebener Kurkuma und frischer Minze.

ZUTATEN

2 große Handvoll Babyspinat
2 reife Kiwis, geschält
100 ml Apfelsaft
½ Avocado (oder ½ Banane)
Saft von 1 Limette
1 TL geriebener Ingwer
zerstoßenes Eis

Zubereitung

Im Mixer sämtliche Zutaten in 1–2 Minuten glatt pürieren. Ich persönlich liebe eisgekühlte Smoothies und gebe beim Pürieren immer noch zerstoßenes Eis hinzu. Dieser Smoothie hat eine stark säuerliche Note, wie ich es mag, doch zartere Gemüter verwenden lieber weniger Limette für einen sanften Start in den Tag.

Rucola

PFEFFRIGES FEUERWERK

ESSBARE TEILE

01 ESSBARE TEILE UND SAMENKAPSELN

Die leuchtend gelben oder weißen Blüten sind essbar und äußerst dekorativ. Es ist keine Katastrophe, wenn Ihre Pflanze richtig schießt, denn Blüten und Samen sind eine köstliche Garnitur.

02 BLÄTTER

Die Blätter sind alle essbar, wobei die jüngeren süßer und zarter sind. Je länger sie reifen, desto dunkler und pfeffriger werden sie im Geschmack.

03 STÄNGEL

Die Stängel können ein bisschen hart und holzig sein, sind aber essbar. Braten Sie sie wie Spargel kurz in Olivenöl mit Zitronensaft an, damit sie weich werden. Sie sind ideal mit Suppengrün für Brühen und verleihen diesen einen Hauch von Pfeffer (s. S. 266). Die Blütenstängel sind nicht ganz so holzig, können aber dennoch fest sein.

Als ich mit 15 meine erste Stelle als Küchenhilfe antrat, mochte ich Rucola nicht. Doch je mehr sich meine Kochkünste entwickelten, wurde er zur Offenbarung – so süß, bitter und pfeffrig, mit gezackten Blättern, die an Flammen erinnern.

PFLANZEN

Für mich gebührt dem Rucola die Krone unter den schnell nachwachsenden Blattsalaten. Auch als Rauke oder Arugula bekannt, kann er mehrfach geerntet werden, ist voller Geschmack und Nährstoffe: Vitamin C, Folsäure und Kalium. Der markante Geschmack kann scharf, pfeffrig und süß sein, je nach Genotyp und phytochemischer Zusammensetzung. Er lässt sich einfach anbauen, wächst an sonnigen Orten schnell (in nur 6 Wochen kann die Ernte beginnen) und hat eine lange Erntezeit. Leichter Schatten ist besser, denn bei sehr warmem Wetter werden die Blätter fest und ungenießbar. Blüten abknipsen, das regt die Blattbildung an.

KOCHTIPPS

Junge Blätter sind zart und mild, ausgewachsene Blätter pfeffriger und besser für eine Sauce, kurz in Olivenöl gebraten oder für Pfannengerührtes. Die holzigen Stängel sind ideal für Brühen oder werden blanchiert und zu Pesto oder Suppe püriert; roh sind sie wenig schmackhaft. Grillen Sie dicke, faserige Stängel und servieren Sie sie mit Spargel, Burrata und Chiliöl.

Rucola gibt Erbsenpüree eine würzige Note und einer Brunnenkressesuppe oder einer Sauerampfer-Velouté Schärfe. Ideal mit Kreuzkümmel, roter Chilischote und Limettensaft in einem erfrischenden Indischen Pickle (Achar).

ZUBEREITUNG

Die Pflanze kann mehrmals geerntet werden. Dazu immer einige Blätter von unterschiedlichen Stängeln schneiden, statt gleich große Bunde zu ernten, was die Pflanze schwächt. Bei der Zubereitung von Rucola die reifen Blätter von den zarten jungen Blättern trennen, da sie anders behandelt werden müssen. Längere Triebe und breite Blätter haben mehr Schärfe und können besser gegart als roh verzehrt werden. Kleinere Blätter behutsam waschen, trocken tupfen und mit einem Dressing anrichten. Gewaschenen Rucola nicht aufbewahren, denn er welkt schnell im Kühlschrank.

ZERO WASTE

Rucola schmeckt am besten frisch geerntet. Zum Aufbewahren legen Sie ihn in einem Frischhaltebeutel in den Kühlschrank. Ausgewachsene faserige Blätter blanchieren und einfrieren. Sie schmecken köstlich im Graupeneintopf oder für einen Hauch von Pfeffer mit Röstgemüse gemischt. Die Stiele sauer einlegen und zur Käseplatte servieren oder über eine Pizza mit geschmolzenem Blauschimmelkäse streuen.

Aus Rucola lässt sich mit geriebenem Pecorino, Kürbiskernen, Zitronensaft und Olivenöl ein Pesto zubereiten. Sie können 1 Handvoll Rucola über andere Gerichte geben – beste Resteverwertung.

SORTEN

WILDE RAUKE

Das ist meine Lieblingssorte, denn sie hat die stärksten Pfeffernoten, die Blätter sind gezackter und schmecken intensiver. Häufig wird sie auch winterharte Rauke genannt, denn im milden Klima wächst sie jedes Jahr zuverlässig nach.

GARTEN-SENFRAUKE

Wächst schnell und ist feiner im Geschmack als Wilde Rauke. Zwar immer noch pfeffrig, aber dabei süßlicher. Diese Art gare ich nie, aber eine große Menge lässt sich gut zu Pesto verarbeiten. Die Blüten der Garten-Senfrauke sind essbar und haben einen ausgeprägten Sesamgeschmack. Blätter im Frühling und Herbst am besten, im Sommer schießt die Pflanze meist.

'DRACHENZUNGE'

Mit violett geäderten Blättern, schießt nicht. Diese Sorte zeichnet sich durch einen angenehmen kräftigen Geschmack aus und sieht toll in Salaten aus.

WASABI-RUCOLA

Eine sehr scharfe Sorte, die im Geschmack an Meerrettich erinnert und ebenfalls schnell wächst.

Glasierte Miso-Karotten mit Pekannüssen und Wilder Rauke

FÜR 2 PERSONEN

Rucola spielt selten die Hauptrolle, dabei verdient er eine Würdigung als bester Nebendarsteller. In diesem Gericht stimmt die Chemie zwischen pfeffrigem Rucolasalat und süß geschmorten Karotten. Ihre komplexen Geschmacksnuancen ziehen sich magnetisch an. Ich habe Pekannüsse hinzugegeben, sodass daraus ein echter Hit wird. Ich mag mich glücklich schätzen, dass ich den Großteil meines Lebens mein eigenes Küchenskript schreiben, Regie führen und kochen durfte. Es ist ein kreativer Prozess, und es gibt Rezepte, die mich ein Leben lang begleiten. Dieses gehört dazu. Es ist actionreich und fesselnd, und ich hoffe, Sie genießen es so sehr wie ich.

ZUTATEN

50 g Butter

6 Babykarotten, mit etwas Grün, ganz oder längs halbiert

200 g Puy-Linsen

1 EL rote Misopaste

2 EL Honig

2 Zweige Thymian, Blätter gezupft, plus mehr zum Garnieren

150 ml Gemüsebrühe

50 g Pekannusskerne

2 Handvoll Wilde Rauke, holzige Stängel entfernt

Meersalz

Raukeblüten, zum Garnieren

Zubereitung

01 In der Pfanne die Butter zerlassen und die Karotten darin rundum scharf anbraten, bis sie anfangen, schwarz zu werden. Inzwischen die Linsen abspülen und in reichlich kochendem Wasser 30–40 Minuten weich garen.

02 Nach 5–10 Minuten Miso, Honig und Thymian zu den Karotten mischen. Regelmäßig wenden und die Karotten karamellisieren. Sie sollten einen süßen, geschmorten Umamigeschmack annehmen.

03 Mit der Brühe ablöschen und die Hitze reduzieren.

04 Die Karotten weitere 10–15 Minuten köcheln lassen, bis die Brühe eingekocht und das Gemüse weich ist. In den letzten Minuten die Pekannüsse hinzufügen und mit den Karotten schmoren, bis sie klebrig sind.

05 Zuerst die Wilde Rauke auf jede Bowl verteilen. Mit warmen Linsen bedecken und glasierte Karotten und Pekannüsse auflegen. Mit Meersalz bestreuen und mit extra Thymian sowie einigen Raukeblüten garnieren.

LUNCH

Rucola-Orzo-Salat

FÜR 4 PERSONEN

Ich habe mit den wohligen und nostalgischen Elementen eines Nudelsalats eine eigene Mischung kreiert – randvoll mit Geschmack und eine wunderbare Ergänzung zu jedem frühsommerlichen Grillabend oder zu einem Frühlingsfest. Für den Salat können Sie Wilde oder Gartenraute verwenden. Diese wird kurz durch die Wärme des Nudelwassers weich und dann in einem großzügigen Dressing aus fruchtigem Olivenöl und Zitronensaft gewendet. Das Geheimnis liegt hier in der überraschenden Menge an Zitrusabrieb. Das tut der Rauke gut und macht den Salat strahlend, vital und frisch.

ZUTATEN

200 g Orzo-Nudeln

Meersalz

2 EL Olivenöl

4 große Handvoll Rucola

2 EL in Ringe geschnittene grüne Oliven

2 marinierte Artischocken-herzen, klein geschnitten

1 EL gewürfelte Gewürzgurke

abgeriebene Schale und Saft von 1 Bio-Zitrone, plus mehr Abrieb zum Garnieren

Zubereitung

01 Die Orzo-Nudeln 15 Minuten in Salz-wasser garen, abtropfen lassen und dann in einer großen Schüssel mit Olivenöl mischen.

02 Sämtliche weiteren Zutaten in einer großen Schüssel vermischen. Rucola, Oliven, Artischockenherzen, Gewürz-gurke sowie Zitronenabrieb und -saft mit den Nudeln mischen.

03 Mit 1 großzügigen Prise Meersalz abschmecken und mit extra Zitronen-abrieb garnieren.

LEICHTER LUNCH

Rucola-Feigen-Salat
FÜR 2 PERSONEN

Manchmal muss man als Koch auch mal Pause machen, die Messer hinlegen und damit aufhören, das Rad neu erfinden zu wollen. Dieses Gericht ist eine klassische Geschmackskombi, die alle gängigen Aromen umfasst – süß, bitter, sauer, salzig und umami. Der Salat ist fröhlich, farbenfroh und sättigend. Bei mir wird er auch in Zukunft nicht verändert werden. Wichtig ist nur, dass eine zarte Rucolasorte verwendet wird, die in großer Menge gegessen werden kann, ohne zu pfeffrig und scharf zu werden. Mit den Rucolablüten sende ich mit diesem beliebten Salat einen Gruß aus dem Garten.

ZUTATEN

2 große Handvoll Rucola
1 EL Zitronenöl (s. S. 48)
Meersalz
4 frische Feigen
50 g frisch gehobelter Parmesan
1 EL Balsamico-Glasur
Rucolablüten, zum Garnieren

Zubereitung

01 Den Rucola in einer Schüssel mit Zitronenöl und 1 Prise Meersalz anmachen.

02 Die Feigen halbieren und unter die pfeffrigen Salatblätter in der Schüssel mischen.

03 Den Parmesan hinzufügen. Alles mit der würzigen Balsamico-Glasur beträufeln.

04 Mit den essbaren Rucolablüten garnieren und direkt servieren, bevor das Zitronenöl die feinen Salatblätter zusammenfallen lässt.

»

*Eine sommerliche Ernte
erfüllt mich mit Freude.
Mit dem Sonnenschein ent-
wickeln sich im Gemüse maxi-
male Süße sowie komplexe
Geschmacksnuancen.*

SOMMER

Artischocke

EIN HERZ AUS GOLD

ESSBARE TEILE

01 BLÄTTER

Die auch Schuppen genannten äußeren Blätter sind bitter und faserig, deshalb entferne ich sie meist und gebe sie auf den Kompost. Am Boden der inneren Blätter rund um das Herz ist eine süße Fleischschicht, die gegart oder gebraten äußerst schmackhaft ist. Viele Sorten haben nadelähnliche Spitzen, die auch gekocht ungenießbar sind und entfernt werden sollten.

02 STIEL

Auch der Stiel ist essbar. Unterhalb des Blütenbodens ist er zarter. Der obere Teil kann geschält werden, um das holzige Äußere zu entfernen. Darunter verbirgt sich ein zartes Fleisch.

BLÜTENKOPF

Im unreifen Zustand sind die Blüten für den Verzehr geeignet, doch blühen sie erst einmal wunderschön violett, dann sollte man sie den Bienen überlassen. Die kleineren Blütenköpfe können im Ganzen roh verzehrt werden, doch wenn sie weiter reifen, müssen sie vor dem Garen bearbeitet werden.

HEU

In der Mitte befinden sich ungeöffnete Blütchen, sie sind haarig. Diese sind bedingt essbar, aber nur in kleinen, unreifen Artischocken, die etwas größer als ein Golfball sind.

HERZ

Der beste Teil der Artischocke mit feinem buttrigem Geschmack. Das Fleisch sitzt vor allem in den unteren Blättern und geht in den Stielansatz über. Es schmeckt nach Gras und Nuss und ist fleischig.

Wenn Sie hinter das architektonische und dekorative Äußere der Artischocke blicken, werden Sie mit einem feinen Geschmack und mediterraner Eleganz belohnt. Es lohnt sich, die notwendige Zubereitung zu meistern.

PFLANZE

Die bis zu 2 m hoch wachsende Artischocke ist eine mehrjährige Distel mit essbarem Blütenboden. Für größere Blütenköpfe die Pflanze reichlich mit Komposterde versorgen und gut wässern. Sobald die Knospen fest sind, können Sie sie ernten. Gekaufte Exemplare sollten bei Druck quietschen. Das Herz ist das Beste an einer Artischocke und ist, frisch zubereitet, eine fantastische Zutat. Es liegt versteckt unter den stacheligen Blattschichten, und es erfordert etwas Geschick, sich bis dorthin durchzuarbeiten – doch die Mühe lohnt sich definitiv. Artischocken sind perfekt, wenn das Herz weich und zart ist, und sie schmecken wunderbar zitrusfrisch.

Abb. a

ZUBEREITUNG

Artischocken erfordern etwas Geschick in der Zubereitung. Ganz wichtig ist, zügig und besonnen zu arbeiten und eine Schüssel mit Zitronen-Eiswasser bereitzustellen, um dem Verfärben vorzubeugen (**Abb. a**). Die Stiele bis auf 5 cm kappen und die äußeren Blätter abbrechen, bis die helleren Blätter zu sehen sind. Mit der Schere die stacheligen Blattspitzen abschneiden. Die abgeschnittenen Enden mit einer Zitronenhälfte einreiben. Die Artischocke in der Hand drehen und dabei mit einem scharfen Messer die Blätter vom Blütenboden abschneiden und auch den Stiel schälen. Die Blattspitzen quer kappen, sodass das Heu in der Mitte sichtbar wird. Mit einem Teelöffel das Heu großzügig herauslösen und das Herz sofort in das kalte Zitronenwasser legen, damit es sich nicht verfärbt. Sehr kleine Sorten können auch im Ganzen gegart und verzehrt werden (s. rechts).

SORTEN

'GREEN GLOBE'

Diese Sorte ist unterschiedlich groß, kann aber bis zu 15 cm im Durchmesser werden. Mit schweren, dichten Blättern um einen kompakten Blütenstand und von blassgrüner Farbe. Die geschätzten Herzen sind groß und zart.

BABYARTISCHOCKEN

Das sind einfach jung geerntete Artischocken der Sorte Green Globe. Diese Blütenstände sind kegelförmiger als ausgewachsene Artischocken und enthalten weniger oder kein Heu. Jeder Teil der Babyartischocke ist essbar und kann gekocht werden.

VIOLETTE ARTISCHOCKE

Die 'Petit Violet' und ähnliche Sorten sehen mit ihren dunkelvioletten Knospen spektakulär aus und schmecken im Ganzen, als junge Pflanzen auch roh.

CARDY

Eng verwandt mit der Artischocke, erinnert in der Form an Staudensellerie und muss gekocht werden. Durch das Blanchieren wird er süßer und zarter. Cardy ist gehaltvoll und saftig und hat eine schöne pistaziengrüne Farbe. Die Blätter schmecken nicht, doch die Stiele sind nussig und süß.

'COLORADO RED STAR'

Kreuzung aus Imperial Star und peruanischen Sorten. Geschält gehen die rötlichen, dreieckigen Blätter zu einem gelb-violetten Blütenboden über. Sie sind vielseitig und kräftig im Geschmack mit einer Grasnote.

FORTSETZUNG

Abb. b

Abb. c

KOCHTIPPS

Artischockenherzen sollten 10–15 Minuten in säuerlichem Wasser mit Kräutern für mehr Geschmack garen. Dann können sie mariniert, gegrillt, gebraten oder frittiert werden – das sorgt für extra Pep. Sie lassen sich rustikal über dem Feuer oder im heißen Öl zubereiten, machen auch in Aufläufen mit Kichererbsen, sonnengetrockneten Tomaten und Oliven eine gute Figur. Zu meinen Lieblingsrezepten gehören geröstete Herzen mit Rosen-Harissa-Öl: die Herzen 10–15 Minuten wie oben beschrieben garen. Anschließend mit Olivenöl und 1 EL Rosen-Harissa mischen und 25 Minuten bei 200 °C im Backofen rösten. In Olivenöl mit Rosenblütenblättern, rosa Pfefferbeeren und Fenchelsamen tauchen. So wird daraus ein Pizza-Topping oder ein rustikales Tapas-Gericht (**Abb. b**).

Die Stiele wie Wurzelgemüse schälen und garen: in Wasser mit Zitrone und Kräutern. Dann mit Thymian und Meersalz rösten, mit Knoblauch, Petersilie und Olivenöl dünsten oder in Butter und Weißwein schmoren.

ZERO WASTE

Bei einer größeren Artischocke bleibt immer etwas Abfall, aber es gibt verschiedene Möglichkeiten, die härteren inneren Blätter noch zu nutzen. Damit der bittere Film an den Blättern verschwindet, diese gründlich abspülen und abbürsten. Dann knusprig frittieren und mit Estragon-Aïoli oder Tomatensalsa servieren. Oder die Blätter 10 Minuten garen und mit zerlassener Butter oder einer teuflisch guten Sauce hollandaise als eleganten Appetizer servieren (**Abb. c**).

Geschnittene Artischocken bleiben 1 Woche frisch. Die Stiele sind länger haltbar, wenn sie in einer Schale mit Wasser oder in feuchtem Küchenpapier im Kühlschrank lagern. Für eine längere Haltbarkeit die Herzen 10–15 Minuten in gesalzenem Zitronenwasser garen, in ein sterilisiertes Glas mit Salzlake (15 g Salz auf 1 l kochendes Wasser) legen und mit Weißweinessig oder Zitronensaft aromatisieren. Dann 1 Stunde 45 Minuten in einen Topf mit kochendem Wasser setzen oder die gegarten Herzen in Öl 2–3 Wochen kühl stellen.

Frittierte Artischockenherzen

FÜR 2–4 PERSONEN

Frittierte Artischocken haben das Aroma gerösteter Nusskerne, und dazu passt sowohl die scharfe Sauce im Louisiana-Style als auch eine kräftige Blauschimmelkäsesauce. Dieses Gericht erinnert mich an ein Country-Food-Festival, auf dem ich mal war, und wo verliebte Pärchen an den Fahrgeschäften vorbeischlenderten und für Ringewerfen und Ballon-Dart anstanden. Es war lustig, laut und sehr denkwürdig. Die frittierten Artischocken können mit der scharfen Sauce eingepinselt werden, aber ich dippe lieber, als meine Finger abzulecken.

ZUTATEN

4 Artischocken, geputzt und Heu entfernt

1 Bio-Zitrone, in Spalten geschnitten

4 Zweige Thymian

2 EL Mehl

1 EL Paprikapulver edelsüß

1 TL Meersalz

4 EL Pflanzenöl, zum Frittieren

Scharfe Sauce

50 g Butter

1 EL Vollrohrzucker

2 EL Cayennepfeffer (oder weniger, wenn's nicht so scharf sein soll)

½ TL Paprikapulver edelsüß

½ TL Knoblauchpulver

½ TL weißer gemahlener Pfeffer

Meersalz

2 EL scharfe Louisiana-Sauce (Fertigprodukt)

Blauschimmelkäsesauce

25 g Butter

1 TL Mehl

50 ml Milch

75 g Blauschimmelkäse, zerkrümelt

Zubereitung

01 Die Artischockenherzen vierteln und 15 Minuten im Wasser mit Zitrone und Thymian garen.

02 Das Mehl mit Paprikapulver und Salz mischen, die Artischockenstücke abtropfen lassen und in der Mehlmischung wenden, bis sie ganz davon bedeckt sind.

03 Für die scharfe Sauce Butter mit Zucker, Gewürzen und Salz zerlassen, die scharfe Sauce einrühren. Alles 3–4 Minuten köcheln lassen, bis die Sauce glatt und glänzend ist.

04 Für die zweite Sauce Butter zerlassen und mit Mehl zur Mehlschwitze verrühren. Milch (Menge anpassen) einrühren und den Käse untermischen. Bei leichter Hitze 4–5 Minuten glatt rühren. Abkühlen lassen.

05 Das Pflanzenöl in einer Pfanne auf 180 °C erhitzen und die Artischocken darin goldbraun und knusprig frittieren. Noch warm mit den Saucen zum Dippen servieren.

Grillartischocken mit geräucherter Sauce hollandaise

FÜR 2 PERSONEN

Meine Liebe für dieses rustikale Gericht beruht auf seiner Einfachheit. Das Ganze schmeckt am besten über dem offenen Feuer gegart, und Essen im Freien reduziert viele Zubereitungen automatisch aufs Wesentliche. Dazu braucht es keine Kochausbildung – jeder kann sich beim nächsten Barbecue-Abend mal an den Grill stellen. Also fegen Sie alle Artischocken-Zweifel beiseite und entzünden Sie ein Feuer unter diesem verehrten Gemüse.

ZUTATEN

1 Zitrone, halbiert

6 kleine Artischocken, geschält, geviertelt und nach Belieben restliches Heu entfernt

50 g geräucherte Butter (gesalzene Butter 6 Stunden über Eichenholzchips kalt räuchern oder geräuchertes Meersalz zu ungesalzener Butter geben)

1 EL gehackte glatte Petersilie

Geräucherte Sauce hollandaise

4 Eigelb

1 TL Dijonsenf

1 Knoblauchzehe, gerieben

100 g geräucherte Butter, zerlassen und abgekühlt

1 Spritzer Zitronensaft

Meersalz

Zubereitung

01 Den Saft von ½ Zitrone in eine Schüssel mit Eiswasser ausdrücken. Die Artischockenviertel hineinlegen.

02 In einem Topf Wasser aufkochen und den Saft der zweiten Zitronenhälfte hinzufügen. Die Herzen darin in 10–15 Minuten weich garen. Die Artischocken zum Abkühlen wieder in das Eiswasser legen.

03 Den Grill anzünden oder eine Grillpfanne auf dem Herd erhitzen. Die Butter in der Pfanne zerlassen, Petersilie hinzufügen und die blanchierten Artischocken mit dieser Kräuterbutter bestreichen.

04 Die Artischocken 15–20 Minuten grillen, regelmäßig wenden und mit der Kräuterbutter einpinseln.

05 Für die Sauce die Eigelbe verquirlen, Senf und Knoblauch einrühren und unter Rühren in feinem Strahl in die zerlassene Butter gießen. Weiterrühren, bis die Sauce dick und glänzend ist. Mit Zitronensaft und Salz abschmecken.

06 Die Sauce hollandaise zu den Artischocken servieren.

Artischocken-Trüffel-Dip

FÜR 2 PERSONEN

Raffiniert und elegant: Ein Artischockendip ist die ultimative Verführung vor einer Mahlzeit. Meine Version verwendet klein gehackte schwarze Trüffeln für einen Hauch luxuriöser Eleganz, doch ein Tropfen Trüffelöl passt genauso gut. Das Artischockenfleisch hat untergemischt eine buttrige Textur – perfekt zum krachenden Crunch der Grissini und den marinierten Artischockenherzen für einen kreativen Vorspeisenteller.

ZUTATEN

150 g frische Artischocken-
herzen, plus marinierte,
zum Servieren

100 g Frischkäse

50 g frisch geriebener
Parmesan

½ Schalotte, fein gewürfelt

2 EL Olivenöl, plus mehr
zum Bedecken

1 TL geriebene schwarze
Trüffel (oder 2 EL Trüffelöl
von schwarzen Trüffeln)

Meersalz

Kapernbeeren, Oliven und
Grissini, zum Servieren

Zubereitung

01 Die frischen Artischockenherzen 10–15 Minuten in Zitronenwasser garen, wie auf S. 86 beschrieben. Überschüssiges Wasser abgießen.

02 Die abgekühlten Herzen grob hacken und mit den restlichen Zutaten, außer Meersalz, im Mixer glatt pürieren.

03 Mit 1 Prise Meersalz abschmecken und direkt servieren oder im Kühlschrank aufbewahren. Dann jedoch in einem verschließbaren Glas mit Olivenöl bedecken, damit der Dip nicht austrocknet. Innerhalb von 4–5 Tagen verzehren. Mit marinierten Artischockenherzen, Kapernbeeren, Oliven und Grissini servieren.

Zucchini

VIELSEITIGKEIT IM ÜBERFLUSS

weibliche
Blüte

männliche
Blüte

01

02

02

03

ESSBARE TEILE

01 BLÜTEN

Die seidenpapierdünnen Blüten sind außen gelb-grün mit leuchtend orangem Inneren. Sie sind essbar, aber ich versuche, vermehrt die männlichen Blüten zu essen, die keine Fruchtknoten unterhalb der Blütenblätter haben und somit keine Frucht ausbilden werden. Die Blüten schmecken herrlich gefüllt, paniert und dann frittiert.

02 FRÜCHTE

Schale, Fruchtfleisch und winzige Samen der Zucchiniblüten sind essbar. Jüngere Früchte haben oftmals weniger Geschmack, sind aber extrem saftig und haben eine weiche, feuchte, glänzende Schale. So knackig und leicht mit noch nicht ausgebildeter Samenhöhle, können sie roh verzehrt werden. Sie schmecken leicht pfeffrig mit klaren Grasnoten. Durch den hohen Wasseranteil sind Zucchini perfekt in Salaten mit einem Dressing aus Olivenöl, Zitrone, Oregano und gerösteten Pinienkernen. Ausgereifte Früchte haben eine härtere Schale und sind kräftiger im Geschmack. Sie sind besser zum Kochen geeignet.

03 STIELE

Die knackigen, hohlen Stiele sind ebenfalls essbar und vor allem bei Babyzucchini zart, sodass sie mitsamt der Frucht gegart oder gebraten werden können. Sie können sogar roh gegessen werden, sind aber oftmals etwas stachelig, und eigentlich tut ihnen die Zeit in Topf oder Pfanne sehr gut.

Sowohl das Gemüsebeet als auch die Gemüsekiste im Abo quellen im Sommer oftmals mit Zucchini über – wohin nur damit? Die Lösung: Genießen Sie die Vielfältigkeit der Zucchini und entdecken Sie ihre Möglichkeiten – es lohnt sich!

PFLANZE

Zucchini sind eine Unterart des Gartenkürbisses und gehören zur Familie der Kürbisgewächse. Es gibt viele Sorten in allen Formen, Farben und Größen, die immer beliebter werden, aber die länglichen grünen Zucchini sind am weitesten verbreitet. Alle bilden für einige Monate hintereinander Früchte und essbare Blüten aus. Werden sie noch klein geerntet, dauert auch die Erntezeit länger an. Sie haben recht viel Durst und müssen regelmäßig gegossen werden. Ich pflücke die Blätter eher nicht zum Verzehr, denn sie geben der Pflanze Schatten und schützen den Boden vor dem Austrocknen. Allerdings sind alle Teile essbar, entweder roh oder gekocht.

KOCHTIPPS

Ich brate Zucchini gern in Öl oder Butter an, statt sie zu garen oder langsam zu schmoren. Versuchen Sie sie geröstet, gegrillt oder kurz angebraten in Öl. Ideal zum Grillen oder frittiert im Tempura-Teig. Gesalzene Zucchinischeiben einige Stunden ziehen lassen und in einer süßen Apfelessiglösung einlegen. In einer Bierpanade wenden und frittieren, mit eingelegten Senfsamen servieren. Zucchinibänder sind ein toller Nudelersatz, werden sie vor dem Anbraten blanchiert. Sie ersetzen Asia-Nudeln. Mit Babymais dünsten, mit Teriyaki-Sauce überziehen und mit Blüten und Limettensaft zur bunten Bowl anrichten.

ZUBEREITUNG

Wenn ich Zucchini zubereite, dann schneide ich nur den unteren Stiel ab, denn er ist oft stachelig und nicht so süß wie die Frucht selbst. Er kann aber gekocht und gegessen werden. Die Spitzen am Blütenende sind essbar und können mit dem Rest der Zucchini gekocht werden. Die Früchte selbst lassen sich sehr vielseitig verwenden. Sie lassen sich reiben, schälen, in Spiralen schneiden, hacken oder würfeln.

Die Blüten am besten in feuchtes Küchenpapier wickeln. So halten sie sich 1–2 Tage im Kühlschrank. Staubblatt und -beutel in der Blüte sind essbar, werden aber oftmals für mehr Platz entfernt.

ZERO WASTE

Frisch geerntete Zucchini bleiben im Kühlschrank 1–2 Wochen fest. Da sie extrem viel Wasser enthalten, dörre ich sie kaum, aber sie können in einem Gewürzchutney mit Essig und Zucker haltbar gemacht werden. Knoblauch, Kreuzkümmel und Chili in Pickles als auch in Chutneys passen gut zur Zucchini und geben ihr extra Geschmack. Kleine Zucchini mit Kümmelsamen und Dill wie Gewürzgurken fermentieren.

Bei reicher Ernte wird die Zucchini zum echten Stargemüse. Wie wäre es mit einem saftigen Zucchini-Polenta-Kuchen mit Zitronenabrieb und Mohn oder geraspelt in Broten und Krautsalaten?

SORTEN

GRÜNE ZUCCHINI
Die beliebteste Sorte mit mildem Geschmack und glatter Textur. Wenn sie länger reift, wird sie groß und holzig. Extrem vielseitig, mit mandelartigem süßem Geschmack und fester Textur. Möglichst nicht in Wasser kochen, dann kann sie breiig werden.

HELLGRÜNE GERIFFELTE ZUCCHINI
Früh-Zucchini (mehrere Sorten) mit hellgrüner Frucht, leichten Riffeln und auffälligen Flecken. Zart und schmackhaft, gegart aber schnell fad im Geschmack. Braucht deshalb auf jeden Fall Zitrussaft oder aromatische Kräuter für mehr Geschmack.

GELBE ZUCCHINI
Zylinderförmig mit glänzendem gelbem Körper und knallgrünen Stielen. Behält auch beim Kochen ihre Farbe. Die Früchte haben eine knackige Schale und eine cremige Samenhöhle.

RUNDE ZUCCHINI
Die gelben, dunkel- oder hellgrünen Zucchini haben oft Grapefruit-Größe; sie können leicht wässrig sein. Ideal zum Füllen.

'SUMMER CROOKNECK'
Von Gänseblümchengelb bis Hellgrün, fast birnenförmig. Bei unreifen Exemplaren feine Schale, einige Sorten unebener.

UFO-KÜRBISSE
Sollten jung geerntet werden, wegen der weicheren Haut. Wachsen in Gelb, Weiß und Dunkelgrün.

LEICHTER LUNCH

Gefüllte Zucchiniblüten
FÜR 2 PERSONEN

*Social Media ist wie geschaffen, um Fotos von gefüllten Zucchini-
blüten zu teilen. Sie heischen nach Aufmerksamkeit und sagen
auch bei einem Selfie nicht Nein – und sie werden in den Küchen
von New York bis Tokio und Mailand bis London immer beliebter.
Dieses klassische, von der italienischen Küche inspirierte Gericht
nutzt die Blüten optimal. Eine Salsa aus dunkel geschmorten
Tomaten und fermentierter Knoblauch sorgen für zusätzlichen Pep.*

ZUTATEN

6 Zucchiniblüten

½ TL Meersalz

*½ TL frisch gemahlener
    schwarzer Pfeffer*

2 EL Mehl

Pflanzenöl, zum Frittieren

*Minzeblätter, zum Garnieren
    (nach Belieben)*

Frittierteig

50 g Mehl

50 g Speisestärke

½ TL Backpulver

*100 ml eiskaltes
    Sprudelwasser*

Füllung

100 g Feta, zerkrümelt

½ Schalotte, fein gewürfelt

1 EL gehackte Minze

*1 EL grob gehackter
    schwarzer (fermentierter)
    Knoblauch*

1 EL Zitronenabrieb

*1 TL frisch gemahlener
    schwarzer Pfeffer*

Meersalz

Zubereitung

01 Für die Füllung sämtliche Zutaten, außer Salz, in einer
    großen Schüssel vermischen. Die Masse dann mit Salz
    abschmecken.

02 Für den Teig Mehl und Speisestärke sieben und mit dem
    Backpulver vermischen. Das eiskalte Sprudelwasser mit
    dem Schneebesen unterquirlen und alles zu einem sehr
    glatten, luftigen Teig verrühren.

03 Die Zucchiniblüten jeweils mit 1–2 TL der Fetamischung
    füllen und die Öffnung fest zusammendrücken. Salz und
    Pfeffer zur Mehlmasse geben und die gefüllten Blüten
    darin eintauchen.

04 Die Blüten im 180 °C heißen Öl in 3–4 Minuten gold-
    gelb und knusprig frittieren. Auf Küchenpapier abtropfen
    lassen und mit einigen Minzeblättern nach Belieben
    garnieren und direkt servieren.

FRÜHSTÜCK ODER HAUPTGERICHT

Zucchiniküchlein

FÜR 1 PERSON

Solche Küchlein schmecken zum Frühstück, Mittag- oder Abendessen. Sie können mit Eiern, Salat, im Burgerbrötchen oder als Imbiss serviert werden. Ideal, um Zucchinireste zu verwerten. Ich habe mein Rezept immer weiter perfektioniert. Zuerst habe ich Sprossen und reichlich Nusskerne hinzugefügt, damit die Küchlein mehr Geschmack und Biss bekommen. Zitronenschale hat der Zucchini noch mehr Aroma verliehen.

ZUTATEN

1 Zucchini, geraspelt

Meersalz, plus -flocken zum Garnieren

2 EL Sprossen

1 EL Zitronenabrieb

1 TL Pinienkerne

1 TL getrockneter Oregano

1 Ei, verquirlt

2–4 EL Mehl

2 EL Rapsöl, zum Braten

1 Handvoll Salatblätter, zum Servieren (nach Belieben)

4–6 Minzeblätter, zum Garnieren (nach Belieben)

Hummus, zum Servieren (nach Belieben)

Zubereitung

01 In einem Sieb die geraspelte Zucchini mit Meersalz bestreuen und 5–10 Minuten abtropfen lassen.

02 Zucchini, Sprossen, Zitronenabrieb, Pinienkerne und Oregano mischen und salzen. Das Ei unterrühren.

03 Nach und nach esslöffelweise so viel Mehl mit den Händen untermischen, dass alles bindet. Aus dem Teig 2–4 Bratlinge formen und diese mit etwas Mehl bestäuben.

04 In einer Pfanne das Öl erhitzen und die Zucchiniküchlein vorsichtig hineinlegen. In den ersten 2–3 Minuten möglichst nicht bewegen. Sobald sie auf einer Seite knusprig werden, jedes Küchlein vorsichtig wenden und in weiteren 2–3 Minuten goldbraun braten.

05 Mit Salat und je 1 Klecks Hummus servieren, mit Minze garnieren. Zum Schluss mit Meersalzflocken bestäuben.

HAUPTGERICHT

Zucchini mit Erbsen und Zitronenpfeffer

FÜR 2 PERSONEN

Ich bin fest davon überzeugt, dass Sie alles genießen sollten, was Sie essen – deshalb bereite ich dieses Gericht immer dann zu, wenn ich mir etwas Gesundes gönnen will. Zucchini sind ein idealer Ersatz für Spaghetti. Viele Saucen passen hierzu, aber besonders frisch und gesund wird's mit proteinreichen Erbsen.

ZUTATEN

2 Zucchini

2 EL Olivenöl

2 Knoblauchzehen, fein gehackt

1 EL Kürbiskerne

100 g Erbsen

1 TL Zitronenpfeffer

½ TL Meersalz

Zitronensaft und -abrieb, zum Servieren (nach Belieben)

geriebener Parmesan, zum Servieren (nach Belieben)

Zubereitung

01 Die Zucchini mit dem Sparschäler längs in dünne Bänder schneiden. In einem großen Topf etwas Wasser aufkochen und die Zucchini darin 2 Minuten blanchieren. Herausnehmen und abtropfen lassen.

02 In einer Pfanne das Öl erhitzen und den Knoblauch darin in 2–3 Minuten weich dünsten, dabei gelegentlich umrühren, damit er nicht verbrennt.

03 Kürbiskerne und Erbsen hinzufügen, gemeinsam weitere 3–4 Minuten schmoren und dann die Zucchinibänder hinzufügen und alles mit Zitronenpfeffer und Salz verfeinern.

04 Sofort servieren und (nach Belieben) mit etwas Zitronensaft und -abrieb sowie geriebenem Parmesan abrunden.

Aubergine

VIOLETTE HOHEIT

ESSBARE TEILE

01 FLEISCH

Das schwammartige, creme-farbene Fleisch hat einen leicht bitteren Geschmack sowie eine feine Süße. Es nimmt andere Aromen wunderbar auf und kann gebraten, gegrillt oder wegen seiner festen Struktur als Fleischersatz Verwendung finden.

02 SCHALE

Die Schale ist essbar. Schalen größerer Auberginen können recht hart sein und müssen eventuell länger kochen. Sie kann braun geschmort werden, ohne dass sie aufbricht und das geschützte Fleisch im Inneren freigibt. Deshalb kann das Fleisch in der Schale langsam weich werden und bekommt tiefere, rauchigere Aromen durch das Rösten und Braten.

03 KERNE

Die kleinen weichen Kerne sind bitter und sorgen geröstet für mehr Textur. Die feine Bitterkeit ist in den Kernen noch konzentrierter. Die Aubergine ist eine Verwandte der Tabakpflanze, enthält auch geringe Mengen Nikotin, doch Gesundheitsrisiken aus diesem Grund sind bei ihr nicht bekannt. Sie ist ein Nachtschattengewächs und enthält deshalb von Natur aus Solanin, was hoch dosiert giftig ist.

*Mit diesem Gemüse begann meine Karriere als Foodautor.
Die bescheidene Aubergine mit ihrer glänzend dunkelvioletten
Haut, dem cremigen Fleisch, den bitteren Kernen und den fei-
nen Geschmacksnuancen ist für mich ein königliches Gemüse.
Ihre stattliche Schönheit sollte gebührend gefeiert werden.*

PFLANZE

Teilweise auch als Eierpflanze bekannt;
die Aubergine gehört zur Familie der Nachtschattengewächse und stammt wahrscheinlich aus Asien. Sie ist zwar eine mehrjährige
Pflanze, aber die meisten bauen sie als ein-
jähriges Gemüse an. Die Frucht ist zart und
mit cremefarbenem Fleisch, das leicht süßlich ist, mit Kernen im Fleisch und einem
angenehmen milden Geschmack. Je nach
Sorte kann sie etwas bitter sein (s. *Zubereitung*). Alle Sorten sind hervorragende Quellen von Ballaststoffen, Vitamin C, Kalium
und Antioxidanzien.

KOCHTIPPS

Das schwammartige Fleisch der Aubergine
nimmt Saucen und Gewürze perfekt auf.
Beim Grillen verstärken sich die Rauchnoten. Probieren Sie meine Bruschetta:
Auberginenscheiben in Olivenöl mit
getrocknetem Oregano, Zitronensaft und
Salz marinieren und anschließend grillen,
bis sie weich sind. Geröstetes Sauerteigbrot
mit schwarzem Knoblauch einreiben, mit
Aubergine und Basilikum belegen.

Über Holzkohle gegrillt entstehen die
beliebten Räucheraromen. Das weiche
Innere kann herausgelöst werden. Schneller
geht es, wenn Sie die Aubergine mit der
Zange über eine offene Flamme halten.

ZUBEREITUNG

Eine reife Aubergine fühlt sich rundum fest
und prall an. Die Schale sollte glänzend und
makellos sein. Ansonsten ist sie vermutlich
schon älter und gekocht dann holziger im
Geschmack. Bewahren Sie sie geschützt
an einem kühlen, dunklen Ort oder im
Kühlschrank auf. Nicht in einen luftdichten
Behälter legen, das tut ihnen nicht gut.

Auberginenscheiben vor dem Kochen
leicht salzen, um das Bittere und Feuchtigkeit herauszuziehen. Bei vielen modernen
Sorten ist der bittere Geschmack herausge-
züchtet, obwohl das nicht immer notwendig
ist. Durchs Einsalzen wird das Fleisch fester
und nimmt beim Kochen weniger Fett auf.

ZERO WASTE

Wenn Ihre Auberginen schon ein bisschen
traurig aussehen, bereiten Sie »Auberginen-
Speck« zu: Auberginen in dünne Scheiben
schneiden, mit Öl beträufeln, mit Salz,
Pfeffer und Paprikapulver bestreuen und
knusprig braten. Oder auf dem Grill kräftig
bräunen. Der rauchige Geschmack verleiht
überreifen Früchten extra Geschmack.

Ich verwende Auberginen gern frisch.
Wenn ich sie haltbar machen möchte,
würfele und blanchiere ich sie zum Einfrieren (s. S. 46). Ideal für Kreuzkümmel-
Pickles oder Harissa-Chutney. Grillen Sie
die Scheiben und legen Sie sie in Olivenöl
mit Knoblauch, Thymian und eingelegter
Zitrone ein.

SORTEN

'BLACK BEAUTY'

*Glänzend schwarz-violette
Schale, innen feste und fleischige
Textur; die Früchte können
10–15 cm lang werden. Sie ist
nicht ganz so bitter wie ältere
Sorten und äußerst vielseitig.*

ITALIENISCHE AUBERGINEN

*Kleiner als die Standardgröße
aus dem Supermarkt. Von
dicker, schwammartiger
Textur und etwas süßlicher.*

WEISSE AUBERGINEN

*Ein bauchiges Ende verjüngt sich
zum grünen Kelch. Die marmor-
weiße Schale verdeckt eine
milde, leicht süßliche Frucht.*

ERBSEN-AUBERGINEN

*Botanisch als Beere eingestuft,
sorgt diese kleine erbsenförmige
Aubergine im grünen Thai-Curry
für eine knackige Textur.*

GESTREIFTE AUBERGINEN

*Diese auffälligen Früchte wach-
sen in kleiner Tränenform. Die
Schale ist elfenbeinfarben und
violett gesprenkelt. Eine weniger
bittere Züchtung, bekannt für
ihre Form und Farbe und den
süßen Geschmack.*

JAPANISCHE AUBERGINEN

*Eine schlanke Sorte in Violett,
fast Schwarz, Weiß oder mehr-
farbig. Lang und dünn mit
wenigen Kernen und dünner
Schale. Großartig für eine
Füllung mit Miso oder mit
Chilischote und Knoblauch
in einem Pfannengericht.*

APPETIZER ODER BEILAGE

Baba Ghanoush mit Zhoug

FÜR 2 PERSONEN

Die Aubergine hat die unglaubliche Fähigkeit, auch starke Hitze auszuhalten – und nimmt dabei Rauchnoten auf. Das Fleisch wird weich, süß und entwickelt intensive Umaminoten, während die Schale verbrennt. So entsteht ein Baba Ghanoush. Hier verbinden sich bittere Aubergine und Tahin mit beißendem Zitronensaft, nussigem Öl und scharfem Zhoug – besonders gut mit Fladenbrot.

ZUTATEN

Baba Ghanoush
1 reife Aubergine
1 TL Tahin (Sesammus)
1 Knoblauchzehe, zerdrückt
2 EL Zitronensaft
1 EL Olivenöl
1 EL fein gehackte Minze
Meersalz
1 Prise Za'atar

Zhoug
1 Bund Koriandergrün
1 kleines Bund glatte Petersilie, plus mehr zum Garnieren
4 schwarze (fermentierte) Knoblauchzehen, gehackt
100 ml Olivenöl
2 grüne Jalapeño-Schoten, entkernt und zerkleinert
2 EL Zitronensaft
1 TL gemahlener Kardamom
½ TL rote Chiliflocken
½ TL gemahlener Kreuzkümmel
Meersalz

Zubereitung

01 Für das Baba Ghanoush die Auberginen backen oder rösten, bis die Schale schwarz und das Fleisch weich ist. Das kann 20–30 Minuten dauern, je nach Methode: im vorgeheizten Backofen bei 220 °C oder knapp 10 Minuten im Holzofen backen. Alternativ die Aubergine mit einer Zange über die Flamme (des Gasherds) halten, bis sie rundum schwarz ist und in sich zusammenfällt.

02 Die Aubergine nun halbieren und das Fleisch herauslösen. Die Schalen beiseitelegen. Das Fleisch klein schneiden und in einem Sieb 30 Minuten abtropfen lassen.

03 Für das Zhoug (jemenitische Gewürzmischung) sämtliche Zutaten, außer Salz, im Mixer glatt pürieren. Mit Meersalz abschmecken.

04 Das Auberginenfleisch in einer Schüssel mit Tahin, Knoblauch, Zitronensaft und Öl verrühren. Im Mixer zu einer sämigen Paste verarbeiten und dann die Minze untermischen.

05 Die Auberginenschalen mit dem Baba-Ghanoush-Mix füllen und mit Salz bestreuen. Darauf je 1 EL Zhoug und 1 Prise Za'atar garnieren, mit Petersilienblättern bestreuen und servieren.

HAUPTGERICHT

Gefüllte Tajine-Auberginen

FÜR 2 PERSONEN

Zwar mag das fertige Gericht aufwendig wirken, doch diese Zubereitung ist in der Tat sehr einfach. Zuerst müssen Sie die Auberginen braten, damit sie nicht bitter schmecken und ihr Fruchtfleisch eine schöne Rauchigkeit und Süße erhält. Dann kommt der Clou: Das würzige Röstgemüse wird vermischt und, wie das Kaninchen aus dem Zauberhut, schon haben Sie eine andere Art von Tajine gezaubert, die so schwungvoll und bunt wie ein Zirkus ist.

ZUTATEN

2 Auberginen

3 EL Olivenöl

150 g gegarte Kichererbsen, abgetropft

100 g bunte Paprikaschoten, in Streifen geschnitten

1 rote Zwiebel, in Streifen geschnitten

50 g getrocknete Aprikosen, klein gehackt

1 TL Ras el-Hanout (mar. Gewürzmischung)

1 TL Meersalz

200 g Quinoa, gegart

1 EL gehackte glatte Petersilie

Zubereitung

01   Den Backofen auf 200 °C vorheizen. Die Auberginen rundum mit 1 EL Olivenöl einpinseln und auf einem Backblech 25 Minuten rösten.

02   Auf einem zweiten Backblech Kichererbsen, Paprika- und Zwiebelstreifen mit Aprikosen mischen. Mit dem restlichen Olivenöl (2 EL) beträufeln und mit Ras el-Hanout sowie Salz bestreuen, dann zu den Auberginen im Backofen schieben und 35 Minuten rösten.

03   Die gerösteten Auberginen aus dem Backofen nehmen. Sobald sie leicht abgekühlt sind, längs mehrmals flach einschneiden. Das Fruchtfleisch vorsichtig herauslösen, würfeln und zu den restlichen Zutaten, die noch schmoren, auf das Backblech mischen. Die Auberginenschalen beiseitelegen.

04   Die Mischung aus Auberginen und Gemüse in die Auberginenschalen füllen und auf einem Bett aus Quinoa und gehackter Petersilie anrichten.

HAUPTGERICHT

Koreanische Grill-Auberginensteaks
FÜR 2 PERSONEN

Es überrascht kaum, dass die Aubergine ein beliebter Fleischersatz ist. Sie ist fest im Biss und von kräftiger Struktur, die auch intensive Aromen verträgt. Dieses Gericht weiß all das zu nutzen. Es ist süß, würzig und rauchig, mit senfigem Laucharoma. Zudem bringt pfeffriger Winterrettich die absoluten Stars zum Strahlen: die klebrigen, stark gerösteten Auberginensteaks mit einer koreanisch angehauchten Grillsauce. Als kleine Variation das Gericht mit Kimchi oder gewürfelt im Bao-Brötchen mit gehackten Erdnusskernen probieren.

ZUTATEN

1 Aubergine
1 EL Sesamöl
6–8 Frühlingszwiebeln
Meersalz
1 EL Limettensaft
2 weiße Radieschen, in feine Scheiben geschnitten
1 TL Sesam

Koreanische Sauce
1 EL flüssiger Honig
3 EL Sojasauce
1 TL Gochujang (scharfe kor. Gewürzpaste)
1 TL Reisessig
1 EL Sesamöl

Zubereitung

01 Die Auberginen längs in 1 cm dicke Steaks schneiden. Auf jeder Seite ein Kreuzmuster einritzen, dabei nicht zu tief einschneiden. Auf beiden Seiten mit Sesamöl einpinseln und in der heißen Grillpfanne braten.

02 Die Frühlingszwiebeln am Pfannenrand mitgaren. Nach 3–4 Minuten Frühlingszwiebeln und Auberginensteaks wenden, weitere 3–4 Minuten braten. Die Frühlingszwiebeln aus der Pfanne nehmen, wenn sie teils dunkel sind. Dann salzen und mit Limettensaft beträufeln.

03 Die braun gebratenen Auberginensteaks aus der Pfanne nehmen. Für die koreanische Sauce sämtliche Zutaten in einer Schüssel verquirlen. Auberginen großzügig damit einpinseln, weitere 1–2 Minuten auf jeder Seite braten.

04 Die Auberginensteaks erneut einpinseln und mit gerösteten Frühlingszwiebeln und Rettichscheiben anrichten. Die Auberginensteaks mit Sesam bestreuen.

Salatgurke

IMMER COOL BLEIBEN

ESSBARE TEILE

01 FLEISCH

Mit über 90 Prozent Wasser ist das Fleisch saftig und knackig und auch etwas bitter. Die Farbe reicht von Blassgrün bis Strohfarben.

02 SCHALE

Die Gurkenschale ist essbar und hat einen frischen Grasgeschmack, der bei längerer Reife bitterer wird. Die Schale kann geriffelt oder uneben sein (einige Sorten sind sogar stachelig oder müssen auf jeden Fall geschält werden) und liegt farblich zwischen Dunkelgrün und Blassgelb. Das ist der nährstoffreichste Teil der Gurke mit viel Betacarotin und Vitamin K.

03 BLÜTEN

Die zitronengelben essbaren Blüten machen sich hübsch in Salaten oder frittiert. Bei Treibhauspflanzen die männlichen Blüten einmal in der Woche entfernen, um einer Bestäubung der weiblichen Blüten vorzubeugen, was die Bildung bitterer Früchte fördern würde. Eine weibliche Blüte hat unten eine Verdickung, die zur Frucht wird.

04 SAMEN

Die kleinen fleischigen Samen sind essbar und müssen nicht entfernt werden. Sie sind ballaststoffreich und von milder Süße.

Im Sommer lebt meine Familie von Gurken. Wir aromatisieren unser Trinkwasser, garnieren viele Salate damit und legen sie zuhauf mit Dill und Gewürzen ein. Gurke mag nicht das spektakulärste Gemüse sein, aber sie ist der coolste Typ auf der Party.

PFLANZE

Gurken enthalten Samen wie Tomaten, sodass sie botanisch eine Frucht sind. Sie werden in der Küche jedoch wie ein Gemüse behandelt. Sie wachsen buschig oder kriechend mit sich windenden Ranken, die meist eine Rankhilfe benötigen. Ihre großen Blätter bilden einen Schirm über der Frucht. Gurken können im Freiland oder im Topf angebaut werden und ergeben eine reiche Ernte, die erstaunlich lang andauert. Sie werden bis zu 50 cm lang und haben eine schöne wässrige und doch frisch-knackige Textur. Sie sind überraschend nährstoffreich und liefern Vitamine, Kalium und Kieselsäure.

KOCHTIPPS

Gurken können roh verzehrt oder geschmort, gedünstet oder püriert werden. Sie passen gut zu Minze, Knoblauch und Zitrone wie auch zu kräftigen asiatischen Zutaten wie Ingwer, Kokos, Chili und Frühlingszwiebeln. Gurken sind die ultimative Cocktailgarnitur. Sie sorgen für süße und bittere Noten bei Ginextrakten, Schaumwein mit Holunderblüte oder Sommer-Pimm's. Bereiten Sie ein Gurkensorbet zu oder rühren Sie aus Gurkensaft, Minze, Sherryessig und Koriander ein Dressing an.

ZUBEREITUNG

Wählen Sie feste Exemplare von kräftiger Farbe. Gurken werden bitter und blass, wenn sie zu lange an der Rebe reifen, und sie hemmen das Wachstum anderer Früchte. Um der Gurke bei der Zubereitung mehr Geschmack zu verleihen, die Frucht zuerst raspeln oder hacken, mit Salz bestreuen und dann in einem Sieb abtropfen lassen. Die Bitterstoffe verschwinden und der Umamigeschmack tritt hervor; zwar verliert die Gurke Feuchtigkeit, gewinnt aber an Aroma. Die Gurke möglichst nicht schälen (das kann sie jedoch bekömmlicher machen), denn in der Schale sitzen Nährstoffe und Geschmack.

ZERO WASTE

Lagern Sie geschnittene Gurken nicht im Kühlschrank, da sie sonst austrocknen und anfangen zu faulen. Verwenden Sie einen Frischhaltebeutel oder einen verschließbaren Behälter. Zum Haltbarmachen in eine Essiglösung einlegen oder fermentieren (s. S. 103). Gurken enthalten viel Wasser, und da ist Einfrieren nicht so ideal – in Scheiben schneiden und die Kerne entfernen. Ich habe auch schon Scheiben bei 50 °C etwa 6–8 Stunden knusprig gedörrt. Getrocknet können sie zu Pulver gemahlen werden. Mit Zucker und Holunderblüten mischen und damit den Rand vom Cocktailglas oder einen Erdbeersalat garnieren.

SORTEN

GARTENGURKE

Meist wird zwischen Einmachgurke, die kleiner, länglicher und mit 10–15 cm auch kürzer ist, und Salatgurke, die etwa 20 cm lang und dünn ist, unterschieden. Letztere ist oft bitterer.

CORNICHON

Die unreif geernteten Gewürzgurken sind klein und schlank, mit runden Enden und leicht unebener Schale. Mit herbem Geschmack, zum Einlegen.

ZITRONENGURKE

Mit goldgelber Schale, zitronengroß. Das Fleisch ist hellgrün mit süßer, kühler Note und knackiger Textur. Kaum bitter.

JAPANISCHE GURKE

Zylinderförmig und bis zu 30 cm lang, mit knackigem Melonengeschmack.

ARMENISCHE GURKE

Lang, schlank und oft gebogen, mit länglichen Rillen und grünen Streifen. Knackig, süß und saftig mit milden Kernen, im Aroma ähnlich der Melone.

PERSISCHE GURKE

Eine gedrungene Gurke mit dünner, dunkler Schale und leichten Rillen, wenig bis keine Samen. Sie ist mild und süß im Geschmack und recht knackig.

MEXIKANISCHE MINIGURKE

Eine einfach anzubauende Kletterpflanze mit traubengroßen, knackigen, säuerlichen Früchten, die sich wachsender Beliebtheit erfreut. Eingelegt oder als Cocktailgarnitur ein Hit.

IMBISS ODER GARNITUR

Eingelegte Dillgurken

ERGIBT 1 GLAS À 1 L FASSUNGSVERMÖGEN

Sauer eingelegte Gurken sind bei der Komposition von Gerichten ein ideales Mittel, um alle grundlegenden Geschmacksrichtungen abzudecken: süß, sauer, bitter, salzig und umami. Das Einlegen von Gurken empfiehlt sich vor allem bei einer reichen Ernte. Ich liebe eingelegte Dillgurken als Imbiss, in einem Burger oder als Garnitur.

ZUTATEN

5–6 kleine Einlegegurken
9 g Meersalz
3 Lorbeerblätter
4 Knoblauchzehen
1 rote Chilischote
1 TL gelbe Senfsamen
1 TL schwarze Pfefferkörner
½ TL Chiliflocken
½ TL Fenchelsamen
2 Pimentkörner
2 EL gehackter Dill

Außerdem
Schraubglas mit 1 l Fassungsvermögen, sterilisiert
Fermentationsgewicht oder wiederverschließbarer Plastikbeutel, mit Wasser gefüllt

Zubereitung

01 Die Gurken unter fließendem kaltem Wasser waschen, in eine Schüssel mit Eiswasser legen, damit sie noch fester werden. Inzwischen die Lake vorbereiten.

02 Eine dreiprozentige Salzlösung (3 g Salz auf 100 ml Wasser) zubereiten – hier empfehle ich etwa 9 g Salz auf 300 ml Wasser. Verquirlen, bis sich das Salz aufgelöst hat.

03 Gurken und Gewürze in das Schraubglas geben und mit der Salzlösung auffüllen. Die Gurken mit dem Fermentationsgewicht oder dem Beutel mit Wasser beschweren, damit sie auf jeden Fall von der Lösung bedeckt sind.

04 Den Schraubdeckel auflegen, aber nicht zudrehen. An einem dunklen, kühlen Ort fermentieren lassen. Nach den ersten Tagen sind die ersten Zeichen der Fermentation im Glas zu erkennen – Bläschen und trübes Wasser. Nach 7–10 Tagen (oder 3–5 Tage im wärmeren Klima) den Deckel fest verschließen und das Glas in den Kühlschrank stellen, um die Fermentation zu verlangsamen. Dabei alle paar Tage öffnen, damit die Gase entweichen können. Soll es säuerlicher werden, das Glas länger bei Zimmertemperatur stehen lassen.

05 Die eingelegten Gurken verschlossen im Kühlschrank aufbewahren, dabei das Glas einmal in der Woche öffnen, um die entstandenen Bläschen entweichen zu lassen. Innerhalb von 1 Monat verzehren.

GETRÄNK

Gurkenschalen-Gin

ERGIBT 1 L

Ich bin ein bekennendes Opfer von Trends bei Basteleien und kulinarischen Experimenten. Der Gin-Hype keine Ausnahme. Ich finde es großartig, wie winzige Destillerien einzigartige Extrakte zusammenstellen und dabei alles von Sanddorn bis Kaffee verwenden. Dieses Rezept würdigt den klassischen Gin Tonic mit einer Gurkengarnitur. Sie können dafür auch einen weniger komplexen Gin nehmen, denn die Gurke wird für Süße, Grasnoten und feine Bitterkeit sorgen – nicht schlecht für Küchenabfall!

ZUTATEN

1 EL Meersalz
Schale von 2 großen Bio-Gurken
1 l Gin von guter Qualität (z. B. Hendrick's)

Außerdem
Flasche mit 1 l Fassungsvermögen, sterilisiert

Zubereitung

01 Die Gurkenschale in einem Sieb gleichmäßig mit dem Salz bestreuen – das entfernt überschüssige Feuchtigkeit und reduziert den bitteren Geschmack.

02 So 30 Minuten ziehen lassen. Anschließend das Salz unter fließendem kaltem Wasser abspülen. Die Schale trocken tupfen und in die Flasche schichten.

03 Mit dem Gin vollständig bedecken, die Flasche verschließen und 1–2 Monate kühl stellen. In der ersten Woche täglich umdrehen und schütteln, später nur noch ein Mal wöchentlich.

04 Den aromatisierten Gin durch ein mit Musselin ausgelegtes Sieb gießen, um die Schale aufzufangen. Mit Tonic, Eis und Gurkenscheibe servieren. Schmeckt mit Holunderblütensirup und Soda.

LEICHTER LUNCH

Tsatsiki und griechischer Salat

FÜR 4 PERSONEN

Ich kann mich glücklich schätzen, dass ich einige Zeit die griechischen Inseln und die Region um Athen erkunden durfte. Als Rezeptentwickler war das prägend für mich; die rustikalen Traditionsgerichte aus ganz Griechenland sind wirklich wunderbar – kühlend, wohlschmeckend und frisch. Auch dieses Tsatsiki. Die Kombination aus Joghurt, Minze und Gurke mit Knoblauch ist farbenfroh und kräftig. Es ist der ultimative Gurkentest – zubereitet im Wissen um eine tausendjährige Zivilisation und verzehrt in wenigen Minuten.

ZUTATEN

Tsatsiki

½ Salatgurke

1 TL Meersalz

200 g griechischer Joghurt

2 EL gehackte Minze, plus einige Blätter zum Garnieren

1 Knoblauchzehe, durchgepresst

1 EL Olivenöl

1 TL Zitronensaft

Griechischer Salat

4 reife Tomaten, klein geschnitten

½ Salatgurke, in Scheiben geschnitten

½ rote Zwiebel, in Ringe geschnitten

½ rote Paprikaschote, entkernt und grob gehackt

2 EL gemischte Oliven

2 EL Kapernbeeren

250 g Feta, im Block

1 EL Olivenöl

2 TL Rotweinessig

Meersalz und frisch gemahlener schwarzer Pfeffer

1 EL gehackte Minze

Pitabrot, zum Servieren

Zubereitung

01 Für das Tsatsiki die Gurke in ein Sieb raspeln und mit dem Meersalz bestreuen. So 15–20 Minuten abtropfen lassen und dann trocken tupfen.

02 Gurkenraspel mit griechischem Joghurt, Minze und Knoblauch verrühren. Zum Schluss mit Olivenöl und Zitronensaft beträufeln und mit den restlichen Minzeblättern bestreuen.

03 Für den griechischen Salat Tomaten, Gurken, Zwiebeln, Paprikaschoten, Oliven und Kapernbeeren vermischen und um den Feta herum auf einer Platte anrichten. Mit einem Dressing aus Olivenöl und Rotweinessig beträufeln und mit Salz und Pfeffer bestreuen. Mit der gehackten Minze bestreuen und mit Tsatsiki sowie Pitabrot (am besten angewärmt) servieren.

Chilischote

EIN SPIEL MIT DEM FEUER

rote Jalapeño

Jalapeño

'Fresno'

Cayenne

Thai/ Vogelaugen

Scotch Bonnet (»Schottenmütze«)

ESSBARE TEILE

FLEISCH

Das Chilifleisch kann süß und saftig oder knackig und herb im Geschmack sein. Die Schärfe nimmt Richtung Stielansatz zu: Wenn die Chili am Schotenende mild erscheint, kann der Rest dennoch scharf sein.

SAMEN

Die Samen werden oftmals entfernt. Sie enthalten entgegen landläufigen Meinungen kein Capsaicin, sind also nicht scharf. Auch gekocht behalten sie ihre Textur, werden nur etwas bitterer.

PLAZENTA

Das helle Gewebe, das die Samen mit dem Fleisch verbindet, enthält eine konzentrierte Menge Capsaicin und wird vor dem Kochen nach Belieben entfernt. Es ist essbar, schmeckt schärfer und bitter und hat eine baumwollartige Textur.

BLÄTTER

Ich habe noch keine Chiliblätter gegessen, aber sie werden in Hongkong, Korea und auf den Philippinen üblicherweise gekocht. Nicht roh essen, denn sie enthalten das in hohen Dosen giftige Solanin; etwa für ein Wokgericht mit Knoblauch oder gegart verwenden.

Als Kind war ich von Chilischoten wie besessen, sammelte Samen wie andere Leute Schallplatten und war immer auf der Suche nach noch mehr Schärfe. Heute habe ich dieses Feuer bezwungen: Chilis runden Aromen und Wärme ab, dabei setzen sie nur noch gelegentlich meinen Mund in Brand.

PFLANZE

Es gibt Hunderte von Chiliarten. Die Schoten sind vielseitig, voller Geschmack und variieren in Schärfe und Farbe. Die Schärfe wird mittels Scoville-Skala (in SHU: Scoville Heat Unit) gemessen. Normale Paprikaschoten liegen bei null, viele Chilisorten erreichen mehr als eine Million SHU. Trotz dieser allgemeinen Einteilung enthält jede individuelle Chilischote unterschiedlich viel Capsaicin, der Stoff, der für die Schärfe verantwortlich ist. Chilis enthalten Antioxidanzien, Vitamin C, Eisen und Kalium, während Chilisamen den Cholesterinspiegel und den Blutdruck senken. Der Verzehr von Chilischoten fördert die Verdauung und kräftigt das Immunsystem.

KOCHTIPPS

Ich verwende rohe Chiliringe gern als Garnitur für frische Schärfe. Gemeinsam gebraten mit Knoblauch, Zwiebeln und Ingwer sorgen sie für Schärfe in Eintöpfen, Saucen und Currys. Geben Sie ganze Schoten in lange gegarte Gerichte, damit sie nach und nach ihr Aroma abgeben, ohne zu dominant zu werden. Sommersalat: rohe Chiliringe mit gehobeltem Fenchel, gebratenen Salbeiblättern, frischen Erbsen, Pinienkernen und zerzupftem Mozzarella anrichten. Der milchige Käse und die pikante Chili sind ein brillantes Paar. Probieren Sie Chili in süßen und herzhaften Gerichten, um Schokolade und Saucen aufzupeppen.

ZUBEREITUNG

Die Hände anschließend gründlich mit kaltem Wasser waschen (bei heißem Wasser werden die Chilispuren nur tiefer in die Haut gerieben), denn es kann böse enden, wenn Sie mit den Fingern nach Chili-Kontakt ans Auge kommen. Mit einem Messer die weiße Haut (Plazenta) entfernen. Ich benutze meistens die ganze Chilischote, um nichts zu verschwenden – und nehme oft nur ½ Chilischote statt einer ganzen, um die gleiche Schärfe zu erhalten. Möchten Sie die Samen entfernen, schneiden Sie die Chilischote längs auf und lösen Sie Samen, Plazenta und Scheidewände mit einem Teelöffel heraus.

ZERO WASTE

Chili ist ein Retter bei der Resteverwertung: schlaffes Gemüse in Öl anbraten. Mit Chili- und Paprikastücken, Knoblauch und 1 Dose abgetropfter Bohnen (Kidney- oder Weiße Bohnen) 1 Stunde für einen Chilitopf köcheln lassen.

Zum Haltbarmachen Chilischoten an der Luft, 6–8 Stunden bei 50 °C im Backofen oder Dörrapparat trocknen, dann zermahlen. Fermentierte Chili ist eine Offenbarung in vielen Gerichten: im Mixer 500 g Chilischoten grob pürieren, im sterilisierten Schraubglas mit 15 g Salz und 500 ml Wasser mischen. Offen 4–7 Tage fermentieren, dann luftdicht verschließen und 1–2 Monate kühlen.

SORTEN

JALAPEÑO

Gebogene bis gerade Chilischoten in Grün, Rot, Gelb und Violett, mit glänzender, straffer Haut und knackigem Fleisch. Eine der beliebtesten Chilis, mittlere Schärfe mit 2500–8000 SHU.

THAI/VOGELAUGEN

Variiert von grün bis rot, mit wächserner, heller Haut. Diese Chilis sind nur 2–7 cm lang, mit Scoville-Grad 100 000.

BHUT-JOLOKIA

Faltig, kegelförmig, 5–8 cm lang, mit dünner Haut und wächsernem Glanz. Herber, säuerlicher Geschmack und fruchtige Note. Die Schärfe erreicht bis zu gut 1 000 000 auf der Scoville-Skala.

CAYENNE

Länglich, glänzende, schrumpelige Haut. Süß, säuerlich, scharf (30 000–50 000); getrocknet und zermahlen: Cayennpfeffer.

HABANERO

Kleine laternenförmige Schoten mit dünner, knackiger Haut. Die süße Habanero ist fruchtig und mild mit 850 SHU, die orange Habanero hat mit 340 000 SHU deutlich mehr Schärfe.

POBLANO

Mexikos beliebteste Chili, dicke Wand und fleischige Textur mit 1000–15 000 SHU.

SCOTCH BONNET

Gedrungene, faltige Schote mit fester, wächserner Haut, süßem Duft und intensiver Schärfe: 100 000–350 000 SHU.

VORSPEISE ODER IMBISS

Gefüllte Jalapeños

ERGIBT 12 STÜCK

Als ich mal in einem quirligen mexikanischen Restaurant arbeitete, nahm ich mir immer Zeit für einen pfiffigen Teller mit gefüllten Jalapeños – ein einfacher Mischmasch aus cremigem Frischkäse mit süßen, scharfen Chilischoten. Ich habe hier Rosmarin, Zitrone und Paprikapulver hinzugefügt. Ein schneller Imbiss mit einem eleganten Profil – wer mag das nicht?

ZUTATEN

12 Jalapeño-Schoten
Pflanzenöl, zum Frittieren
*Saft von 1 Limette, zum
    Beträufeln*
Chilisauce, zum Servieren

Füllung
50 g Mozzarella, geraspelt
100 g Frischkäse
½ TL Paprikapulver edelsüß
*Meersalz und frisch gemah-
    lener schwarzer Pfeffer*

Panade
*100 g Panko (jap.
    Semmelbrösel)*
*1 EL gehackte
    Rosmarinnadeln*
1 EL Zitronenabrieb
½ TL Meersalz
*½ TL frisch gemahlener
    schwarzer Pfeffer*
1 EL Mehl
2 Eier, verquirlt

Zubereitung

01   Die Chilischoten 30 Sekunden in kochendem Wasser blanchieren, damit sie weich werden. Abkühlen lassen und mit einem kleinen Messer vom Stielansatz bis fast zur Spitze aufschneiden. Mit einem kleinen Löffel jeweils Samen und Plazenta entfernen.

02   Für die Füllung Mozzarella, Frischkäse und Paprikapulver in einer großen Schüssel verrühren, mit Salz und Pfeffer abschmecken. Vorsichtig jede Chilischote mit der Käsemasse füllen, dann zudrücken und überschüssige Creme abwischen.

03   Für die Panade Panko, Rosmarinstücke, Zitronenabrieb, Salz und Pfeffer in einer flachen Schale vermischen. Die gefüllten Chilischoten zuerst im Mehl, dann im verquirlten Ei und zum Schluss in der Pankomischung wenden. Soll die Panade besonders knusprig werden, diesen Vorgang wiederholen.

04   Die panierten Chilischoten im Pflanzenöl bei 160 °C in 3–4 Minuten goldbraun frittieren. Auf Küchenpapier abtropfen lassen. Dann mit 1 Spritzer Limettensaft beträufeln und mit Chilisauce zum Dippen servieren.

LUNCH

Chili-Bohnen-Suppe

FÜR 4 PERSONEN

Suppen schmecken nicht nur in den kälteren Monaten. Diese Kombi ist eine Schale voller Sonnenschein, wärmend und herzhaft, mit einem kräftigen Schuss Farbe im Einerlei der Alltagsgerichte. Die rote Chilischote unterstreicht das Gericht mit scharfem Ausrufezeichen von leuchtender, süßer Überraschung. Servieren Sie dazu Landbrot mit Butter, um die gehaltvolle Chilibrühe aufzutunken.

ZUTATEN

2 EL Olivenöl

2 Knoblauchzehen, in Scheiben geschnitten

1 Süßkartoffel, geschält und gewürfelt

1 Prise Safranfäden

1,5 l Gemüsebrühe, erhitzt

2 rote Chilischoten, in Ringe geschnitten

2 Lorbeerblätter

1 großes Bund Regenbogen-Mangold, Stiele und Blätter getrennt, klein geschnitten

200 g Limabohnen (Dose), abgetropft

je 1 TL Meersalz und frisch gemahlener schwarzer Pfeffer

2 EL Koriandergrün

Zubereitung

01 Olivenöl in einem Topf erhitzen, Knoblauchscheiben und Süßkartoffelwürfel bei mittlerer Hitze 10 Minuten darin dünsten. Inzwischen den Safran zur Gemüsebrühe geben und darin ziehen lassen.

02 Nun Chiliringe, Lorbeerblätter und Mangoldstiele zu den Süßkartoffeln mischen. Alles vorsichtig umrühren und 4–5 Minuten bei geringer Hitze kurz anbraten, damit Mangoldstiele und Chiliringe weich werden. Dann Bohnen, Salz und Pfeffer hinzufügen.

03 Die mit Safran aromatisierte Brühe hinzugießen und 5–10 Minuten köcheln lassen. Zum Ende der Garzeit die Mangoldblätter hinzufügen. Die Korianderblätter einrühren und die Suppe warm servieren.

Chili-Nachos

FÜR 2–4 PERSONEN

Für ein fröhliches Fiesta-Gericht sind die mexikanischen Nachos genau das Richtige. Sie strahlen farbenfroh, sind ein Wohlfühlgericht, und sie feiern die Chilischote in Form eines beliebten Partysnacks. Dieses Rezept verwendet eingelegte, gemahlene und frische Chilischoten und gibt Ihnen Gelegenheit, Ihre Küchenkünste auszuprobieren. Essen Sie die Nachos mit den Händen und suchen Sie nach den versteckten Schichten der Chilischärfe.

ZUTATEN

Eingelegte Jalapeños
6–8 grüne Jalapeño-Schoten
150 ml destillierter Essig
3 EL Zucker
2 Knoblauchzehen, in Scheiben geschnitten
2 TL Salz

Bohnen-Chili
2 EL Olivenöl
½ Zwiebel, gewürfelt
4 Knoblauchzehen, in dünne Scheiben geschnitten
1 rote Chilischote, fein gewürfelt
1 TL Paprikapulver edelsüß
1 TL Cayennepfeffer
200 g Veggie-Hack
150 g schwarze Bohnen (Dose), abgetropft

75 ml Rotwein
400 g stückige Tomaten (Dose)
1 TL getrockneter Oregano
je 1 TL Meersalz und frisch gemahlener schwarzer Pfeffer

Guacamole
1 Avocado, geschält, entsteint
1 EL gehacktes Koriandergrün
1 Knoblauchzehe, gepresst
½ rote Chilischote, fein gewürfelt
2 EL Limettensaft

Nachos
Tortilla-Chips (Fertigprodukt)
100 g Hartkäse, gerieben
1 EL Sour Cream oder Joghurt
Chilisauce, zum Servieren

Zubereitung

01 Am besten im Voraus: Zum Einlegen die Jalapeno-Schoten in 8–10 mm dicke Ringe schneiden. Essig und Zucker mit 150 ml Wasser in einem Topf erhitzen. Knoblauch, Salz und, sobald das Wasser kocht, die Jalapeno-Ringe hinzufügen. Vom Herd nehmen und abkühlen lassen.

02 Für das Bohnen-Chili das Öl in der Pfanne erhitzen und darin Zwiebelwürfel und Knoblauch weich braten. Nach 3–4 Minuten Chiliwürfel, Gewürze, Veggie-Hack und Bohnen hinzufügen. Alles 2–3 Minuten braten und mit Rotwein ablöschen.

03 Tomaten und Oregano hinzufügen und 20–30 Minuten bei leichter Hitze köcheln lassen, abschmecken.

04 Für die Guacamole sämtliche Zutaten zerdrücken.

05 Den Backofen auf 200 °C vorheizen. Die Tortilla-Chips auf einem Backblech mit der Hälfte des Käses und dem Bohnen-Chili bedecken. Den restlichen Käse darüberstreuen und 10–15 Minuten backen. Mit Guacamole, Sour Cream und eingelegten Jalapeños anrichten. Mit Chilisauce für extra viel Schärfe abschließen.

Paprikaschote

SÜSSE OHNE SCHÄRFE

ESSBARE TEILE

01 FLEISCH

Im Vergleich zu Chilischoten sind Paprikaschoten saftiger und süßer im Geschmack, mit knackiger und zugleich leicht schwammartiger Textur. Sie kön-nen roh oder gekocht gegessen werden.

02 PLAZENTA

Das innere weiße Gewebe ver-bindet den Hohlraum mit den Samen und ist reich an Flavo-noiden. Es ist genießbar, wird allerdings oft gewohnheitsmäßig entfernt. Das muss nicht sein.

03 SAMEN

Sie befinden sich im Innen-raum der Paprika und werden meist zusammen mit dem Stiel entfernt. Sie sind essbar und nährstoffreich wie der Rest des Gemüses, allerdings etwas bitter im Geschmack. Ich neige dazu, sie in meinen Rezepten zu ver-werten, statt sie wegzuwerfen. Sie behalten ihren Crunch, auch nach längerer Kochzeit.

04 HAUT

Die feine, leicht wächserne Haut wird häufig entfernt, wenn die Paprika in Öl eingelegt wird. Sie lässt sich, vor allem nach vor-herigem Rösten im Ofen, leicht abziehen, wenn eine schöne glatte Sauce zubereitet werden soll. Trotzdem ist sie essbar. Ich bereite die Paprikaschote meist im Ganzen zu, mit Haut und allem Drum und Dran.

Paprikaschoten sind Vorboten langer Sommerabende. Ihr Duft betört die warme Luft, während sich das Auge an ihrer wunderbaren Farbe kaum sattsehen kann. Roh sind sie frisch und knackig, doch stark geröstet oder gegrillt beginnt ihr zweites, süßlicheres Leben.

PFLANZE

Paprikaschoten gehören zusammen mit Chilischoten, Tomaten, Kartoffeln und Auberginen zur Familie der Nachtschattengewächse. Sie wachsen bullig an Ranken und widersprechen jeder Vernunft, da sie aus zarten, spindeldürren Zweigen und wächsernen, hauchdünnen Blättern gedeihen. Die reiche Ernte mit leuchtenden bauchigen »Laternen« verwandelt ein Gemüsebeet in ein überbordendes Schaufenster aus Chinatown. Sie enthalten eine ordentliche Menge Zucker und sehr geringe Mengen an Capsaicinoiden – die den verwandten Chilischoten die Schärfe geben. Scoville-Grad der Paprikaschote ist gleich null.

Es gibt viele unterschiedliche Farben, von Dunkelviolett bis Gelb, von Grün bis Tiefrot. Das liegt am unterschiedlichen Farbpigmentgehalt der Carotenoide, die sich mit zunehmender Reife verändern. Der Geschmack variiert je nach Farbe: Grüne Schoten sind meist bitterer, während orange und gelbe Exemplare süß sind, und rote am süßesten. Paprikaschoten enthalten alle viel Vitamin C, die roten am meisten – 100 g enthalten etwa die nötige Tagesdosis – sowie reichlich Vitamin B6, Vitamin A (in Form von Carotenoiden) und Vitamin E.

ZUBEREITUNG

Verwenden Sie Paprikaschoten mit intensiver, farbenfroher Haut. In der Küche wird am häufigsten die Sorte mit vier Kammern und eher bulliger Blockform verwendet. Andere Sorten sind länglicher und haben nur drei Kammern. Die Stiele sollten grün und frisch aussehen, und die Schote selbst sollte sich entsprechend ihrer Größe schwer und fest bei Druck anfühlen, mit straffer Haut. Überreife Paprika werden schwammartig, schlaff und schrumpelig. Wenn sie sich zu fest anfühlen, wurden sie meist schon vor der Reife gepflückt.

Paprikaschoten zum Füllen vorbereiten: mit einem scharfen Messer die Oberseite der Paprika einschneiden und den grünen Stiel herausziehen. Den runden Deckelausschnitt später klein schneiden. Der grüne Stiel ist ungenießbar, deshalb geben Sie ihn zum Kompost. Mit einem Löffel die Samen und die Plazenta herauslösen. Dann die Paprikaschote in die gewünschte Form zum Rösten, Braten oder Schmoren schneiden oder direkt füllen.

SORTEN

GEMÜSEPAPRIKA

Capsicum annuum, auch Spanischer Pfeffer. Die großen, knackigen Schoten gibt es in strahlenden Farben, darunter grün, rot, orange, gelb und violett. Sie haben einen hohen Wassergehalt und eignen sich hervorragend als Farbgeber für zahlreiche Gerichte.

SNACKPAPRIKA

Eigene Sorte, keine unreife Ernte; sie ähneln im Geschmack der Gemüsepaprika und haben weniger Samen. Oft süßer und sind roh sehr hübsch in Salaten. Verschiedene Farben.

PIMIENTOS DE PADRÓN

Ich habe sie hier und nicht bei den Chilischoten aufgeführt, da nur einige Padróns scharf sind. Das Kochen ist ein wenig wie russisches Roulette, denn nur eine von zehn ist scharf, während die anderen typischerweise süß und mild sind. Unreif geerntet, gegrillt und als Tapas in Nordwestspanien sehr beliebt.

SPITZPAPRIKA/RAMIRO

Diese länglichen Paprikaschoten enthalten wenig Wasser und sind fleischig. Ausgesprochen süß, sie schmecken geröstet oder gefüllt ganz wunderbar. Meine Lieblingssorten sind 'Marconi Rosso' oder 'Corno di Toro Rosso'.

FORTSETZUNG

Abb. a

KOCHTIPPS

Paprikaschoten behalten beim Kochen ihre schöne Farbe. Sie passen gut zu Pfannengerichten, fein gewürfelt in Soffritto oder roh geraspelt in Salat. Für Currys verwende ich größere Paprikastücke, die für Farbe und Süße sorgen und scharfe Gewürze mildern.

Rotes Paprikapesto ist schnell und einfach zubereitet und ideal für ein süßes Nudelgericht oder eine Sauce: rohe rote Paprikaschote mit Knoblauch, Pinienkernen, Olivenöl, Parmesan und Basilikumblättern pürieren, nach Belieben würzen und salzen. Das Pesto hält sich im Schraubglas mit Öl bedeckt 2 Wochen im Kühlschrank. Oder ein Pesto aus gerösteten roten Paprikaschoten, Sherryessig, Knoblauch und reichlich Olivenöl. Es ist köstlich zu Grillgemüse oder in einem Hummus.

Paprikasamen 10–15 Minuten im Backofen rösten und für den extra Crunch mit Dukkah (s. S. 185) oder Za'atar mischen – ähnlich wie Hanfsamen. Oder Paprikaschote fein raspeln und als süße, farbenfrohe Garnitur über ein Gericht streuen.

ZERO WASTE

Paprikaschoten halten sich im Kühlschrank 7–10 Tage – grüne Exemplare allerdings besser erst einige Tage bei Zimmertemperatur reifen lassen. Wenn Sie eine große Menge haben, können Sie die Schoten auf unterschiedliche Weise haltbar machen.

Sollen sie eingefroren werden, dann am besten vorher nicht blanchieren. Für selbst gemachtes Paprikapulver die Stiele entfernen, damit Luft in die Paprika gelangt. Dann 6–8 Stunden im Backofen bei 100 °C trocknen oder für 12 Stunden in den Dörrapparat bei 55 °C legen. Anschließend in der Gewürzmühle zu einem feinen Pulver mahlen und in einem luftdichten Behälter aufbewahren. Getrocknete Paprikaflocken eignen sich für vielerlei Gerichte– Suppen, Pfannengerichte, Pickles, Dips und Eintöpfe.

Lange Paprikastreifen grillen und mit Fenchelsamen, gegrilltem Halloumi und rosa Pfefferbeeren in Olivenöl einlegen (**Abb. a**): perfekt für Salate, belegte Brote oder als Tapas – und bis zu 1 Monat im verschließbaren Glas gekühlt haltbar.

Gefüllte Spitzpaprika mit Feta und Oliven

FÜR 2 PERSONEN

Spitzpaprika haben ein dünneres, süßeres Fruchtfleisch als bauchige Gemüsepaprika und enthalten weniger Wasser. Sie karamellisieren herrlich beim Rösten und sind ideal zum Füllen. Da sie nicht so fest wie eine Gemüsepaprika sind, können sie geröstet schneller zusammenfallen, aber lassen Sie sich nicht täuschen: Dies ist ein reichhaltiges Gericht. Die eingelegten Zitronen und die salzigen Oliven unterstreichen die Süße der Paprikaschoten. Der zerkrümelte Feta sorgt für ein extravagantes Topping. Passt wunderbar zu Couscous oder Taboulé.

ZUTATEN

2 Spitzpaprikaschoten

150 g schwarze und grüne Oliven, entsteint

50 g sonnengetrocknete Tomaten in Öl, abgetropft und grob gehackt

50 g Sprossen

1 eingelegte Zitrone, in Streifen geschnitten

2 EL Olivenöl

2 EL Mandelblätter

1 EL fein gehackte Minze

½ TL Meersalz

100 g Feta, zerkrümelt

Zubereitung

01 Den Backofen auf 200 °C vorheizen. Die Paprikaschoten längs halbieren und nach Belieben Plazenta und Samen entfernen. Ich lasse sie drin, da sie beim Rösten für extra Geschmack sorgen.

02 Für die Füllung sämtliche restlichen Zutaten, außer Feta, in einer Schüssel locker vermischen.

03 Ein Viertel der Füllung in jede Paprikahälfte löffeln und dann ein Viertel des zerkrümelten Feta auf jede Paprikahälfte drücken.

04 Die gefüllten Paprikaschoten auf ein Backblech legen und im vorgeheizten Backofen 25 Minuten rösten, bis die Paprikaschoten stark zu bräunen beginnen und der Feta weich wird. Sofort servieren.

Suppe aus gerösteter Paprikaschote mit schwarzem Salz

FÜR 4 PERSONEN

Diese rustikale Suppe möchte der Strahlkraft der Paprika gerecht werden – einfach zubereitet und wärmend. Die Sherryessig-Gastrique (karamellisierter Zucker mit Essig abgelöscht) wird im letzten Moment eingerührt und sorgt für spritzige Säure, ein schönes Gegengewicht zur Süße. Servieren Sie dazu Croûtons für Crunch und Salz mit Aktivkohle für Farbkontrast.

ZUTATEN

- *6 Paprikaschoten (orange, rot oder gelb)*
- *6 Knoblauchzehen*
- *1 Zwiebel, grob gehackt*
- *2 EL Olivenöl, plus mehr zum Braten*
- *2 Zweige Thymian*
- *1 TL Meersalz*
- *1 TL schwarzer Pfeffer*
- *2 EL Paprikapulver edelsüß*
- *1 l Gemüsebrühe*
- *2–4 Scheiben Sauerteigbrot vom Vortag*
- *schwarzes Salz (mit Aktivkohle), zum Servieren*
- *Fenchelspitzen, zum Garnieren (nach Belieben)*

Gastrique
- *100 ml Sherryessig*
- *50 g Zucker*
- *½ TL Meersalz*

Zubereitung

01 Den Backofen auf 200 °C vorheizen. Von den Paprikaschoten die Stiele entfernen und das Fleisch grob schneiden, damit es schneller gart. Auf einem Backblech mit ganzen Knoblauchzehen und Zwiebelstücken verteilen, alles mit Olivenöl beträufeln. Die Thymianblätter von den Zweigen streifen und über dem Gemüse verteilen. Mit Salz und Pfeffer bestreuen und mit Paprikapulver bestäuben. Im Backofen 20–25 Minuten rösten.

02 Für die Gastrique Sherryessig, Zucker und Salz in einem Topf verrühren und bei leichter Hitze 10 Minuten einkochen. Vom Herd nehmen, 15 Minuten abkühlen lassen.

03 Das weiche Röstgemüse in einen großen Topf füllen und die Gemüsebrühe hinzugießen. Aufkochen und 15 Minuten köcheln lassen, dann vom Herd nehmen und glatt pürieren.

04 Für die Croûtons das Brot in mundgerechte Stücke brechen und in Olivenöl in 3–4 Minuten knusprig und goldbraun rösten. Die Gastrique in die Suppe einwirbeln und jede Bowl mit 1 Prise schwarzem Salz bestreuen, mit den Croûtons und mit den Fenchelspitzen (nach Belieben) garnieren.

BEILAGE ODER VORSPEISE

Pimientos de Padrón mit Yuzu-Salsa-Verde

FÜR 4 PERSONEN

Zum Zubereiten der Pimientos de Padrón brauchen Sie nur Olivenöl, Meersalz und etwas Zitronensaft. In diesem Rezept habe ich den Zitronensaft durch Yuzu-Salsa-Verde ersetzt und mit Shichimi sowie geräuchertem Meersalz verfeinert. Für eine gehaltvollere Vorspeise mit gedünstetem Kohl servieren.

ZUTATEN

1 EL Sesamöl

24 Pimientos de Padrón

1 TL geräuchertes Meersalz

1 EL Shichimi Togarashi
(jap. Gewürzmischung)

Yuzu-Salsa

12 Tomatillos (oder grüne
Tomaten)

½ Zwiebel, fein gewürfelt

2 EL Koriandergrün

1 Knoblauchzehe, gerieben

1 EL Yuzu-Saft (oder 1 TL
-Paste)

1 Jalapeño-Schote, fein
gehackt

½ TL Meersalz

Zubereitung

01 Für die Yuzu-Salsa sämtliche Zutaten, außer Salz, im Mixer zu einer glatten Paste verarbeiten und diese mit Salz abschmecken.

02 Das Sesamöl in einer großen Pfanne erhitzen und die Paprikaschoten bei starker Hitze 3–4 Minuten darin anbraten. Minütlich einmal mit einer Zange wenden, damit sie rundum Blasen werfen, weich werden und gerade anfangen zusammenzufallen. Mit einem Küchenbunsenbrenner nach Belieben noch weiter rösten.

03 Die noch warmen Paprikaschoten mit geräuchertem Salz und Shichimi Togarashi (zum Selbermachen s. S. 25) bestreuen.

04 Mit der Yuzu-Salsa als Beilage servieren.

Queller & Co.

VON DER KÜSTE DES MEERES

ESSBARE TEILE

01 BLATTSPREITEN

Kleine, fingerähnliche Blattsprei-ten gehen vom Hauptstängel ab und strecken sich beim Wachsen der Pflanze nach oben. Diese sind salzig und zart und brau-chen nur eine minimale Garzeit.

02 SPROSSACHSEN

Die Sprossachsen sind essbar, werden aber nach unten hin holzig und hart. Alle harten Teile abschneiden und auf den Kompost geben. Diese Pflan-zenteile sind, genau wie beim Babyspargel, an den Spitzen am zartesten. Härtere Stiele können Sie an der Wurzel festhalten und das Fleisch mit den Zähnen abziehen.

Der lateinische Name Salicornia *weist auf Salz und Horn hin;
Queller war stets etwas Besonderes für Seeleute, Fischer –
und Köche – in Cornwall. Diese in küstennahen Sumpfgebieten
wachsende Pflanze ist weitaus mehr als eine Garnitur, ein Star,
dem die Hauptbühne gebührt.*

PFLANZE

Queller gehört zur Gruppe der Halophyten –
Pflanzen, die in Salzwasser wachsen – und
findet sich an Küsten, Flussmündungen,
Felsbecken und im Gezeiten-Sumpfland.
Er schmeckt intensiv nach Meer. Heute ist
er neben Meer-Portulak und Strand-Aster
(**Abb. a**) sehr beliebt.

Meerfenchel (**Abb. b**) diente wegen seines
hohen Vitamin-C-Gehalts den Seeleuten
gegen Skorbut. Er klammert sich versteckt
an Felsen und steinige Küstenwege. Sumpf-
queller wächst an der Gezeitenlinie und
ist häufiger zu finden. Er wächst wie ein
dünnes grünes Rohrschilf auf schlammigen
Böden, Tidengewässern und Sandflächen.

ZUBEREITUNG

Sie können Queller manchmal beim Fisch-
händler kaufen oder ihn selber suchen,
wenn Sie in der Nähe der Gezeitenlinie
leben (Schonzeiten beachten). Meiden
Sie verkrüppelte oder stumpf aussehende
Exemplare und wählen Sie strahlend grüne
Stiele mit knackiger Textur. Vor der Zubereitung immer Sand, Kies und überschüssiges Salz abspülen und die nicht genießbaren
Wurzeln sowie die holzigen Stiele abschneiden. Größere Stiele in Stücke schneiden, damit alle Teile eine gleiche Garzeit
haben. Wenn sich die Saison des Quellers
dem Ende zuneigt (August), verliert er an
Geschmack und wird zäher, selbst nach
dem Garen.

SORTEN

EUROPÄISCHER QUELLER

*Die beliebteste Sorte mit fleischi-
gen grünen Stielen, unebenen
fingerähnlichen Blattspreiten
und knackigem Salzaroma.*

MEERFENCHEL

*Dieses sehr dekorative, aber
bitter schmeckende Meeres-
kraut hat ein scharfes Zitrusaroma, das unser modernes
Geschmacksempfinden bisweilen
herausfordert. Er ist reich an
ätherischen Ölen und hat essbare Dolden mit weiß-grünen
Blüten und Samen. Großartig für
Wermut, essiggesäuerte Frucht-
drinks (Shrubs) und Bitter-Cocktails, oftmals eingelegt.*

NOCH MEHR MEERESGEMÜSE

Meer-Portulak
*Gleiches Habitat wie Queller, ist
reich an Vitamin A und D. Gelbe
Blüten und grüne Blätter, die
denen von Salbei ähneln.*

Strand-Sode
*Ein köstliches Wildkraut mit
natürlicher Salznote und ideal
zum Würzen von Röstgemüse.
Die dunklen Blätter wachsen
aus aufrechten Stängeln.*

Salty Fingers®
*Rundliche Blätter mit schönem
Crunch, die im Mund bersten.
Kommerzielle Queller-Art mit
eingetragenem Markennamen;
hübsch zu Granatapfelkernen.*

Strand-Aster
*Zweijährige Pflanze mit großen,
zarten, halbsaftigen, schmalen
Blättern und süß im Geschmack.*

Abb. a

Abb. b

FORTSETZUNG

Abb. c

KOCHTIPPS

Queller hat einen ganz eigenen Geschmack, der nicht viele Extras braucht. Er kann roh in Salaten, gedämpft oder eingelegt gegessen werden. Da er häufig recht salzig ist, wird er meist in wenig Butter oder Öl angebraten oder kurz blanchiert; kann als Würzmittel verwendet werden. Ein Gericht mit Queller erst probieren, dann salzen!

In Norfolk wird der Queller traditionell 2 Minuten gedämpft und mit Weinessig und schwarzem Pfeffer angerichtet. Rustikal türkisch: dämpfen, mit Knoblauch und Olivenöl anrichten. Ich nutze ihn regelmäßig, um einem Brunch-Gericht eine schöne salzige Note zu verleihen: 3 Minuten in Olivenöl mit Knoblauch und roter Chilischote anbraten, mit frischem Koriandergrün bestreuen und mit Zitronensaft beträufeln. (Zitrone ist der beste Freund des Quellers, da der Zitrussaft das Salzige perfekt ausbalanciert.) Oder servieren Sie 1 großes Bund Queller mit 1 pochierten Ei und frisch gemahlenem schwarzem Pfeffer auf geröstetem Sauerteigbrot.

ZERO WASTE

Queller ist nicht lange haltbar, deshalb immer nur wenig sammeln oder kaufen. Schon eine kleine Menge salzt viel; Queller im Kühlschrank mit einem feuchten Küchentuch abdecken. Einlegen: Weißwein, Wasser und Zucker (2:2:1) erhitzen und 5 Minuten abkühlen lassen. Den Queller portionsweise (sonst verbrüht er, wird welk und ungenießbar) hinzugeben. Fenchelsamen und Koriander passen gut, sollten aber den feinen Geschmack nicht überdecken. Im Kühlschrank 1 Woche haltbar. Samen vom Meerfenchel können ebenso eingelegt werden, damit sie nicht so bitter sind. Sie kommen statt Kapern in Nudelgerichte, während die eingelegten Blätter perfekt zu Eiern, Sushi und Salat schmecken. Im Gin Tonic ist Meerfenchel eine ungewöhnliche Garnitur, dazu kommt 1 Bio-Zitronenscheibe. Die bittere Note passt zu Bitter-Cocktails und Shrubs oder als Infusion im Gin für einen komplexen Salty Dog – einer meiner Lieblingscocktails – mit Grapefruitsaft und Eis (**Abb. c**).

Queller-Zucchini-Nudeln mit Basilikumpesto

FÜR 2 PERSONEN

Für mich gibt es nichts Besseres, als sich heimat-verbunden zu fühlen und dabei einen echten Klas-siker mit regionalen Zutaten neu zu interpretieren. Versuchen Sie, auf dem Markt gelbe Zucchini zu bekommen, oder bauen Sie sie selbst an, um sie mit Queller für dieses italienische Nudelgericht kurz anzubraten. Heraus kommt ein rustikales, boden-ständiges und frisches Gericht von der Küste.

ZUTATEN

250 g Trofie-Nudeln

2 EL Olivenöl

2 Knoblauchzehen, fein gehackt

1 EL Kapern

2–4 kleine gelbe Zucchini, in Scheiben geschnitten

1 EL Basilikumpesto

1 große Handvoll Eur. Queller

1 TL frisch gemahlener schwarzer Pfeffer

1 Handvoll Basilikumblätter

abgeriebene Schale und Saft von 1 Bio-Zitrone

frisch geriebener Parmesan, zum Garnieren

Zubereitung

01 Reichlich Wasser aufkochen und die Nudeln darin 10 Minuten garen.

02 In einer großen Pfanne das Olivenöl erhitzen. Knoblauch und Kapern darin 2–3 Minuten leicht anbraten.

03 Die Zucchinischeiben 4–5 Minuten mitbraten, bis sie leicht karamellisie-ren. Pesto und Queller hinzufügen. Umrühren und vom Herd nehmen – die Restwärme der Pfanne lässt den Queller weiter garen.

04 Die fertig gegarten Nudeln mit einem Schaumlöffel direkt in die Pfanne zum Queller heben. Noch 1 Minute durch-erhitzen, damit Öle und Feuchtigkeit emulgieren. Die Nudeln dabei wenden.

05 Mit Pfeffer würzen und die Basilikum-blätter darüber zerzupfen. Zitronenab-rieb und -saft hinzufügen (wird der Saft zu früh hinzugefügt, färbt er den Queller braun) und mit geriebenem Parmesan bestreuen.

HAUPTGERICHT

Katsu-Curry mit Meeresgemüse und Tofu

FÜR 2 PERSONEN

Queller zeichnet sich genau wie anderes Meeresgemüse durch einen komplexen Umamigeschmack aus, der einem Gericht Schärfe und Tiefe sowie einen salzigen Glanz verleiht. Diese einzigartige kräftige, salzig-bittere Note passt gut zu einem cremigen Curry. Meine Version: eine exotische grüne Bowl, die vom Meer herangeweht wurde. Für Hungrige dazu eingelegten Rhabarber und Ingwer, Jasminreis oder Reisnudeln reichen.

ZUTATEN

1 EL Sesamöl

250 g Räuchertofu, gewürfelt

1 großes Bund Europäischer Queller oder Meerfenchel und anderes Meeresgemüse

1 Limette

1 TL Sesam

Katsu-Curry-Sauce

2 EL Sesamöl

2 Karotten, klein geschnitten

1 Zwiebel, fein gehackt

2 Knoblauchzehen, gehackt

1 EL frisch geriebener Ingwer

1 EL mildes Currypulver

½ TL gemahlene Kurkuma

1 EL Mehl

100 ml Gemüsebrühe

200 ml Kokosmilch

2 TL Honig

2 TL Sojasauce

Zubereitung

01 Für das Katsu-Curry das Sesamöl in einem Topf erhitzen und Karotten, Zwiebeln, Knoblauch und Ingwer darin weich dünsten. Currypulver und Kurkuma einrühren. Das Gemüse 15 Minuten karamellisieren lassen.

02 Alles mit dem Mehl bestreuen und 1 Minute dünsten. Dann die Brühe nach und nach unter ständigem Rühren hinzugießen, gefolgt von Kokosmilch und Honig. Mit Sojasauce würzen.

03 Das Curry 15 Minuten köcheln lassen, bis die Karotten weich sind. Alles mit dem Stabmixer glatt pürieren.

04 Zum Schluss das Sesamöl im Wok erhitzen und den Räuchertofu in 3–4 Minuten darin goldbraun braten. Queller und Meeresgemüse hinzufügen, den Saft der Limette hineinpressen und alles mit Sesam bestreuen.

VORSPEISE ODER IMBISS

Queller-Pakora

ERGIBT 6–8 STÜCK

Wenn Sie einen echten Energie-Imbiss zubereiten möchten, dann probieren Sie diese Queller-Pakora, die von nepalesischen Snacks inspiriert sind. Ich erinnere mich noch gut daran, wie ich unweit eines Sees unterhalb der Annapurna-Gebirgskette eine große Auswahl an Gemüse-Pakora aß. Sie waren sättigend, wärmend und einfach in der Zubereitung. Der Queller würzt den Kichererbsenteig ganz großartig, und die Süßkartoffel steuert die goldene Farbe bei. Sie bringt die grüne Sumpfpflanze zum Strahlen.

ZUTATEN

150 g Kichererbsenmehl

1 TL Backnatron

1 TL Garam masala (ind. Gewürzmischung)

½ TL gemahlener Kreuzkümmel

½ TL gemahlene Kurkuma

½ TL gemahlener Koriander

½ grüne Chilischote, fein gewürfelt

200 g Europäischer Queller

½ Süßkartoffel, geschält und geraspelt

Pflanzenöl, zum Frittieren

Meersalzflocken

Zubereitung

01 Für den scharfen Kichererbsenteig Kichererbsenmehl, Natron und 100 ml Wasser glatt verrühren. Dann gemahlene Gewürze und grüne Chiliwürfel hinzufügen. Queller und Süßkartoffelmasse untermischen.

02 Aus der Masse 6–8 lockere Bratlinge formen, das Pflanzenöl in einem großen Topf oder im Wok erhitzen – es sollte etwa 190 °C heiß sein. Dann die Pakora darin portionsweise nicht länger als 4–5 Minuten goldbraun frittieren. Aus dem Öl heben und auf Küchenpapier abtropfen lassen. Jeweils mit 1 Prise Meersalzflocken bestreuen und sofort servieren.

Fenchel

DEIN IST MEIN GEHOBELTES HERZ

ESSBARE TEILE

01 GRÜN

Das fedrige Fenchelgrün ist die perfekte Garnitur.

02 STIELE

Die Stiele sind essbar und können als knackiger Ersatz für Sellerie oder Zwiebel verwendet werden.

03 BLÜTEN UND SAMEN

Die Blüten werden für eine hübsche Garnitur genutzt, und die intensiv duftenden Fenchelsamen sind zum Backen oder für Currys gut geeignet.

04 VERDICKTE BLATTSCHEIDE

Die Knolle ist eigentlich nichts anderes als ein bauchiger Stiel, der aus dem dicken blattähnlichen Teil um die Mitte herum wächst.

PFAHLWURZELN

Die Pfahlwurzeln sind essbar, wenn sie vorher gut gewaschen und gesäubert werden.

In meinem Garten gebührt dem Fenchel die Krone. Es ist das ultimative Gemüse: essbar von der Wurzel bis zum fedrigen Grün. Fenchel ist kühn im Geschmack, auch roh, und fädelt seine Anisaromen in jeden Rezeptstoff ein.

PFLANZE

Fenchel ist eine winterharte krautige Pflanze, die gut auf trockenen Böden und nahe Küsten oder Flussufern wächst. Er gehört zur Familie der Karotte. Gewürzfenchel wird 1–3 m hoch, und alle Unterarten sind sehr aromatisch, dank der hohen Potenz flüchtiger Bestandteile, die sich oft in Kräutern finden, darunter Anethol und Estragol. Anethol findet sich auch im Sternanis und gibt dem Fenchel den unverwechselbaren Geschmack. Fenchel ist gesund und enthält eine Kombination aus Phytonährstoffen und hat zudem stark antioxidative Eigenschaften. Er ist verdauungsfördernd und entzündungshemmend.

ZUBEREITUNG

Ich empfehle eine kleine Küchenschere zum Schneiden des Grüns, eine Mandoline (Gemüsehobel) zum Raspeln der Knolle (**Abb. a**) und ein Küchenmesser zum Schneiden und Würfeln sowie eine Reibe zur Zubereitung von Remoulade und Krautsalat. Das Herz der Knolle muss vielleicht etwas feiner geschnitten werden als der Rest, und einige Teile des Stiels sind überraschend hart und sollten deshalb gekocht werden. Kontrollieren Sie immer wieder und passen Sie eventuell die Schnittgröße dem jeweiligen Teil an. Legen Sie Abschnitte in eine Schüssel mit eiskaltem Zitronenwasser, damit der Fenchel sich nicht braun färbt (**Abb. b**).

SORTEN

GEWÜRZFENCHEL

Eine aromatische krautige Pflanze mit fedrigem Grün und gelben Blütendolden mit hellem Blütenstaub.

GEMÜSEFENCHEL

Diese Sorte gehört zur selben Varietät wie der Wilde und der Gewürzfenchel, hat aber unten einen verdickten, knollenähnlichen Stiel, der als Gemüse gegessen wird.

BRONZEFENCHEL

Wegen ihres hübschen violetten Grüns in Blaugrün- und Bronzetönen wird diese Sorte häufig wegen ihres Aussehens angebaut; das Grün ist essbar und schmeckt intensiv nach Anis. Ich verwende es oftmals als Kraut.

BABYFENCHEL

Auch unreife Fenchelknollen und Blätter sind essbar und zart. Als Zwischenfrucht sehr dicht aussäen. Die jungen Pflanzen mit viel Farbe und Aroma haben dann längere, dünnere Knollen.

WILDER FENCHEL

Dies ist ein sich stark ausbreitendes mehrjähriges Kraut, denn wie alle Fenchelsorten vermehrt es sich über Wurzelteilung oder Samen. Es ist an Straßenrändern und auf Weideland heimisch geworden und überzeugt durch seinen starken Anisgeschmack.

Abb. b

Abb. a

FORTSETZUNG

Abb. c

KOCHTIPPS

Fenchel hat einen kräftigen Geschmack –
weniger ist mehr, ist da die Devise. Sie
müssen also nicht alles in einem Gericht
verarbeiten. Allerdings ist die Knolle im
Ganzen gegart, langsam auf dem Grill
geschmort oder in feine Streifen geschnitten
und roh verzehrt wirklich köstlich. Ausgereifte Knollen sollten länger gegart oder
geschmort werden, damit sie zart werden,
während kleine Knollen auch roh zubereitet werden können. Gewürfelt ist Fenchel
ein guter Ersatz für Zwiebeln. Durch etwas
Säure erhält jedes Fenchelgericht einen
Ausgleich – glätten Sie die Wogen des Anis-
aromas mit Zitronensaft oder Joghurt und
Sahne. Fenchel macht sich auch gut in
Desserts, wenn er sparsam eingesetzt wird
und das Gericht nicht beherrscht. Mischen
Sie feine Fenchelstreifen mit Äpfeln für eine
Alternative zum klassischen Apfel-Crumble
oder zur Apfel-Pie. Mit dem frischen Grün
oder den zerdrückten Samen lassen sich
Pannacotta oder Eiscreme verfeinern.

ZERO WASTE

Roh oder gekocht – der ganze Fenchel ist
essbar – er ist ein Held der Zero-Waste-
Küche – auch wenn Stiele, Spitzen, Grün,
Pfahlwurzeln und Knollen von unterschiedlichen Zubereitungen profitieren. Eine
Knolle hält sich 1 Woche im Kühlschrank.
Große Mengen oder Reste am besten einlegen (**Abb. c**) oder fermentieren. Ich habe
Fenchel schon mit Radieschen, Zitrone
und weißem Miso eingelegt und zu Ramen
serviert, oder geriebene Kurkumawurzel
hinzugefügt und Fenchel sauerkrautartig mit
feiner Anisnote fermentiert. Fein gewürfel-
ter Fenchel ist eine fantastische Ergänzung
zu Chutney oder Piccalilli, und die Blüten
sind eine beeindruckende Garnitur für
Cocktails oder Salate – den Blütenstaub als
ginstergelbes Puder darüber ausschütteln.
Gehacktes Fenchelgrün in Gefrierbehältern
einfrieren und bei Bedarf zu Risottos, Suppen und Röstgemüse geben. Noch vorhan-
dene Wurzeln säubern, in gewürztem Mehl
wenden und wie Gemüsechips frittieren.
Sie schmecken nach Anis und sind holzig.

LEICHTER LUNCH

Roher Fenchel-Cashew-Salat

FÜR 2 PERSONEN

Meine Tochter Arrietty sieht man schon mal eine Fenchelknolle in die Arme schließen: »Ich liebe Fenchel!« – muss in der Familie liegen. Der Salat verbindet die feinen Streifen der Knolle mit dem fedrigen Grün zu einer Anisexplosion. Das Ganze wird durch süße Orange und in Honig geröstete Cashewkerne ausbalanciert.

ZUTATEN

1 EL Kokosöl

75 g Cashewkerne

1 EL Honig

1 TL Meersalz

1 TL Kokosraspel, plus mehr zum Bestreuen

1 Fenchelknolle

1 Bio-Orange, Schale abgerieben, quer in Scheiben geschnitten

6 Stiele Fenchelgrün

Fenchelblüten und/oder Ringelblumen, zum Garnieren

Zubereitung

01 Den Backofen auf 200 °C vorheizen. Das Kokosöl in einer ofenfesten Pfanne erhitzen.

02 Cashewkerne im Öl wenden, bis sie gleichmäßig davon überzogen sind. Honig hinzufügen und alles im Ofen 10–15 Minuten rösten.

03 Die Cashewkerne aus dem Ofen nehmen, abkühlen lassen und noch warm mit Salz und 1 TL Kokosraspeln bestreuen.

04 Den Fenchel mitsamt Herz längs in hauchdünne Streifen hobeln. Nun mit Orangenscheiben, Fenchelgrün und Orangenabrieb auf Tellern anrichten. Mit den gerösteten Honig-Cashewkernen bestreuen und mit einigen Kokosraspeln und essbaren Blüten garnieren.

BEILAGE ODER HAUPTGERICHT

Fenchelgratin
FÜR 2 PERSONEN (ODER FÜR 4 ALS BEILAGE)

Eine wohlige Umarmung, die in Form dieses Essens einzig und allein kreiert wurde, um Wohlgefühl auszulösen. Der Sommerfenchel wird langsam mit einer Käsesauce und knusprigen Bröseln aus altbackenem Brot gegart. Das löst auf den ersten Blick keine Begeisterungsschreie aus, aber vertrauen Sie mir. Ob das Gratin nun als Hauptgericht oder als Beilage serviert wird, auch Sie werden den Fenchel sagen hören: »Genießt mich als simple Geborgenheit.«

ZUTATEN

50 g gesalzene Butter

50 g Mehl

1 TL Dijonsenf

½ TL frisch geriebene Muskatnuss

½ TL frisch gemahlener weißer Pfeffer

50 ml Cidre

100 g Sahne

100 g Cheddar, gerieben

1 Eigelb

2 EL Olivenöl

2 Fenchelknollen, grob in Streifen geschnitten

75 g Semmelbrösel

Fenchelgrün, zum Garnieren

Meersalz

Zubereitung

01 Den Backofen auf 200 °C vorheizen. Für die Mehlschwitze die Butter zerlassen und das Mehl unterrühren. Dann Senf, Muskat, Pfeffer und Cidre hinzufügen. Zu einer Paste verrühren und die Sahne hinzugießen.

02 Bei leichter Hitze 5–10 Minuten köcheln lassen, bis die Sauce seidig und glatt ist. Den Käse darin schmelzen lassen. Vom Herd nehmen und das Eigelb unterrühren.

03 In einem Topf 1 EL Öl erhitzen und die Fenchelstreifen 5–10 Minuten bei starker Hitze anbraten, damit sie dem Gericht einen intensiven Umamigeschmack verleihen. In einer Auflaufform verteilen. Mit der Sauce übergießen, sodass der Fenchel davon bedeckt ist. Semmelbrösel im restlichen Olivenöl (1 EL) wenden und das Gratin damit bestreuen.

04 Im Backofen 25–30 Minuten backen, bis die Semmelbrösel goldbraun sind und der Fenchel weich ist. Mit Fenchelgrün garnieren und mit Meersalz bestreuen.

HAUPTGERICHT

Fenchel und Halloumi
FÜR 4 PERSONEN

Die Kombination aus gerösteter und roh gehobelter Fenchelknolle schafft hier zwei unterschiedliche Texturen und Aromen. Der rohe Fenchelsalat mit Zitrusdressing hat eine deutliche Anisnote. Die gerösteten Streifen vom Herz der Knolle haben wiederum einen runden Umamigeschmack, sind süß karamellisiert und zeigen eine milde Bitterkeit, die wunderbar zu dem nussigen Olivenöl passt. Der mit Za'atar panierte Halloumi und die Oliven in Salzlake sind perfekte Begleiter zum Fenchel. Servieren Sie dazu Couscous oder Fladenbrot.

ZUTATEN

2 Fenchelknollen

2 orange Paprikaschoten, klein geschnitten

3 EL Olivenöl

Meersalz und frisch gemahlener schwarzer Pfeffer

2 EL schwarze Oliven

1 TL Sumach

1 eingelegte Zitrone, klein geschnitten

abgeriebene Schale und Saft von 1 Bio-Zitrone

150 g Halloumi, in Scheiben

1 TL Za'atar (orient. Gewürzmischung)

200 g Couscous

Petersilie und Fenchelgrün

Zubereitung

01 Den Backofen auf 200 °C vorheizen. Von den Fenchelknollen 1 längs in Streifen schneiden und mit den Paprikastücken auf dem Backblech verteilen, mit 2 EL Olivenöl mischen. Mit je 1 Prise Meersalz und Pfeffer bestreuen und 25–30 Minuten im Ofen rösten.

02 Inzwischen die zweite Fenchelknolle erst quer durchschneiden, dann in dünne Scheiben schneiden und in einer Schüssel mit Oliven, restlichem Olivenöl (1 EL), Sumach, eingelegter Zitrone, Zitronenabrieb und -saft mischen. Abschmecken: Oliven und die eingelegten Zitronen sollten salzig genug sein.

03 Halloumi in einer Pfanne ohne Fett anbraten und in Za'atar wenden. Den Couscous nach Packungsangaben garen. Die Petersilie hacken und untermischen. Gerösteten Fenchel, Fenchelsalat und Halloumi auf einem Bett aus Couscous anrichten und mit Fenchelgrün garnieren.

Tomate

EIGENE TOMATEN AUS DEM GARTEN: UNBEZAHLBAR

Strauchtomate

01

Ochsenherz

'Gardener's Delight'

02

03

alte Sorten

Kirschtomate

Cocktailtomate

Datteltomate

ESSBARE TEILE

01 HAUT

Die Haut liefert 98 Prozent der Flavonole, die Teil der sekundären Pflanzenstoffe in einer Tomate sind und als äußerst gesund gelten. Soll die Textur für eine Sauce etwas feiner sein, die Tomate häuten – aber ich lasse die Haut lieber dran.

02 FLEISCH

Das ist der saftige Teil der Tomate, der das meiste Wasser enthält. Die Fruchtwand kann roh gegessen oder zerkocht zu einer weichen Pulpe werden. Das Fleisch zerfällt bei Wärme, und da die Tomaten zu 95 Prozent aus Wasser bestehen, wird eine Sauce durch zu langes Kochen schnell wässrig.

03 SAMEN

Jede Frucht hat mindestens zwei Kammern mit kleinen Samen, die von einem gallertartigen Gewebe umschlossen sind. Die Samen sind echtes Superfood: reich an Ballaststoffen, Vitamin C und Vitamin A. Die klare gelartige Masse um sie herum fördert den Blutfluss. Für eine Salsa entferne ich die Samen nie, denn ich mag eine rustikale Textur und möchte all das Gute von meinem Gemüse.

Der Beginn der Tomatenzeit erfreut uns Gärtner: Eine sonnen-gereifte Frucht, frisch vom Strauch gepflückt und roh gegessen, gekocht oder eingelegt, ist geschmacklich immer um Klassen besser als fertig gekaufte Sorten. Das erfüllt uns mit Stolz.

PFLANZE

Tomaten gehören zur Familie der Nachtschattengewächse, und auch wenn sie als Gemüse behandelt werden, sind sie streng genommen eine Frucht. Es gibt Tausende von Sorten, in allen Farben und Größen, die problemlos zu Hause gezogen werden können. Die Pflanze braucht Wärme und reichlich Sonne, deshalb sollte sie in kälteren Zonen besser auf einer sonnigen Fensterbank, im Gewächshaus oder unter Glas stehen. In Regionen, in denen es viel regnet, zeigt sich schnell Mehltau, wenn die Tomate draußen wächst. Meist werden Tomaten 1–3 m hoch und können an Seilen gezogen oder buschig wachsen. Erntezeit ist vom Frühsommer bis zum Herbst. Regelmäßig gießen, damit die Frucht nicht aufplatzt, und mit einer Schere ernten. Dabei genau über der Frucht abschneiden, damit der Stängel nicht beschädigt und krank wird.

ZUBEREITUNG

Eine reife Tomate sollte gleichmäßig in der Farbe der entsprechenden Sorte sein, prall und glänzend, und sich nicht zu fest anfühlen. Zu weiche Exemplare am besten für Saucen verwenden statt für Salate. Für die Zubereitung ein spezielles Tomatenmesser mit Wellenschliff oder ein Küchenmesser verwenden. Mit kleinen Klingen lassen sich die Samen besser entfernen. Für eine festere Salsa oder für einen Salat schneiden Sie sie in Spalten und größere Exemplare zum Rösten am besten durchschneiden. Verwenden Sie ein Schneidebrett mit einer umlaufenden Rille, die den Saft auffängt. Sie können die Haut entfernen, wenn Sie die Unterseite kreuzweise einschneiden und die Tomate dann 30 Sekunden in kochendem Wasser blanchieren. Direkt in Eiswasser legen – die Haut löst sich dann fast von selbst.

SORTEN

KIRSCHTOMATE
Diese verlockenden festen Früchte sind kaum größer als Bonbons und wachsen in Rot, Orange, Gelb und Violett. Süß mit viel Biss.

OCHSENHERZ
Eine große Fleischsorte, die perfekt zum Füllen ist. Mit festem saftigem Fruchtfleisch und mildem Geschmack.

ALTE SORTEN
Auch unter dem Sammelbegriff »Heirloom« im Handel; hat dunkle, satte Farben und verschiedene Texturen. Süß bis herb und saftig. Perfekt zum rohen Verzehr.

DATTELTOMATE
Eine Kochtomate mit weniger Samen und einer festeren, dichteren Haut als andere Sorten. Ausgeglichenes Aroma, für Eintöpfe, Pasten und Saucen.

COCKTAILTOMATE
Diese Sorte hat die Form einer Traube und ist knackig mit süßem bis herbem Geschmack.

GRÜNE TOMATE
Unreife Tomaten sind zäh, bitter und hellgrün, mit fester, fleischiger Textur. Es gibt alte Sorten, die auch gereift grün bleiben.

'GARDENER'S DELIGHT'
Eine kleine, süße, aromenreiche Kirschtomatensorte, perfekt zum Naschen zwischendurch. Die reiche Ernte wächst gut in Töpfen und Pflanzsäcken.

FORTSETZUNG

Abb. a

Abb. b

KOCHTIPPS

Tomaten enthalten viel Wasser. Deshalb können Sie daraus eine süße Sauce kochen oder sie (am besten im Ganzen) scharf anbraten, um die Säfte innen und die Form außen zu halten. Verwenden Sie Tomaten wie Zitrone für die Säure: ½ Tomate in Musselin wickeln, um die Samen aufzufangen, und über einem Salat ausdrücken. Das Fleisch in einem gekochten Gericht verwenden. Oder Tomatenhälften mit Olivenöl beträufeln, mit Salz, Pfeffer und getrocknetem Oregano bestreuen und 20 Minuten bei 220 °C im Backofen rösten. Konfierte Kirschtomaten: langsam mit Öl bedeckt und in Knoblauch garen.

Der beste Partner ist selbstredend Basilikum, und was wäre hier besser als eine Mozzarella-Pizza? Die Tomatensauce sorgt für Säure, während Tomatenscheiben schön karamellisieren, sie sorgen für Süße und Umamigeschmack. Probieren Sie rohe Tomatenscheiben mit Burrata (**Abb. a**) oder auf Sauerteigbrot als Bruschetta mit Tapenade (Olivenmus).

ZERO WASTE

Die Tomatensaison ist recht kurz, aber glücklicherweise lässt sich die Frucht auf vielfältige Weise haltbar machen. Ketchups, Saucen oder Pasten sind ideal, um eine reiche Ernte zu verarbeiten. Geben Sie Salz, Zucker oder Essig hinzu und verkochen Sie das enthaltene Wasser, dann verlängert sich auch die Haltbarkeit. Tomatensaft zubereiten und für Bloody Mary nutzen: 50 ml Wodka, 250 ml Tomatensaft, 1 EL Zitronensaft, 3 Tropfen scharfe Chilisauce und 1 Prise Selleriesalz sowie schwarzen Pfeffer mischen. Mit Selleriestange (nach Belieben), Zitronenschnitzen und Fenchelblüten garnieren (**Abb. b**). Sonnengetrocknete Tomaten: Tomatenscheiben bei 50 °C im Dörrapparat oder bei 100 °C im Backofen etwa 6–12 Stunden trocknen. Dann in einem sterilisierten luftdichten Gefäß mit Olivenöl und Kräutern bedecken (**Abb. c**).

Vielleicht bleiben nach der Erntezeit jede Menge kleine, nicht ganz ausgewachsene Früchte übrig. Daraus ein Tomatenchutney mit Essig, Gewürzen und Zucker zubereiten.

Abb. c

HAUPTGERICHT

Tomatenschmortopf

FÜR 4 PERSONEN

Viele Länder haben ihre eigene Version dieses rustikalen Gerichts: Frankreich hat das Ratatouille, Italien die Minestrone. Dies ist meine Hommage mit Tomaten als Basis, die alles mit einer süßen Sauce und der perfekten Balance von Säure zusammenfügen. Dieser Eintopf gewinnt durch seine Einfachheit und führt von bescheidenen Anfängen direkt zu eleganter Gemüsehoheit.

ZUTATEN

2 EL Olivenöl

8 große Tomaten, grob gehackt

6 grüne Bohnen, grob gehackt

6 Radieschen, geviertelt

4 Frühlingszwiebeln, grob gehackt

3 Karotten, in Scheiben geschnitten

2 Zucchini, grob gehackt

2 rote Paprikaschoten, grob gehackt

1 Stange Lauch, grob gehackt

1 Zwiebel, grob gehackt

2 l Gemüsebrühe

150 g Kichererbsen (oder Bohnen, Dose), abgetropft

1 Handvoll Zuckerschoten (oder Zuckererbsen)

1 Bund Basilikum und Fenchelgrün, gehackt, zum Garnieren

Meersalz und frisch gemahlener schwarzer Pfeffer

Zubereitung

01 In einem großen Topf oder Schmortopf das Öl erhitzen. Die Gemüsestücke darin unter ständigem Rühren bei mittlerer bis starker Hitze 15 Minuten schmoren.

02 Die Brühe hinzugießen und fast bis zum Kochen bringen.

03 Die Hitze reduzieren und den Eintopf 45 Minuten ohne Deckel köcheln lassen, dabei gelegentlich umrühren, bis das Gemüse weich und zart ist und die Tomaten zu einer Sauce verkocht sind. Die Kichererbsen oder Bohnen und die Zuckerschoten oder Zuckererbsen 5 Minuten vor Ende der Garzeit hinzugeben.

04 Mit Basilikum und Fenchelgrün garnieren und mit Salz und Pfeffer abschmecken.

HAUPTGERICHT

Gefüllte Tomate

FÜR 2 PERSONEN

Ich liebe ein klassisches Gericht mit gefülltem Gemüse, aber häufig ist mir trotz des umwerfenden Aussehens eine gefüllte Paprikaschote zu bitter oder ein Kürbis zu weich. Doch ich habe den perfekten Knüller gefunden. Sie ist kräftig genug, um die Hitze im Backofen auszuhalten: die Ochsenherztomate mit erdiger Süße. Ihr Umamigeschmack ist etwas Besonderes. Die aromatische Füllung bleibt saftig und wird durch den knackigen Crunch des Toppings aus Pistazien- und Pinienkernen geschützt.

ZUTATEN

2 große Ochsenherztomaten
(Ø 10–15 cm)

150 g Couscous, gegart

2 EL fein gewürfelte Zucchini

1 eingelegte Zitrone, sehr klein geschnitten

6 sonnengetrocknete Tomaten, gehackt

1 TL Kapern

½ TL Fenchelsamen

1 TL Sumach (orient. Gewürzmischung)

Minzeblätter, zum Garnieren

Kerniges Topping

2 EL Pinienkerne

2 EL Pistazienkerne, grob gehackt

1 EL fein gehackte Minze

1 Prise getrocknete Rosenblütenblätter

Meersalz

Zubereitung

01 Den Backofen auf 200 °C vorheizen. Die Oberseite der Tomaten quer kappen und beiseitelegen – das wird der Deckel beim Rösten. Die Hälfte des Fruchtfleisches und die Samen herauslöffeln – und später für Salsa oder Ketchup verwenden, damit nichts verschwendet wird. Falls nötig, mit einem Messer die Kammerwände herausschneiden, damit das Herauslöffeln einfacher ist.

02 In einer Schüssel Couscous, Zucchini, Zitrone, sonnengetrocknete Tomaten, Kapern, Fenchelsamen und Sumach mischen und die Tomate bis zum Rand damit füllen.

03 Für das kernige Topping sämtliche Zutaten, außer Salz, im Mixer grob zerkleinern und salzen. Die Brösel über die Füllung streuen, den Deckel auflegen und die gefüllten Tomaten auf einem Backblech 20–30 Minuten im Ofen braten. Noch warm mit Minzeblättern garniert servieren.

BEILAGE

Geröstete Tomaten und Mozzarella

FÜR 4 PERSONEN

Es mag einfach aussehen, doch dies ist vermutlich eines meiner außergewöhnlichsten Rezepte. Geröstete goldene Kirschtomaten und dunkelrote Tomaten werden mit Basilikum und Balsamico einfach sensationell, und der Mozzarella bringt eine schöne cremige Note hinein. Das Gericht ist die ultimative Jubelfeier für die Tomate und eines, das ich immer und immer wieder zubereite.

ZUTATEN

1 kg Tomaten, alte Sorten gemischt

2 EL Olivenöl, plus mehr zum Beträufeln

1 TL Balsamicoessig, plus mehr zum Beträufeln

1 TL Meersalz

250 g Mozzarella

8 Basilikumblätter

Zubereitung

01 Den Backofen auf 200 °C vorheizen. Größere Tomaten halbieren und die kleinen Exemplare ganz lassen. Alles in einer großen Auflaufform verteilen.

02 Tomaten mit 2 EL Olivenöl und 1 TL Balsamicoessig anmachen und mit Salz bestreuen.

03 Im vorgeheizten Backofen 20–25 Minuten rösten, bis die Tomaten weich werden, sie teils karamellisieren und die Haut aufplatzt.

04 Mozzarella und Basilikum zerzupfen und auf den Tomaten verteilen. Mit noch etwas Olivenöl und Balsamicoessig beträufeln und warm servieren.

Bohnen

AUF DER BOHNENSTANGE IN DIE HÖHE

ESSBARE TEILE

01 BOHNEN

Unreife Bohnen und Erbsen sind klein und meist limettengrün; sie stecken voller Protein und haben nach dem Garen eine cremige Textur. Wenn sie zu großen Bohnen heranreifen, sind sie fester beim Kochen und ideal zum Einmachen.

02 HÜLSE

Die Hülsen der meisten Bohnensorten sind essbar und haben einen süßen Geschmack mit Grasnote, der bei zunehmender Reife bitter wird.

03 STIEL

Die Stiele ausgereifter Bohnen sind ungenießbar, doch bei jungen Exemplaren können sie gegart und gegessen werden.

Bohnen sind für mich der Inbegriff der Lebensvielfalt. Frisch geerntet sind sie leuchtend smaragdgrün, getrocknet gut haltbar, gegart sättigend und stärkend. Bohnen sind voller Magie – es lohnt sich, sie gegen eine Kuh einzutauschen.

PFLANZE

Genau wie der Naturfreund Henry David Thoreau war ich immer »entschlossen, die Bohnen zu verstehen«. Es gibt viele verschiedene Sorten, und meistens kann die gesamte Hülse gekocht werden. Im Garten wachsen sie in gleichmäßigen Reihen in die Höhe – ein Zeichen für all das Gute, das uns erwartet. Sie liefern Ballaststoffe, Eisen, Kalium und Phosphor sowie Vitamin K und C. Junge Schoten bis ausgereifte Bohnen liefern Nährstoffe für Eintöpfe und Suppen, Biss in Salaten oder ein cremiges Wohlgefühl in langsam gegarten Gerichten. Jung und regelmäßig gepflückt schmecken sie sehr zart.

ZUBEREITUNG

Jüngere Bohnen koche ich im Ganzen oder in schräge Stücke geschnitten. Größere Bohnenschoten blanchiere ich vorher, damit sie weich und weniger bitter werden. Angeschmort in etwas Butter oder Öl schmecken sie köstlich. Bohnen werden bereits in Dosen oder tiefgekühlt angeboten, aber in größeren Mengen sind sie getrocknet noch billiger. Getrocknete Bohnen am besten in einem Topf mit Wasser aufkochen. Dann abkühlen und einige Stunden stehen lassen. Vor dem Weichgaren noch einmal das Wasser wechseln. Durch das Einweichen verkürzt sich die Garzeit, und die Textur wird gleichmäßiger.

SORTEN

GRÜNE BOHNEN

Bei Gartenbohnen wird zwischen Stangen- und Buschbohnen unterschieden. Sie werden vor allem wegen der essbaren Schoten und nicht wegen der unreifen Bohnen angebaut, obwohl beides essbar ist. Leuchtend rote Blüten bilden dünne Schoten aus (Feuerbohne). Die darin liegenden Bohnenkerne sind halbfest und süßgrasig. Es gibt Zwergsorten und solche, die keine Rankhilfe benötigen. Bohnenpflanzen binden hervorragend Stickstoff im Gartenboden.

KIDNEYBOHNEN

Diese rote Bohne hat eine dunkle Haut und ist nach ihrer Nierenform benannt. Vielseitig mit süßem, nussigem Geschmack. Entwickelt gegart eine weiche, cremige Textur. Oft mit Reis für ein klassisches kreolisches Gericht oder in einem Chili-Eintopf verwendet.

SCHWARZE BOHNEN

Sie stammen vermutlich aus Mexiko. Ovoid, von tiefschwarzer Farbe, mit erdigem, süßen Geschmack und weicher Textur. Die Böhnchen erinnern geschmacklich an Pilze und passen gut zu Mais oder in Burritos.

EDAMAME

Edamame sind unreif geerntete Sojabohnen und keine eigene Sorte. Sie enthalten viel Protein und werden deshalb in der veganen Küche und für Fleischersatzprodukte häufig verwendet.

WACHTELBOHNEN

Die rostfarbenen Bohnen sind in der südamerikanischen und mexikanischen Küche sehr beliebt (Pintobohnen). Sie sind gesprenkelt und können nach dem Garen ganz oder zerstampft gegessen werden. Sie eignen sich für ein würziges Püree aus gebratenen Bohnen oder für die Zubereitung im Billycan über dem offenen Feuer beim Campen.

MUNGOBOHNEN

Diese Bohnen sind grün und wachsen in tropischen Klimazonen. Ich kaufe sie getrocknet, sie müssen vor dem Kochen nicht eingeweicht werden. Gespalten und geschält (Mung Dal) werden sie hellgelb. Ihre Sprossen sind sehr beliebt.

WEISSE BOHNEN

Kleine, ovoide, cremig-weiche Bohnen, die etwa in Baked Beans oder Suppen wegen ihrer buttrigen, sämigen Textur geschätzt werden. Mild im Geschmack, nehmen Saucen und Gewürze gut auf. Beliebte Sorten sind Cannellini- oder Limabohnen. Letztere sind süß, cremig und enthalten viel Stärke.

BORLOTTI-BOHNEN

Ursprünglich in Kolumbien angebaut, auffällig pralle rote Schoten mit cremig-gelben Sprenkeln, in denen gefleckte elfenbein- und haselnussfarbene Bohnen mit einem Schuss Magenta stecken. In Norditalien beliebt, mit süßem, maronenähnlichem Aroma und cremiger Textur.

FORTSETZUNG

Abb. a

Abb. b

KOCHTIPPS

Bohnen sind ungekocht giftig. Ganze oder klein geschnittene Schoten kurz in Öl anbraten oder etwa 5 Minuten in kochendem Wasser blanchieren. Junge Bohnen vom Grill bieten die sensationelle Kombi von süß und rauchig. Gegarte Limabohnen sind im Hummus ein toller Kichererbsenersatz: mit Olivenöl, Knoblauch und Zitronensaft pürieren – fertig ist ein weicher, cremiger und köstlicher Weiße-Bohnen-Dip. Ein Mix aus weißen Bohnen und Wachtelbohnen ist ideal für Baked Beans: rote Zwiebelwürfel mit gehacktem Knoblauch und reichlich Paprikapulver in Öl braten. Gegarte Bohnen und stückige Tomaten hinzufügen und bei leichter Hitze garen. Mit frischem Koriandergrün und viel schwarzem Pfeffer abrunden oder 1 Schuss Whiskey unterrühren (**Abb. a**). Mein Favorit, den ich vor einigen Jahren in einem Restaurant bei mir um die Ecke aß: Knoblauchscheiben und rote Chilischote in Kokosöl anbraten, bunte Gartenbohnen dazu und mit Kokosraspeln garnieren (**Abb. b**). Einfach, aber göttlich.

ZERO WASTE

Bohnenhülsen enthalten viele Ballaststoffe, deshalb sollten Sie diesen Teil mitkochen und nicht verschwenden. Wenn Sie die Bohnenkerne doch auslösen, können Sie größere Hülsen für Brühen oder zum Aromatisieren von Saucen verwenden.

Grüne Bohnen können Sie klein geschnitten für ein sommerliches Chutney verwenden oder portionsweise nach dem Blanchieren einfrieren. Größere Bohnenhülsen mit ausgereiften Bohnen (am besten hoch über der Erde wachsend) halten sich nach dem Trocknen (am besten aufhängen) in einem luftdichten Behälter bis zu 12 Monate.

Sie können frische Bohnen auch palen, die Kerne in kaltes Wasser legen und dann 2 Minuten blanchieren. Anschließend nebeneinander auf einem Backblech verteilen und im Backofen bei 100 °C oder bei 50 °C im Dörrapparat 4–5 Stunden trocknen. Dann in einem luftdichten Behälter aufbewahren. Vor der Verwendung einweichen – und zwar am besten schon am Vorabend.

HAUPTGERICHT

Bohnen-Burger mit Sauerampfer-Wasabi-Mayonnaise

FÜR 2 PERSONEN

Bohnen-Burger gibt es in allen Formen und Größen und genauso viele Rezepte dazu. Ich habe früher immer Schwarze-Bohnen-Burger geliebt, aber seit Kurzem habe ich mich nach einer helleren und weniger schweren Alternative umgesehen. Dieses Gericht feiert Bohnen mit einem Hauch von Japan durch das Kimchi und spritziger Sauerampfer-Mayo. Servieren Sie dazu Pommes frites aus Süßkartoffeln.

ZUTATEN

Bohnen-Pattys

150 g Edamame

65 g Kichererbsen

100 g Quinoa, gegart

2 Knoblauchzehen, fein gewürfelt

2 EL Kichererbsenmehl

2 Frühlingszwiebeln, fein gewürfelt

1 EL Algenflocken

1 EL gehacktes Koriandergrün

1 EL frisch geriebener Ingwer

½ TL Meersalz

2 EL Sesam (oder ungegarte Quinoa)

2 EL Sesamöl

Sauerampfer-Wasabi-Mayonnaise

12 Sauerampferblätter (oder Spinatblätter oder Brunnenkresse)

2 EL Mayonnaise

Saft von 1 Limette

½ TL Wasabi-Paste

Burger

2 Burger-Brötchen

Pak-Choi-Blätter

gemischte Salatblätter (jap. Senfkohl, Fenchelgrün und bittere Babysalat-Blätter)

Kimchi (s. S. 285)

Zubereitung

01 Für die Pattys sämtliche Zutaten, außer Sesam und Sesamöl, gründlich mischen und mit dem Stabmixer stückig pürieren. Die Bohnen-Burger-Pattys sollten eine noch grobe Textur haben.

02 Die Masse in 2 große Patty-Formen drücken, die Pattys in Sesam (oder roher Quinoa) wenden und 30 Minuten kühl stellen.

03 Inzwischen für die Sauerampfer-Mayonnaise sämtliche Zutaten im Mixer pürieren. Die Burger-Brötchen halbieren und rösten.

04 Einige Pak-Choi-Blätter in einer Grillpfanne ohne Fett kräftig bräunen und mit Salatblättern vermischen.

05 Das Sesamöl in einer Pfanne stark erhitzen. Die panierten Burger darin von jeder Seite 4–5 Minuten braten. Zum Schluss die untere Brötchenhälfte mit den knusprigen Salatblättern belegen, die Bohnen-Pattys auflegen, mit Sauerampfer-Wasabi-Mayo beträufeln, mit Kimchi garnieren und die zweite Brötchenhälfte auflegen.

BEILAGE ODER HAUPTGERICHT

Grüne-Bohnen-Salat mit Radieschen und Blauschimmelkäse

FÜR 2 PERSONEN ALS VORSPEISE ODER 1 ALS HAUPTGERICHT

Bohnen sind die Stars in diesem sommerlichen Salat. Das Gericht wird zum Schluss effektvoll gebräunt, damit der Käse schmilzt: echtes Theater am Tisch. Karamellisierte Schalotten, sauer eingelegte, knackige Radieschen, salziger Blauschimmelkäse und zart-herbe grüne Bohnen ergänzen die Aromenshow. Alles ergibt ein großes Finale – wahrlich ein fabelhafter Bohnen-Zauber.

ZUTATEN

2 Handvoll zarte grüne Bohnen

2 Schalotten, geschält

1 EL Olivenöl

1 TL Orangenabrieb

½ TL Meersalz

½ TL frisch gemahlener schwarzer Pfeffer

100 g Blauschimmelkäse, zerkrümelt

glatte Petersilie, zum Garnieren

Eingelegte Radieschen

2 EL Zucker

50 ml Apfelessig

12 Radieschen, geputzt

Zubereitung

01 Für die eingelegten Radieschen Zucker in Essig und 50 ml kochendem Wasser auflösen. Aufkochen, vom Herd nehmen und die Radieschen hineinlegen. So 30 Minuten abkühlen, dann abtropfen lassen. Die Radieschen sollten noch Biss haben.

02 Inzwischen die grünen Bohnen im Ganzen in kochendem Wasser 3 Minuten blanchieren, abgießen und in Eiswasser legen.

03 In einer Grillpfanne die Schalotten im Ganzen rösten, bis sie nach 5–10 Minuten außen sehr dunkel, aber innen schön süß und zart sind.

04 Die blanchierten Bohnen mit Olivenöl und Orangenabrieb vermischen und kräftig salzen und pfeffern.

05 Die Bohnen mit Schalotten und eingelegten Radieschen anrichten und mit zerkrümeltem Blauschimmelkäse bestreuen. Mit einem Küchenbunsenbrenner oder 4–5 Minuten unter dem Grill den Käse schmelzen, Bohnen und Radieschen noch weiter bräunen. Mit Petersilie garnieren.

Huevos rancheros

FÜR 2 PERSONEN

Dieses köstliche Bohnen-Eier-Frühstück können Sie zu jeder Tageszeit genießen. Die Bohnen sorgen für eine cremige Note und saugen wie ein Schwamm die Gewürze auf. Durch das Karamellisieren von Zwiebeln und Knoblauch zu Beginn schaffen Sie eine aromenreiche Grundlage, die gut zu der leichten Note der gegrillten Paprikaschote, der spritzigen Limette und zu Spiegeleiern passt. Reichen Sie dazu Salsa, Guacamole, Pickles und Fladenbrot.

ZUTATEN

1 EL Olivenöl

4–6 Eier

Bohnen

2 Knoblauchzehen, gehackt

½ rote Zwiebel, gewürfelt

1 EL gehackte Jalapeño-Schoten

1 TL geräuchertes Paprikapulver

1 TL getrockneter Oregano

½ TL gemahlener Kreuzkümmel

2 EL Olivenöl

200 g Limabohnen, abgetropft (Dose)

50 g stückige Tomaten (Dose)

1 TL Meersalz

1 TL frisch gemahlener schwarzer Pfeffer

Geschmorte Paprikaschoten, Rajas-Art

1 EL hoch erhitzbares Olivenöl, plus etwas mehr

½ rote Paprikaschote, in feine Streifen geschnitten

½ gelbe Paprikaschote, in feine Streifen geschnitten

1 Zwiebel, fein gewürfelt

1 TL getrockneter Oregano

Saft von 1 Limette, plus mehr zum Servieren

Zubereitung

01 Je länger die Bohnen gegart werden, desto besser entfaltet sich der wohlige Geschmack. Knoblauch und Zwiebelwürfel mit Chilistücken und Gewürzen 4–5 Minuten in Olivenöl weich karamellisieren.

02 Bohnen und Tomaten hinzufügen. Die Hitze reduzieren und die Oberfläche des Eintopfs mit Backpapier abdecken. So 20–25 Minuten bei leichter Hitze ohne Deckel das Ganze weich und cremig garen. Nicht umrühren, damit die Bohnen ihre Textur behalten.

03 In einem zweiten Topf für die Paprikaschoten das Öl stark erhitzen. Paprikastreifen und Zwiebelwürfel mit Oregano 5–6 Minuten karamellisieren. Dann alles beiseitestellen. Den Bratsatz mit dem Limettensaft ablöschen. In derselben Pfanne Olivenöl erhitzen, darin Spiegeleier braten.

04 Die Bohnen mit einem Holzlöffel zu Püree zerstampfen, mit Salz und Pfeffer abschmecken. Mit Paprikaschoten und Spiegeleiern servieren, mit Limettensaft beträufeln.

Zuckermais

MAIS-MYTHOS

NICHT ESSBARE TEILE

01 LIESCHBLÄTTER

Die Hüllblätter schützen das Korn beim Backen oder Dämpfen. Sie geben ein feines Maisaroma ab, sind aber ungenießbar.

02 SPINDEL

Der Kolben in der Mitte des ausgewachsenen Mais ist ungenießbar, kann beim Babymais aber sogar roh mitgegessen werden. Die Maisspindel wird hart, wenn die Pflanze reift. Sie ist getrocknet ein gutes Brennmaterial für den Grill.

ESSBARE TEILE

03 MAISBART

Die Fäden ragen aus der Spitze des Maiskolbens heraus und werden in der Naturmedizin für eine harntreibende Wirkung eingesetzt. Ich entferne sie vor dem Kochen.

04 KÖRNER

Zuckermaiskörner sind essbar und können zum Haltbarmachen auch getrocknet werden. Nach der Ernte wandelt sich der Zucker in den Körnern in Stärke um.

Zuckermais bringt mich immer wieder zum Staunen. In den limettengrünen Lieschblättern versteckt sich in frisch geern-tetem Zustand ein golden strahlender Kern. Fest, saftig und süß – es überrascht kaum, dass den Mayas dieses Gemüse heilig war.

PFLANZE

Es gibt Tausende alter Maissorten, die in Mexiko und Südamerika angebaut werden. Sie alle enthalten viel Zucker. Zuckermais wird als Gemüse jung und unreif geerntet und bleibt nicht bis zur Körnerreife an der Pflanze, oder bis er austrocknet, wie einige für Polenta verwendete Sorten. Für eine reiche Ernte sind lange, schön heiße Sommer am besten.

Ich habe mich beim Anbau von Mais an die alte »Drei Schwestern«-Methode der amerikanischen Ureinwohner gehalten, wo Mais zwischen Kletterbohnen und Kürbisse gepflanzt wird. Mais dient als natürliche Rankhilfe für die Bohnen, während die Kürbisse den Boden bedecken und so den Wuchs von Unkraut verhindern sowie den Boden vor dem Austrocknen schützen. Die Pflanznachbarschaft ergibt eine wunderbare Symbiose. Mais ist ein sehr nährstoffrei-ches Gemüse voller Mineralien wie Kalzium sowie B-Vitamine wie Niacin und Riboflavin. Er liefert Ballaststoffe und Betacarotin, das Vitamin A produziert, was der Sehkraft und unserem Immunsystem zugutekommt.

ZUBEREITUNG

Mais sollte geerntet werden, wenn der Bart dunkelbraun wird. Öffnen Sie zur Kontrolle ein wenig von den Lieschblättern und ste-chen Sie ein Korn mit Stäbchen oder Messer an: Tritt eine wässrige Flüssigkeit aus, ist es noch unreif; ist sie milchig, ist der Mais reif. Zum Pflücken drehen und ziehen Sie kräftig am Stiel. Gekaufter Mais sollte sich fest anfühlen, und die eng anliegenden Liesch-blätter sollten kräftig grün sein. Die Zucker im Mais wandeln sich nach dem Pflücken in Stärke. Deshalb wählen Sie frische Exemp-lare. Die grünen Blätter abziehen (**Abb. a**), die Bärte an der Spitze entfernen und ganze Maiskolben garen oder einzelne (gedämpfte) Körner abschneiden. Mit einem scharfen Messer gelingt es besser, im Ganzen senk-recht nach unten zu schneiden.

Abb. a

SORTEN

GELBER ZUCKERMAIS

Beim Zuckermais wandelt sich der Zucker schnell in Stärke. Die gelben Körner erscheinen in schönen gleichmäßigen Reihen mit bis zu 400 Körnern an einem Maiskolben. Am besten ist er frisch geerntet, denn dann sind die Körner saftig und süß.

'SUPERSWEET'

Dieser Mais wird meist in Super-märkten angeboten und enthält 30 Prozent mehr Zucker als normaler Mais. Es gibt Hybriden mit viel Betacarotin.

BABYMAIS

Sehr klein und mild im Geschmack, da der Mais sehr früh geerntet wird, wenn sich noch nicht so viel Zucker gebildet hat. Meist ohne Blatt und auch tiefgekühlt angeboten. Ideal als ganzer Kolben oder für Pfannengerichte.

SCHWARZER MAIS

Eine alte Sorte mit violetten, fast schwarzen Körnern. Die Pflan-zenpigmente enthalten Antho-zyane, deren Antioxidanzien entzündungshemmend wirken. Die Farbstoffe färben die Finger!

ROTER MAIS

Wegen der auffälligen Farbe zunehmend beliebt; ein Getreide-mais, der jung wie ein Gemüse geerntet werden kann. Protein-haltiger als gelber Mais.

PERUANISCHER MAIS

Ballaststoffreich, mit größeren Körnern und weniger Zucker. In vielen Farben erhältlich; stärkehaltig und nussig.

FORTSETZUNG

Abb. b

Abb. c

KOCHTIPPS

Mais zuzubereiten ist eine Freude – er ist äußerst vielseitig. Vor dem Grillen die Kolben 1 Stunde in Wasser einweichen und noch mit Lieschblättern 20 Minuten grillen. Diese dann abstreifen und die Kolben mit Kräuterbutter bestreichen. Direkt auf den Rost legen. Asiatisch wird es, wenn die Kolben gegrillt und mit Sojasauce glasiert werden. Oder mit einer klebrigen koreanischen Grillsauce glasieren und dazu Kimchi servieren. Oder gehobelte Stücke für eine feine cremige Textur und Süße in einen Chowder (s. S. 145) mischen oder mit Tomaten und Chilischoten spritzige Salsas oder südamerikanische Bohnensalate zubereiten.

Großer Maisrösti (**Abb. b**): gegarte Maiskörner mit geriebener Zucchini oder blanchierten grünen Bohnen vermischen, die Masse mit Paprikapulver und Koriandersamen würzen. Von jeder Seite 4 Minuten wie einen Pfannkuchen backen und mit 1 Klecks Labneh sowie Blattsalat und Pickles anrichten. Ein schönes Mittagessen. Der Mais sorgt für eine süße, knusprige Textur.

ZERO WASTE

Popcorn ist wunderbar zur Ernteverwertung. Die Maiskolben mit Blättern 3–4 Wochen zum Trocknen an einem warmen, gut belüfteten Ort oder im Dörrapparat 4–8 Stunden bei 52 °C trocknen. Die Körner von der Spindel schneiden und in einem luftdichten Behälter aufbewahren. Zum Aufpoppen 1 EL hoch erhitzbares Öl im Topf erhitzen und 1 Handvoll Körner hinzugeben. Den Deckel auflegen; nach 2–3 Minuten poppen sie auf. Deftig: geriebener Käse, Schnittlauch und schwarzer Pfeffer dazu. Getrocknete Maiskörner zum Kochen erst 4–6 Stunden in Wasser legen.

Zum Einfrieren die Körner 3–4 Minuten blanchieren und in Eiswasser legen. Dann auf einem Backblech verteilt anfrieren, in Gefrierbeutel umfüllen. Mein Mais-Relish: blanchierte Maiskörner mit roten Zwiebelringen, Apfelessig und gehacktem Knoblauch aufkochen, abkühlen lassen. Koriandergrün, Limette und rote Chilischote dazu, so wird's schön scharf – schenkt einem Veggie-Burger spritzige Frische (**Abb. c**).

Mais-Chowder

FÜR 4 PERSONEN

Ein Chowder ist eigentlich eine cremige Suppe mit Fisch oder Meeresfrüchten, doch hier stammt die Meeresfrische vom Queller und anderem Meeresgemüse. Die Suppe verbreitet gute Laune. Das Gericht ist kräftig gewürzt, und ich habe es schon oft am Strand oder am Kai nach dem Schwimmen im Meer oder nach einem langen Segeltörn zubereitet. Cracker und gekochte ganze Maisabschnitte sind ein schöner Texturkontrast zur cremigen Suppe.

ZUTATEN

2 Zuckermaiskolben

Meersalz

50 g Butter

½ Lauchstange, in feine Ringe geschnitten

4 mehligkochende Kartoffeln, geschält und gewürfelt

1 Schalotte, gewürfelt

50 g Erbsen

500 ml Gemüsebrühe

1 TL frisch gemahlener weißer Pfeffer

½ TL frisch gemahlener schwarzer Pfeffer

½ TL frisch geriebene Muskatnuss

1 Lorbeerblatt

500 ml Milch

1 Handvoll Meeresgemüse (s. S. 118)

glatte Petersilie, zum Garnieren

4 salzige Cracker, zum Garnieren

Zubereitung

01 Die Maiskolben gegebenenfalls von den Lieschblättern befreien und in einem großen Topf mit Salzwasser 5–10 Minuten garen, bis die Körner weich sind.

02 Die Butter in einem Topf zerlassen und Lauchringe sowie Kartoffel- und Schalottenwürfel darin bei geringer Hitze 10–15 Minuten andünsten.

03 Die Maiskörner in Scheiben von den gegarten Kolben schneiden. Die Hälfte davon mit Erbsen und Brühe im Topf vermischen. Pfeffer, Muskat und Lorbeer hinzufügen. Aufkochen und 10 Minuten köcheln lassen, bis die Kartoffeln weich sind.

04 Den Topf vom Herd nehmen, die Milch hinzugießen, Lorbeer entfernen und alles mit dem Stabmixer kurz pürieren. Den Topf zurück auf den Herd stellen, die Suppe fast bis zum Kochen bringen. Nur mild mit Salz abschmecken.

05 Kurz vor dem Servieren das Meeresgemüse hinzugeben. Mit den restlichen Maiskörnern und glatter Petersilie garnieren. Die Cracker auf der Suppe verteilen.

BEILAGE ODER IMBISS

Gegrillte Maiskolben mit Chilikäse

FÜR 6 PERSONEN

Dieses Gericht erinnert mich an die Zeit, als ich mir als Koch in einem mexikanischen Restaurant mein Studium finanzierte. Die Maiskolben werden mit einer Butter überlöffelt, die zuvor mit Chilischote, Limette und Koriander aromatisiert wurde. So bleiben sie süß und saftig. Der Chilikäse ist eine Fiesta im Mund. Sie können die Lieschblätter dranlassen, sollten sie aber zurückstreifen, damit sie auf dem Grill nicht verbrennen – sieht hübsch aus, und die Kolben lassen sich besser wenden.

ZUTATEN

150 g gesalzene Butter

abgeriebene Schale und Saft von 1 Bio-Limette, plus mehr zum Garnieren

2 EL grob gehacktes Koriandergrün, plus mehr zum Garnieren

50 g Jalapeño-Schoten, gehackt

6 Zuckermaiskolben, mit Lieschblättern

100 g Chilikäse, gerieben

Zubereitung

01 Den Grill anzünden, bis die Holzkohle eine schöne Glut hat, oder eine ofenfeste Grillpfanne im auf 220 °C vorgeheizten Backofen heiß werden lassen.

02 Die Butter in einem Topf zerlassen, vom Herd nehmen und Limettenabrieb und -saft, Koriandergrün und Chilistücke 10–15 Minuten darin ziehen lassen.

03 Lieschblätter zurückziehen und Kolben direkt auf den Grill oder in die Pfanne auf dem Herd legen.

04 Maiskolben mit aromatisierter Butter einpinseln und 15 Minuten grillen, dabei regelmäßig wenden und überlöffeln, bis die Kolben saftig und rundum kräftig gebräunt sind.

05 Mit geriebenem Käse sowie extra Koriandergrün bestreuen und mit Limettensaft beträufeln. Warm servieren.

VORSPEISE ODER BEILAGE

Röstmais-Hummus

FÜR 2 PERSONEN

*Ich liebe Hummus, doch oftmals sieht er fad
und uninspiriert aus. Dieser Dip ist jedoch das
Ergebnis meiner Reisen an die sonnige Küste
Mexikos, inspiriert von den Erinnerungen an
goldenes Bier und würzig-leuchtende Farben
in jedem Gericht. In den letzten Jahren habe
ich nach etwas gesucht, das rauchig und süß
ist, um diese warmen Nächte wieder aufleben
zu lassen, und mit dem ich meine Freunde zu
Beginn eines Festes überraschen konnte. So
entstand dieser Dip: Montezumas Gold.*

ZUTATEN

2 Zuckermaiskolben

*100 g Kichererbsen (Dose),
abgetropft*

4 Knoblauchzehen, gerieben

1 EL Tahin (Sesammus)

2 EL Limettensaft

1 EL Paprikapulver edelsüß

geräuchertes Meersalz

2 EL Olivenöl

*Tortilla-Chips (Fertigpro-
dukt), zum Servieren*

Zubereitung

01 Den Backofen auf 220 °C vorheizen oder einen Grill
anzünden. Die Maiskolben gegebenenfalls von den
Lieschblättern befreien und 15 Minuten im Ofen rösten
oder auf den Grill legen, bis die Körner karamellisieren.
Solange sie noch zart und saftig sind, die Körner von den
Kolben streifen und in den Mixer geben, dabei 1 Handvoll Körner zum Garnieren beiseitelegen.

02 Kichererbsen, Knoblauch, Tahin, Limettensaft und
Paprikapulver hinzufügen. Mit dem Stabmixer alles zu
einer glatten Paste verarbeiten. Mit dem geräucherten
Meersalz abschmecken.

03 Hummus in eine Schale füllen, Olivenöl unterrühren und
mit restlichen Maiskörnern garnieren. Die Tortilla-Chips
5 Minuten im Backofen rösten und dazu servieren.

Mangold

REGENBOGEN-BLÄTTER

ESSBARE TEILE

01 BLÄTTER

Mangoldblätter wachsen zu einer eindrucksvollen Rosette heran und sollten von außen nach innen geerntet werden. Die jungen, kleinen Blätter sind sehr zart und mild im Geschmack. Wenn sie reifen, werden sie zu großen, zerknitterten, dunkelgrünen Blättern mit fast wächserner, fester Textur und ausgeprägten Blattadern. Große Blätter, genau wie die Stiele, besser kochen.

02 STIEL

Die jungen zarten Stiele schmecken roh in einer Baby-Leaves-Mischung sehr gut – da Mangold Oxalsäure enthält, lieber bei Eisenmangel die Blätter nur gekocht verzehren. Wenn die Pflanze reift und die Stiele dicker sind, werden diese zu holzig und müssen gekocht werden. Große Stiele von den Blättern schneiden und kurz anbraten oder schmoren. Anschließend die restlichen Blätter hinzufügen und wie Spinat zusammenfallen lassen.

Das Kochen mit Mangold ist wie Malen. Die saftig grünen Blätter und die kadmiumroten oder chromgelben Stiele sind äußerst dekorativ und von prächtiger Struktur. Bauen Sie Mangold wegen seiner Farbe und Form an.

PFLANZE

Mangold ist als Blattgemüse bekannt; er gehört zur selben Unterart wie die Rote Bete (Betoideae), wird aber wegen seiner Blätter geschätzt, da er keine Knolle ausbildet. Eine extrem winterfeste Pflanze, toleriert auch Kälte und Schatten. Wächst zuverlässig über eine lange Zeit nach und ermöglicht mehrere Ernten. Deshalb ist er ideal für kleine Anbauflächen und städtische Gemüsegärten. Regelmäßig ernten, damit neue Blätter austreiben, dabei erst die äußeren Blätter pflücken, sodass in der Mitte neue austreiben können. Mangold ist reich an Vitaminen C, K und E sowie an Betacarotin, Kalzium und Zink.

KOCHTIPPS

Mangold schmeckt roh (s. links) oder gekocht, obwohl ausgewachsene Mangoldblätter am besten gekocht schmecken. Wenn Sie bisher wenig mit dem vielseitigen Mangold gearbeitet haben, beginnen Sie mit dem Anbraten der Blätter. Wenn Sie sicherer sind, können Sie kreativer werden. Die Stiele schmecken gut in Pfannengerichten, geröstet oder geschmort.

Die Blätter werden für Smoothies, grüne Suppen und als Ersatz für Spinat oder Grünkohl verwendet, etwa für ein Saag Aloo (ind. Kartoffelgericht). Eine spanische Tortilla ist köstlich, werden die Mangoldstiele in Butter geschmort und unter die Eier-Kartoffel-Masse gemischt.

ZUBEREITUNG

Sie können das frische junge Grün ernten oder warten, bis es festere, dann auch bitterere Stiele ausbildet. Die Blätter unter kaltem Wasser abspülen und trocken schütteln. Größere Stiele von Blättern trennen und separat zubereiten. Die Stiele möglichst schräg schneiden, damit die Oberfläche größer und dadurch die Garzeit kürzer ist. Ältere Stiele werden zäh und faserig und garen länger. Die Blätter können wie Frühkohl fein gehobelt oder geschnitten werden, damit sie beim Schmoren oder Dünsten schneller zusammenfallen.

ZERO WASTE

Ernten Sie häufig, aber wenige Mangoldblätter. Zur Verwertung größerer Mengen Stiele und Blätter trennen, blanchieren und separat einfrieren (s. S. 46).

Oder mein geliebtes Regenbogen-Mangold-Kimchi: Durch die milchsaure Fermentation bekommen die erdigen Blätter Pep. Dafür Mangold fein hacken und mit gehackter Chilischote, gehacktem frischen Ingwer und Knoblauch mischen. Vier Prozent Gewicht in Meersalz hinzufügen. Einmassieren, abdecken, über Nacht stehen lassen, in ein sterilisiertes Schraubglas drücken und mit vierprozentiger Salzlake (s. S. 103) auffüllen. So 7–10 Tage fermentieren lassen; 3–4 Monate haltbar.

SORTEN

REGENBOGEN-MANGOLD

Mein Lieblingsmangold wegen der prächtigen Stiele, die eine dichte Rosette bilden. Er hat einen feinen erdigen Geschmack mit leicht metallischer Note. Die saftigen jungen Blätter werden mit der Reife bitter.

ROTER MANGOLD

Die kleinen Blätter des roten Mangolds erinnern an das Grün von Beten oder rotem Spinat. Mit zartem Geschmack, weniger erdig als der Stielmangold. Jung geerntet nicht so bitter. Die ovalen Blätter haben feine rote Adern und schmecken ähnlich wie Spinat mit nussiger Note. Das holzige, feucht-erdige Aroma bekommt er durch einen flüchtigen Alkohol namens Geosmin, der ihm seinen ausgeprägten Geschmack und Duft verleiht.

STIELMANGOLD

Wird sehr groß, kann auch für Baby-Leaves-Salat gepflückt werden. Die Blätter sind nicht schrumpelig wie bei anderen Mangoldsorten; Stiele fleischig, weiß oder silber-geriffelt. Saftiger und buttriger als Blattmangold, mit mildem, süßem Geschmack und leicht salziger Note. Sehr gut geschmort, mit Zitronensaft und Meersalz abgerundet.

MEER-MANGOLD (WILDE RÜBE)

Vorfahr des Mangolds von der Küste. Die dicken Blätter sind saftig und dunkelwachsgrün mit schrumpeligen Rändern – ältere sind bitter und sollten gekocht werden. Reich an Vitamin C; ganzjährig. Er schmeckt sehr gut gegart, wie ein kräftiger salziger Spinat.

HAUPTGERICHT

Mangold-Cannelloni mit dreierlei Käse

FÜR 2 PERSONEN

Für meine Neuinterpretation dieses Familienklassikers habe ich statt Spinat Mangold verwendet – ein neuer Ansatz, um das Nudelgericht mit erdiger Tiefe, mehr Textur und bitterer Note unter gehaltvollem Grillkäse neu zu beleben. Immer ein Risiko, wenn bei einem heiß geliebten Gericht die Hauptrolle neu verge- ben wird – aber ich glaube, die Besetzung mit Mangold hat sich gelohnt. Die Zeit wird es zeigen.

ZUTATEN

8–12 Cannelloni

frisch gemahlener
    schwarzer Pfeffer

1 kleines Bund Schnittlauch,
    gehackt, zum Garnieren

Tomatensauce

1 EL Olivenöl

1 Knoblauchzehe, fein
    gehackt

150 g passierte Tomaten
    (Glas)

1 TL getrockneter Oregano

1 TL Balsamicoessig

Meersalz und frisch gemah-
    lener schwarzer Pfeffer

Käsesauce

50 g Butter

2 EL Mehl

100 ml Milch

1 gute Prise frisch geriebene
    Muskatnuss

50 g Parmesan

50 g Mozzarella

50 g Cheddar (oder ein
    anderer Hartkäse)

1 Eigelb

Mangoldfüllung

1 EL Olivenöl

500 g Mangold, grob gehackt

1 EL Pinienkerne

1 TL Zitronenabrieb

½ TL frisch geriebene
    Muskatnuss

250 g Ricotta

Meersalz und frisch gemah-
    lener schwarzer Pfeffer

Zubereitung

01 Für die Tomatensauce das Olivenöl in einem Topf erhit- zen und den Knoblauch darin weich dünsten. Passierte Tomaten, Oregano, und Balsamicoessig hinzufügen. Mit Meersalz und Pfeffer abschmecken und 10 Minuten köcheln lassen.

02 Für die Käsesauce die Butter in einem Topf zerlassen, das Mehl hinzugeben und zur glatten Mehlschwitze verrüh- ren. Nach und nach unter ständigem Rühren die Milch hinzugießen und köcheln lassen, bis die Sauce glatt und seidig ist. Muskat und die drei Käse unterrühren; bei sanfter Hitze schmelzen lassen. Dann die Sauce vom Herd nehmen, das Eigelb kräftig unterrühren, während die Sauce weiter abkühlt.

03 Für die Füllung das Olivenöl in einer Pfanne erhitzen und Mangoldstücke mit Pinienkernen, Zitronenabrieb und Muskat hinzufügen. Den Mangold 4–5 Minuten zusam- menfallen lassen, den Ricotta einrühren, alles salzen und pfeffern. Vom Herd nehmen und abkühlen lassen. Die Röhrennudeln mit der Masse füllen.

04 Den Backofen auf 200 °C vorheizen. Die Tomatensauce in eine Auflaufform gießen und die gefüllten Cannel- loni darauf schichten. Mit Käsesauce übergießen. Im vorgeheizten Ofen 20–25 Minuten backen, bis der Käse goldgelb ist und die Nudeln gegart sind. Mit schwarzem Pfeffer würzen und mit Schnittlauchröllchen garnieren.

HAUPTGERICHT

Regenbogen-Pie mit Bockshornkleesamen und Linsen

FÜR 6 PERSONEN

Ich backe diese Pie für spätsommerliche Mittagessen. Der erdige Mangold bildet ein schönes Gegenwicht zu Süßkartoffel, nussigen Linsen und Bockshornkleesamen. Und wie ein Goldschatz am Ende des Regenbogens wird alles in einen buttrigen Blätterteig gepackt. Noch gehaltvoller wird es mit extra Käsewürfeln, aber es gibt auch gute Gründe, sich voll und ganz auf das Gemüse zu konzentrieren.

ZUTATEN

50 g Ghee (Butterschmalz)

2 Süßkartoffeln, geschält und gewürfelt

1 EL Bockshornkleesamen

1 kg Regenbogen-Mangold, grob gehackt

250 ml Kokosmilch

250 g Puy-Linsen, gegart

1 TL Meersalz

1 EL Mehl, zum Bestäuben

500 g Blätterteig (Kühlregal)

1 Ei, verquirlt

Zubereitung

01 Das Ghee in einer ofenfesten Pfanne oder gusseisernen Grillpfanne zerlassen. Süßkartoffelwürfel und Bockshornkleesamen 5–10 Minuten darin anbraten. Den Mangold hinzufügen.

02 Die Mischung schmoren, bis der Mangold zusammenfällt und die Stiele weich werden. Kokosmilch, gegarte Linsen und Salz unterrühren. Gemeinsam 5–10 Minuten köcheln lassen. Vom Herd nehmen und abkühlen lassen.

03 Den Backofen auf 200 °C vorheizen. Die Arbeitsfläche mit Mehl bestäuben und den Blätterteig ausrollen. Einen großen Kreis in Pfannengröße ausschneiden. Den Kreis über die Pie-Füllung legen und die Ränder leicht nach innen drücken. Vorsichtig ein Loch in die Mitte schneiden, damit der Dampf entweichen kann. Nach Belieben mit einem Messer ein Rautenmuster einritzen. Mit dem verquirlten Ei einpinseln.

04 Die Pie 35 Minuten im vorgeheizten Ofen backen, bis der Teig goldbraun und die Füllung dampfend heiß ist.

SOMMER

FRÜHSTÜCK ODER BRUNCH

Mangoldstiel-Shakshuka

FÜR 2 PERSONEN

Ein guter Brunch am Samstagmorgen ist der beste Start in die dringend benötigte Auszeit am Wochenende – und er regt den Appetit an. Hier kommen Mangoldstiele wie Spargel zum Einsatz – sie setzen einen tollen Farbakzent. Die Basis: erdige Mangoldblätter.

ZUTATEN

1 EL Olivenöl

250 g Mangoldstiele, gehackt

8 Kirschtomaten, halbiert

250 g Mangoldblätter, in feine Streifen geschnitten

2 EL gehacktes Koriandergrün

1 EL Zitronensaft

4 Bio-Eier

1 EL Za'atar (orient. Gewürzmischung)

2 EL Joghurt

1 TL Harissa-Sauce

Zubereitung

01 Den Backofen auf 200 °C vorheizen. In einer ofenfesten Pfanne oder Grillpfanne das Olivenöl erhitzen. Mangoldstiele und Tomaten darin 3–4 Minuten anbraten, dann mit einer Zange aus der Pfanne nehmen und beiseitestellen.

02 Die Mangoldblätterstreifen in derselben Pfanne bei geringer Hitze zusammenfallen lassen, 1 EL Koriandergrün und Zitronensaft hinzufügen. Wenn das geschmorte Grün recht homogen den Pfannenboden bedeckt, das Shakshuka schichten.

03 Mangoldstiele und Tomaten zurück in die Pfanne legen. In die Schicht aus Blättern kleine Mulden drücken und die Eier darin aufschlagen. Die Pfanne in den vorgeheizten Ofen stellen und das Shakshuka 5 Minuten backen.

04 Aus dem Backofen nehmen und mit Za'atar und restlichem gehacktem Koriandergrün (1 EL) garnieren. Joghurt und Harissa verrühren, dann über die aromatisch gebackenen Eier und den Mangold träufeln.

Knoblauch

GESCHMACKSVERSTÄRKER

ESSBARE TEILE

01 WURZELN

Die feinen Wurzeln sind essbar und werden gewaschen in Öl gebraten zur knusprigen Garnitur.

02 SCHAFT

Die grünen Blattschafte tragen die Knoblauchblüte; ihre Saison ist kurz und süß. Wenn aus dem Schaft eine tränenförmige Verdickung austreibt, die sich zu Bulbillen (Brutzwiebeln) auswächst, zieht das Kraft aus der Knolle. Selbstversorgergärtner sollten daher die Schäfte kappen, um den Wuchs der eigentlichen Knolle zu fördern. Das Grün schmeckt frisch, erinnert an Gemüse und ist zart, wenn wie frischer Spargel zubereitet oder in Öl angebraten. Schön zum Garnieren.

03 ZWIEBEL

Die papierne Knoblauchschale ist im Prinzip essbar und voller Geschmack, wenn sie länger gegart wird, aber ich drücke die Zehen meist nach dem Rösten heraus. Die Schale ist fest und faserig. Sie kann Suppen und Brühen aromatisieren, dann nach dem Anbraten und vor dem Pürieren im Sieb den ganze Knoblauch auffangen. Nach Belieben die Zehen herausdrücken.

04 ZEHEN

Jede Knolle besteht meist aus 10–12 Zehen; sie sind das Beste an der Pflanze. Zerdrückt oder klein geschnitten setzen die Aromakomponenten das schwefelhaltige Allicin frei, das den rohen Zehen den beißenden Geschmack gibt. Deshalb schmecken gekochte Knoblauchzehen süß und nicht beißend.

*Für mich gibt es keine Zugabe von »ein wenig« Knoblauch.
Er sorgt für Tiefe, Süße, auch für einen stechenden, intensiven
Geschmack. Ich bin dafür bekannt, gleich ganze Knoblauchknollen in meinen Gerichten zu verwenden. Also legen Sie
auch noch eine Zehe drauf …*

PFLANZE

Knoblauch sollte im Herbst direkt ins Beet
gepflanzt und im Sommer frisch geerntet
werden. Er stärkt das Immunsystem, ist
reich an Vitamin C und B6 sowie Phosphor.
Es gibt Schlangenknoblauch mit hartem
Schaft, der aus der Zwiebelmitte treibt und
nach oben wächst, wenn die Blätter gelb
und trocken werden, während Sorten mit
weichem Übergang (Softneck-Knoblauch)
Blätter hervorbringen. Sie können geerntet
werden, wenn die Blätter gelb werden und
sich nach unten falten. Die Knoblauchernte
wird meist getrocknet und als Zopf oder
Bund gelagert. Ähnlich dem Ramp-Lauch
(s. rechts) verströmt auch Bärlauch den
unverkennbaren Duft.

KOCHTIPPS

Knoblauch gehört standardmäßig zum
Kochen dazu. Er verleiht Gerichten einen
feinen Hauch von Lauch, Schärfe, Süße und
einen stechenden Geschmack, während die
grünen Schafte als Garnitur dienen oder in
Öl und Kräutern gebraten werden können.
   Probieren Sie Knoblauch mit Kräutern,
von Salbei bis Sauerampfer, im Pesto:
gemeinsam mit Olivenöl, Pinien- oder Kürbiskernen, Zitronensaft und Meersalz pürieren. Selbst gemachtes Knoblauchöl: mehrere gehackte Zehen in 1 l Olivenöl erhitzen.
Aufkochen, vom Herd nehmen und ziehen
lassen. Durch ein Sieb gießen. Für Risottos
oder eine Currysauce verwenden.

ZUBEREITUNG

Die Zehen schälen und in Scheiben
schneiden, reiben oder einfach im Mörser
zerdrücken, um die flüchtigen Aromen frei-
zusetzen. Werden direkt größere Mengen
verarbeitet, dann 2 Dutzend geschälte
Zehen mit 1 Prise Meersalz im Mixer zu
einer groben Masse verarbeiten. Mit Olivenöl bedecken und in einem luftdichten
Behälter im Kühlschrank lagern. So können
Sie bei Bedarf einen Löffel abnehmen und
direkt mit dem Kochen beginnen – dieser Küchentrick spart jede Menge Arbeit
und Zeit, und Sie werden kaum einen
geschmacklichen Unterschied erkennen.

ZERO WASTE

Knoblauch immer warm und trocken
lagern – und nicht im Kühlschrank, dort
treibt er aus und wird feucht. (Wilder Knoblauch und grüner Knoblauch bilden Ausnahmen.) Wenn Ihnen Knoblauch verdirbt,
haben sie nicht genug davon genommen:
lieber 1 Zehe mehr verwenden im Zweifel.
Reste in Scheiben schneiden und in einer
dreiprozentigen Salzlake (s. S. 103) einlegen – fertig ist eine süßsaure Superzutat.
Perfekt für Currys, Pfannengerichte oder
Ramen. Knoblauchsalz: Softneck-Knoblauch bei 50 °C im Dörrapparat 6–8 Stunden
trocknen. Bärlauch blanchieren und einfrieren oder zu Pesto verarbeiten.

SORTEN

KNOBLAUCH

*Milde Lauchnote. Die Knollen
sind unterschiedlich groß mit
zahlreichen Zehen in einer
hellen, feinen Schutzhaut. Die
Softneck-Variante schmeckt
milder als Schlangenknoblauch
mit hartem Schaft.*

SCHWARZER KNOBLAUCH

*Keine eigene Sorte. Der Knob-
lauch wird etwa einen Monat
mit Wärme behandelt. Dabei
werden die Zehen durch die
Maillard-Reaktion schwarz, mit
dem Geschmack von Balsamico-
Creme, einer gallertähnlichen
Textur und in einem dunklen
Pflaumenton – ähnlich einer
Trockenfrucht. Sein Geruch ist
nicht so beißend wie bei rohen
Exemplaren.*

ELEFANTENKNOBLAUCH

*Zehen werden bis Ø 10 cm, es
gibt aber weniger von ihnen.
Milder und süßer als normaler
Knoblauch, erinnert eher an
Lauch und Zwiebel, Zehen oft
gelblich.*

KNOBLAUCHGRÜN

*Dünne, grüne Stängel werden
im zeitigen Frühjahr geerntet,
bevor die Knolle ausreift. Scharf
und kräftig im Geschmack und
fest in der Textur. Kann roh oder
gekocht gegessen werden, toll zu
Kartoffel-Lauch-Püree.*

NORDAM. RAMP-LAUCH

*Die spitz zulaufenden grünen
Blätter, weißen Blüten, Stängel
und Rhizomwurzeln sind essbar. Immergrüne, mehrjährige
Pflanze auf feuchten Waldböden.
Ähnelt wie Bärlauch giftigen Mai-
glöckchen; der Duft verrät ihn.*

LEICHTER LUNCH

Weiße Knoblauchsuppe

FÜR 4 PERSONEN

Ich habe dieses Gericht zum ersten Mal mit einigen Köchen und Foodie-Freunden probiert, als ich für meinen Vater in Frankreich die Übernahme eines Weinbergs organisierte. Ein angemessenes Essen zum Feiern, denn es nutzt den ganzen Knoblauch und kann kalt oder warm serviert werden – vielseitig ohne Reste. Ich kombiniere hier, was mir an den französischen und spanischen Traditionen am besten gefällt.

ZUTATEN

100 ml Milch

1 Bouquet garni (Kräuterstrauß aus Thymian, Lorbeer, Petersilie)

100 g Baguette vom Vortag, plus mehr für Croûtons (falls verwendet)

75 g Butter

6 Knoblauchknollen

100 ml Weißwein

100 g blanchierte Mandeln

1 EL spanischer Sherryessig

1 l Gemüsebrühe

2 Eigelb

Meersalz und frisch gemahlener schwarzer Pfeffer

helle Trauben (oder Croûtons mit schwarzem Knoblauch bestrichen)

Gruyère, zum Servieren (nach Belieben)

Öl, zum Beträufeln

Zubereitung

01 Die Milch in einem kleinen Topf mit dem Bouquet garni erwärmen. Das Brot in Stücke reißen und hinzufügen. Etwa 5 Minuten bei leichter Hitze ziehen lassen. Vom Herd nehmen und beiseitestellen.

02 In einem großen Suppentopf die Butter zerlassen und die ganzen Knoblauchknollen bei starker Hitze 5–10 Minuten darin anbraten, aber regelmäßig umrühren, damit sie nicht anbrennen, sondern karamellisieren.

03 Mit Weißwein ablöschen, Mandeln und Sherryessig hinzufügen. Die Gemüsebrühe hinzugießen und die Hitze reduzieren. Alles 45 Minuten köcheln lassen.

04 Die Mischung mit dem Stabmixer grob pürieren (ja, die Knollen im Ganzen).

05 Durch ein Sieb passieren. Das Bouquet garni aus der aromatisierten Milch nehmen und diese zum Knoblauchpüree geben. Nochmals pürieren. Ein wenig von der Suppe in einer Schüssel mit den Eigelben verquirlen und diese Mischung kräftig in die Suppe rühren. Die Suppe sollte glatt und glänzend werden.

06 Mit Salz und Pfeffer abschmecken. Die Suppe mit Trauben garnieren, wird sie kalt wie Gazpacho serviert. Wird sie warm serviert, dann mit Croûtons garnieren. Diese werden aus das Brot vom Vortag geröstet, mit schwarzem Knoblauch eingerieben, mit geriebenem Gruyère bestreut und mit Öl beträufelt.

Knoblauchbutter

ERGIBT CA. 400 G

Selbst gemachte Butter ist wie eine leere Leinwand für kräftige Geschmacksnoten – wie hier für den auf Eichenholz geräucherten Knoblauch. Sie ist beißend und süß, gehaltvoll und cremig, mit holzigen Karamellnoten und mit crunchigen Meersalzflocken aromatisiert. Für einige hübsche Farbtupfer können Sie noch Kräuter unterarbeiten. Einfach köstlich zu frischem Brot, im Rührei oder zum Anbraten von frischem Sommergemüse.

ZUTATEN

12 Knoblauchknollen (Sie brauchen nur 2–3 Zehen für dieses Rezept, aber es lohnt sich, gleich eine größere Menge zu räuchern – sie halten sich noch 4–6 Wochen.)

1 kg Sahne

1 TL Meersalz

Außerdem

4 EL Eichenholzchips

Zubereitung

01 Den Knoblauch bereits am Vortag kalträuchern – entweder im Kugelgrill oder im Kalträuchergerät. Die Holzchips unten im Kalträuchergerät entzünden und die Knoblauchknollen auf ein Grillrost darüberlegen. Den Deckel schließen und die Knollen 4–6 Stunden räuchern – bei einer Temperatur von 10–30 °C. Oder über Nacht weiterräuchern lassen.

02 Für die Butter die Sahne 1 Stunde vor der Zubereitung aus dem Kühlschrank nehmen, damit sie Zimmertemperatur annimmt.

03 Die Sahne mit dem Handrührgerät in 4–5 Minuten steif schlagen. Weiterschlagen, bis die Masse an Rührei erinnert. Die Sahne wird sich nun teilen und kleine Lachen mit Buttermilch absondern. Die Buttermilch aus dem gelben Butterfett pressen (durch ein feines Sieb) und für einen Smoothie oder Pfannkuchen verwenden.

04 Den Butterklumpen waschen: mit einem sauberen Käsetuch immer wieder abtupfen. Zwischendurch möglichst viel Flüssigkeit aus dem Tuch herausdrücken und unter fließendem kaltem Wasser abspülen.

05 Wenn das Wasser aus der Butter entfernt ist, den geräucherten Knoblauch schälen und fein hacken. Mit der Butter und 1 Prise Salz verrühren.

06 Die Masse zu einem Butterstück formen und fest in Pergamentpapier wickeln. Die Butter hält sich 1 Woche im Kühlschrank oder bis zu 3 Monate tiefgekühlt.

Hasselback-Röst-knoblauch-Brot

FÜR 4 PERSONEN

Herkömmliches Knoblauchbrot ist fast immer nebensächlich: beige, scheu und bescheiden, ein bisschen müde, immer wieder die gleichen alten Lieder zu singen. Doch tief in unserem Inneren wissen wir, dass gutes Knoblauchbrot allen die Show stehlen kann. Ich betrachte meine Version als Kultklassiker, der nur darauf wartet, zu explodieren. Ich liebe die Welle des buttrigen, geräucherten Knoblauchs und der Kräuter zwischen goldener Kruste. Für noch mehr Show vor dem Backen mit geriebenem Käse bestreuen.

ZUTATEN

2 Ciabatta-Sauerteigbrote

6 geräucherte Knoblauchzehen, zerdrückt (s. links)

100 g weiche Butter

4 EL gehackte glatte Petersilie, plus mehr zum Garnieren

2 EL Olivenöl, plus mehr zum Beträufeln

Meersalz

Zubereitung

01 Den Grillofen oder das Heißräuchergerät auf 180 °C oder einen normalen Backofen auf 200 °C vorheizen. Das Brot wie bei Kartoffeln im Abstand von weniger als 1 cm einschneiden.

02 In einer Schüssel Knoblauch, Butter, Petersilie und Öl verrühren und mit 1 Prise Salz vermischen.

03 Die so entstandene Kräuter-Knoblauch-Butter großzügig zwischen jede Brotscheibe streichen.

04 Die gefüllten Brote auf ein mit Aluminiumfolie ausgelegtes Backblech setzen, die Oberseite mit extra Öl beträufeln und im Grillofen, im Heißräuchergerät oder im Backofen 10–15 Minuten backen, bis das Brot knusprig ist und die flüssige goldene Knoblauchbutter den Teig durchzieht.

05 Mit extra Petersilie bestreuen und noch warm servieren.

Brokkoli

FLOWER POWER

violetter Brokkoli

'Calabrese'

01

02

04

03

Brokkolini

Brokkolini
'Tenderstem'

ESSBARE TEILE

01 RÖSCHEN

Die festen dichten ungeöffneten Blütenstände bilden sich um einen mittleren Kopf oder auf länglichen Stielen. Die Röschen können roh oder kurz gekocht gegessen werden, dann wird die Farbe intensiver und der Stiel weicher.

02 BLÄTTER

Alle Brokkoliblätter sind essbar und können mit den Röschen in etwas Öl mit Zitronensaft kurz angebraten werden. Größere, dunkelgrüne Blätter schmecken bitterer als junge.

03 SPROSSACHSE

Die »Stiele« des Brokkoli sind essbar und müssen nicht weggeworfen werden. Sorten mit dickeren, etwas holzigen Texturen müssen länger gekocht werden; Sprossachsen können auch zuvor geschält werden.

04 BLÜTEN

Wenn die Brokkolipflanze voll ausgereift oder ausgetrieben ist, bildet sie essbare Blüten in hellem Kanariengelb. Sie schmecken fein pfeffrig und sehen in Salaten fantastisch aus.

Das erste Gemüse-Gebot: Brokkoli essen. Er mag zwar erst recht spät ins Superfood-Spiel eingestiegen sein, doch Brokkoli ist eine der gesündesten – und köstlichsten – Pflanzen. Leuchtend, knackig und blumig – wie ein Song aus den Sechzigern.

PFLANZE

Einer der Gründe, warum ich Brokkoli so sehr liebe, ist die breite Palette an Geschmacksrichtungen und Texturen, von weich bis blumig und faserig bis knackig. Er ist ein nährstoffreiches Gemüse aus der Familie der Kreuzblütengewächse, das viele Ballaststoffe, Phosphor, Kalium, Eisen und Zink enthält, mit einem stammähnlichen Stiel, von dem Äste abgehen oder an dem sich kleine Büschel von Blütengruppen bilden, die gekocht kräftig grün werden. Die Pflanze liefert viele essbare Teile über eine lange Wachstumszeit. Zum Ernten ein scharfes Messer verwenden, um die Stiele unbeschädigt abzuschneiden.

KOCHTIPPS

Denken Sie beim Kochen von Brokkoli immer daran, dass er nur wenige Minuten gedünstet oder gegart werden muss, während beim Anbraten ungeahnte Umaminoten freigesetzt werden, genau wie beim langsamen Schmoren der Stiele. Stiele und Röschen können auch roh gegessen werden – raspeln Sie die Stiele in einen Krautsalat oder die Röschen für ein knackiges Salat-Topping. Der Geschmack passt besonders gut zu gehaltvollen, herzhaften Zutaten wie Parmesan, schwarzem Knoblauch, Blauschimmelkäse, Haselnusskernen und fermentierten Chilischoten oder Chilipaste. Italienische Kräuter und indische Gewürze zaubern die feine natürliche Süße hervor.

ZUBEREITUNG

Wählen Sie feste Stiele und dunkelgrüne Köpfe für beste Frische. Wenn er schon gelb aussieht, hat der Brokkoli seine beste Zeit hinter sich, ist aber immer noch gut genug für Suppen oder Rösten (s. *Zero Waste*). Ich verwende zum Schneiden am liebsten ein Ausbeinmesser mit einer Spitze und einer flexiblen Klinge, um leicht um die Pflanze herumzuschneiden. Die großen Röschen teile ich in kleinere, die wesentlich schneller garen als die Stiele. Übrig bleibt ein Herz am mittleren Kopf. Diesen und auch dickere Stiele können Sie klein schneiden (nach Belieben auch schälen) und garen wie die feineren Teile.

ZERO WASTE

Brokkoli hält sich ungewaschen 7–10 Tage im Kühlschrank. Gelbe Röschen zur Brokkolisuppe verarbeiten: In kochendem Wasser blanchieren, mit Lauch und Kartoffel oder Blauschimmelkäse und Knollensellerie pürieren. Brokkolireis ist ideal zur Resteverwertung. Ich kombiniere geriebenen Brokkoli und Blumenkohl und brate die Mischung in Kokosöl an. Blanchiert und eingefroren hält sich Brokkoli ein Jahr – ich gebe ihn statt Spinat oder Avocado in einen Smoothie; der Grasgeschmack ist köstlich mit Haferdrink, Ingwer und Limette.

Härtere Stiele mit dem Sparschäler in lange Bänder schneiden und für Pfannengerichte verwenden, oder dünn hobeln und in eine süße Essiglösung einlegen.

SORTEN

'CALABRESE'

»Normaler« Brokkoli, diese kräftig grüne Sorte hat einen zentralen Kopf, aus dem nach Abschnitt viele nachwachsen. Eine ältere Sorte mit dicken Stielen und winzigen gekräuselten Blättern. Die kleinen Röschen schießen schnell und bilden Blüten. Er ist ein kopfbildender Brokkoli, im Gegensatz zu den Stängelkohlvarianten.

BABYBROKKOLI

Oft auch Brokkolini genannt. Diese Sorte hat kleinere Köpfe mit langen, dünnen Stielen. Der beliebte 'Tenderstem' ist eine relativ junge Kreuzung zwischen chinesischem Brokkoli (Kai-Lan) und Brokkoli. Wird im Sommer geerntet und bildet kräftige Seitentriebe von zartem, mildem Geschmack. Roh oder in Pfannengerichten serviert.

VIOLETTER BROKKOLI

Späte Sorte mit eleganten silbriggrünen Blättern und langen, festen Stielen sowie winzigen dunkelvioletten Blüten. Schmeckt etwas pfeffrig und verliert bei längerem Kochen seine leuchtende violette Farbe.

'ROMANESCO'

Kunstvolle Gruppen gelbgrüner Blüten um eine sich nach oben windende, fraktale Spirale angeordnet. Intensiv im Geschmack, nussig und leicht süßlich, zart, aber mit Biss.

HAUPTGERICHT

Geröstete Miso-Brokkoli-Stiele und Brokkolireis

FÜR 2 PERSONEN

Ich habe dieses Gericht einige Male mit verschiedenen Techniken zubereitet, und nach einigem Ausprobieren fand ich das Siegerrezept. Dies ist die einfachste und schmackhafteste Version. Kein Pochieren, Konfieren oder Rösten – sondern alles. Die Brokkolistiele werden im Topf mit Brühe und Olivenöl gegart, der Topf wird dabei regelmäßig zur Seite geneigt, um die Stiele mit der warmen Misoglasur zu überziehen, während diese dick glänzend einkocht. Die Stiele werden anschließend im Backofen geröstet und erhalten eine feine röstige Umaminote.

ZUTATEN

2 EL Sesamöl

2 Köpfe Brokkoli (Sorte Calabrese), Stiele klein geschnitten, Röschen separat

2 Noriblätter, zum Servieren

Misoglasur

2 EL rote Misopaste

2 EL Agavendicksaft

2 EL Sojasauce

1 EL Kombuflocken (Algenflocken)

1 EL Mirin (süßer Reiswein)

500 ml Dashi (jap. Fischbrühe)

Brokkolireis

Brokkoliröschen (s. oben)

100 g Cashewkerne

1 EL Kokosöl

1 EL Sojasauce

Zubereitung

01 Den Backofen auf 200 °C vorheizen. Für den Brokkolireis die Brokkoliröschen und Cashewkerne im Mixer grob hacken. Auf einem Backblech verteilen, mit Kokosöl und Sojasauce beträufeln und beiseitestellen.

02 In einer ofenfesten Pfanne das Sesamöl erhitzen und darin die Brokkolistiele rundum 2–3 Minuten anbraten.

03 Für die Glasur sämtliche Zutaten, außer Dashi, in einer kleinen Schüssel verrühren. Damit den Brokkoli übergießen und glasieren. Sobald die Misoglasur langsam einkocht und Bläschen wirft, die Brokkolistiele rundum damit beträufeln. Das Dashi nach und nach hinzugießen, damit die Glasur nicht zu fest wird und noch über die Stiele geträufelt werden kann. Nach 10 Minuten sollte die Glasur eingekocht sein. Die Stiele sollten rundum klebrig damit überzogen sein.

04 Das Blech mit Brokkolireis und die ofenfeste Pfanne mit den glasierten Stielen in den vorgeheizten Backofen schieben und den Brokkoli noch 15 Minuten rösten.

05 Den Brokkolireis und die Stiele auf einem essbaren, salzigen Noriblatt anrichten.

BEILAGE

Violettes Brokkoli-Tandoori mit Masalasauce

FÜR 2 PERSONEN

*Bereiten Sie dieses Gericht im heißen Back-
ofen oder direkt über glühenden Kohlen zu.
Die stark gerösteten Spitzen des violetten
Brokkolis nehmen einen intensiven erdigen
Geschmack an, der neben den süßen Stielen
und den feinen Blütentrieben heraussticht.
Farbenfroh, verwegen und eine andere Seite
des zarten Gemüses. Sie können Brokkoli
auch im Ganzen mit den Tandoori-Gewürzen
rösten und in einer Currysauce servieren.*

Zubereitung

01 Den Backofen auf 220 °C vorheizen
oder einen Grill anzünden. Für die
Tandoori-Kruste sämtliche Gewürze und
Rapsöl verrühren. Den Brokkoli damit
einreiben.

02 Für die Masalasauce das Ghee im Topf
zerlassen. Knoblauch, Ingwer, Zwiebel
und Gewürze im Mixer zerkleinern und
zum Ghee geben. Zu einer glatten Paste
verrühren. Tomatenmark hinzufügen
und alles mit 1 Spritzer Wasser auflockern. Mit Salz abschmecken.

03 Die Brokkolistiele 8–10 Minuten schön
dunkel und knusprig im Ofen braten
oder grillen, zwischendurch eventuell
wenden. Mit Salz bestreuen.

04 Den stark gebräunten Brokkoli mit
Masalasauce beträufelt servieren. Mit
den pink eingelegten Zwiebeln servieren:
Sie balancieren die intensiven Gewürze
aus. Mit dem schwarzen Salz bestreuen.

ZUTATEN

12 Stiele violetter Brokkoli
Meersalz
*eingelegte rote Zwiebeln,
   zum Garnieren*
*schwarzes Salz (mit
   Aktivkohle)*

Tandoori-Kruste
1 TL Paprikapulver edelsüß
1 TL gemahlene Kurkuma
1 TL Koriandersamen
1 TL Fenchelsamen
1 TL Kashmiri-Chilipulver
2 EL Rapsöl

Masalasauce
*50 g Ghee (oder
   Butterschmalz)*
1 TL geriebener Knoblauch
*1 TL frisch geriebener
   Ingwer*
½ Zwiebel, fein gewürfelt
*1 TL Garam masala (ind.
   Gewürzmischung)*
1 TL gemahlener Koriander
½ TL rotes Chilipulver
½ TL gemahlene Kurkuma
1 EL gemahlener Kardamom
1 EL Tomatenmark
Meersalz

Brokkoli-Tempura mit Sojasauce

FÜR 2 PERSONEN

Tempura-Gemüse erlebt alle Hochs und Tiefs in der Beliebtheitsskala, ein wenig wie Musik, aber wie jeder gute Song kommt auch Tempura irgendwann wieder und erlebt sein Revival. Dieses Gericht fand ich in den Neunzigern total cool, als ich weite Jeans und Gardinen-Haarschnitte trug. Ich habe es wieder ausgegraben und es mit frischen Algen aufgepeppt. Wenn Sie durch den leichten, knusprigen, goldgelben Teig in die zart-süßen Brokkoli-Stiele darunter beißen, stoßen Sie auf echt scharfen Genuss mit Umamigeschmack, der laut rockt.

ZUTATEN

Pflanzenöl, zum Frittieren
10–12 Brokkolini ('Tender-stem' oder andere Sorte)
2 EL Mehl

Asia-Dip
2 Frühlingszwiebeln, in feine Ringe geschnitten
½ rote Chilischote, entkernt und fein gewürfelt
75 ml Sojasauce
1 EL Mirin (Reiswein)
1 EL Sesamöl
1 TL Honig
1 TL Sesam
1 TL frisch geriebener Ingwer

Tempura-Teig
50 g Mehl
50 g Speisestärke
1 TL Backpulver
1 EL Algenflocken
1 TL Shichimi Togarashi (jap. Gewürzmischung, s. S. 25)
100 ml Sprudelwasser, gekühlt

Zubereitung

01 Für den Asia-Dip sämtliche Zutaten verquirlen und durchziehen lassen.

02 Das Pflanzenöl in einem großen Wok oder in der Fritteuse auf 180 °C erhitzen.

03 Die Brokkolini 1 Minute in kochendem Wasser blanchieren, abtropfen lassen und im Mehl wenden.

04 Für den Tempura-Teig sämtliche Zutaten in einer Schüssel glatt und luftig verrühren. Die bemehlten Brokkolini in den Teig tauchen und dann frittieren. Dabei portionsweise arbeiten, damit die Temperatur des heißen Öls nicht sinkt. Die Brokkolini in 3–4 Minuten goldgelb und knusprig backen. Mit einem Schaumlöffel aus dem Öl heben und auf Küchenpapier abtropfen lassen. Mit dem Dip servieren.

Blumenkohl

SCHMACKHAFTE SCHÖNHEIT

violetter Blumenkohl

weißer Blumenkohl

ESSBARE TEILE

01 STRUNK

Der Strunk ist dicker und härter als die Röschen, aber dennoch essbar. Er kann zu Suppen gegeben, im Ganzen geröstet oder roh in Salate gehobelt werden. Ich werfe ihn nur ungern weg und suche lieber nach Verwertungsmöglichkeiten.

02 BLÄTTER

Die Blätter können gedünstet, kurz angebraten oder geröstet werden. Größere gefurchte Blätter mit auffälligen Adern, die zum unteren Stiel führen, sollten besser entfernt werden. Sie finden in Suppen oder nur geröstet Verwendung. Zarte junge Blätter werden dagegen wie Kohl oder Frühkohl verwendet. Diese nicht zu lange kochen.

03 KOPF

Der Kopf ist botanisch betrachtet ein präflorales Organ, das aus embryonalen Meristemen besteht, allgemein als Röschen bezeichnet. Diese kleinen essbaren Blütenknospen sind krümelig und weich oder fest, je nach Sorte. Der Kopf kann in kleine Röschen geteilt oder auch im Ganzen geröstet werden.

Blumenkohl ist eine echte Gemüsegranate: Er kann sich einfügen oder die Bühne allein rocken. Er enthält wenig Fett und steckt voller Ballast- und Nährstoffe. Der Kreuzblütler überzeugt mit Komplexität, fleischiger Textur und Aromenbouquet.

PFLANZE

Blumenkohl ist ein Gemüsekohl, der in der Regel große Köpfe mit darüber liegenden Blättern bildet. Diese schützen die Blüten vor Sonnenlicht, die sonst braun und bitter würden. Er ist ein echtes Superfood, mit viel Vitamin C, Ballaststoffen und Selen. Mild, mit süßen und bitteren Noten. Nicht zu lange kochen, denn wie alle Kreuzblütengewächse schmeckt er dann schwefelhaltig und nicht mehr angenehm. Möglichst Blumenkohl von gleichmäßiger Form mit festem Kopf und ohne Verfärbungen wählen. Die tief geriffelten Blätter sollten frisch aussehen, nicht verwelkt oder gelb. Die untere Schnittstelle zeigt an, wann er geschnitten wurde – je weißer, desto frischer.

KOCHTIPPS

Blumenkohl ist ein großartiger Ersatz für Reis, Kartoffeln und andere kohlenhydrat- und kalorienreiche Nahrungsmittel. Durch die feste Struktur des Kopfs ist er ideal zum Marinieren und Einpinseln, wenn er geröstet wird. Der Kohlgeschmack passt gut zu gehaltvollen Käsesaucen. Blumenkohl auf Art von Kentucky Fried Chicken ist großartig mit scharfer Chilisauce: Die Röschen mit einer Gewürzmischung (Cajun) einreiben und 20 Minuten rösten, dann die Röschen mit gewürzten Cornflakes und Semmelbröseln panieren. In heißem Öl 6–8 Minuten frittieren und in Chilisauce (Nashville-Style) wenden. Hmm, das schmeckt!

ZUBEREITUNG

Die umschließenden Blätter entfernen, die dickeren Adern herausschneiden und dann die Blätter wie Frühkohl verwenden. Anschließend mit einem Ausbeinmesser die Seitenverästelungen abschneiden und die Röschen vom Strunk schneiden. Nun mit einem Schälmesser die Röschen in gleich große Portionen teilen, damit sie gleichmäßig garen. Für Steaks den ganzen Kopf durchschneiden, dabei dient der Strunk als Richtlinie. Meist können 2–3 Steaks aus der Mitte geschnitten werden. Die Röschen werden dann eingelegt, gedünstet oder zu Blumenkohlreis zerkleinert (s. S. 171).

ZERO WASTE

Blumenkohl hält sich 7–10 Tage im Kühlschrank, doch versuchen Sie auch Lacto-Fermentation: Röschen in einer dreiprozentigen Salzlake (s. S. 103) mit Chilistücken, Kurkuma und Ingwer (beide frisch gerieben) und getrockneter Mango fermentieren. Mit Koriander- und Senfsamen sowie Pfefferkörnern zimmerwarm fermentieren. Nach 7–10 Tagen wunderbar süße, spritzig-saure Pickles genießen. Oder den Blumenkohl, in Röschen, knapp 5 Minuten blanchieren. Nach dem Kochen in kaltem Wasser abkühlen und bis zu 12 Monate einfrieren (s. S. 46). So behält er nach dem Auftauen und zum Kochen noch Biss.

SORTEN

WEISSER BLUMENKOHL

Der klassische Blumenkohl hat einen festen Kopf mit einem Strunk, um den herum kleine Büschel mit festen, dichten Röschen liegen. Diese sind weich und krümelig und mit mildnussigem Geschmack, der sich durch das Rösten verstärkt. Die ganze Pflanze ist essbar.

GRÜNER BLUMENKOHL

Diese bunte Sorte ist eine Hybride aus Blumenkohl und Brokkoli. Süß, mild und nicht bitter. Weniger krümelig als weißer Blumenkohl und gegart behält er seinen festen Biss.

VIOLETTER BLUMENKOHL

Die leuchtende Farbe macht ihn zu einem Hingucker, obgleich Stiel und Herz in einem blassen Cremeton bleiben. Milder im Geschmack, ohne bittere Note und mit weichen, krümeligen Röschen. Auf dem Teller optisch ein guter Gegenakzent zu grünem Gemüse.

BLÜMCHEN-BLUMENKOHL

Auch unter der Marke Fioretto® im Handel. Er ist länger als andere Sorten – durch ausgetriebene Köpfe oder Sekundärwachstum vom Ansatz älterer Blätter. Mit dünnen essbaren Sprossachsen und weißen Röschen am Ende. Wird unterschiedlich lang, meist aber bis zu 10 cm. Milder im Geschmack als Standard-Blumenkohl.

HAUPTGERICHT

Blumenkohlsteak

FÜR 2 PERSONEN

Vor einigen Jahren setzte ich erstmals Blumenkohlsteaks auf die Speisekarte. Schnell avancierten sie auch bei mir zum Liebling. Hier eine Hommage an den klassischen Pub-Genuss zur Date Night – ein opulentes Steak, aus der Grillpfanne für die natürliche fleischige Textur und die Nussaromen – dazu gesellen sich Röstgemüse und eine pfeffrige Weinbrandsauce.

ZUTATEN

*2 Blumenkohlsteaks
    (s. S. 167)*

1 TL Meersalz

*1 TL frisch gemahlener
    schwarzer Pfeffer*

*2 EL Olivenöl, plus mehr
    zum Beträufeln*

50 g Butter, gewürfelt

2 Zweige Thymian

*2 Knoblauchzehen,
    zerdrückt*

*1 Ochsenherztomate,
    halbiert*

2 große Champignons

*1 kleines Bund Mangold
    (oder Grünkohl), gehackt*

1 EL Zitronensaft

frittierte Zwiebelringe

Pfeffrige Weinbrandsauce

50 g Butter

1 Schalotte, fein gewürfelt

2 Knoblauchzehen, gewürfelt

*je ½ TL grüne und schwarze
    Pfefferkörner, zerdrückt*

½ TL getrockneter Thymian

50 ml Weinbrand

150 g Sahne

Zubereitung

01 Den Backofen auf 200 °C vorheizen.

02 Die 2 Blumenkohlsteaks mit Salz und Pfeffer bestreuen. Mit Olivenöl bepinseln und eine schwere gusseiserne Pfanne oder eine ofenfeste Pfanne erhitzen.

03 Die Steaks in die heiße Pfanne legen und 3–4 Minuten von jeder Seite scharf anbraten. Dann Butter, Thymian und zerdrückten Knoblauch hinzufügen. Weitere 4–5 Minuten schmoren, dabei die Butter über die Steaks löffeln. Die Pfanne mit dem Blumenkohl in den Backofen stellen, die Steaks 15–20 Minuten rösten.

04 Tomatenhälften und Pilze auf einem Backblech mit wenig Öl beträufeln und im Ofen gleichzeitig mit dem Blumenkohl 15–20 Minuten rösten.

05 Mangold oder Grünkohl in einem Topf mit wenig Öl anbraten und mit Zitronensaft beträufeln.

06 Für die Sauce die Butter in einem Topf zerlassen. Schalottenwürfel, Knoblauch, Pfeffer und Thymian hinzufügen und 5 Minuten weich dünsten. Den Weinbrand hinzugießen und 2–3 Minuten einkochen lassen. Die Sahne hinzufügen und ebenfalls einkochen lassen. Umrühren und den Topf vom Herd nehmen.

07 Die Blumenkohlsteaks mit geröstetem Gemüse und zusammengefallenem Mangold anrichten. Mit warmer Weinbrandsauce übergießen. Als kleines Extra mit frittierten Zwiebelringen garnieren.

BEILAGE ODER HAUPTGERICHT

Gerösteter Blumenkohl mit Tahin und Kurkuma

FÜR 4 PERSONEN

Ich glaube, ich werde nie müde, Blumenkohl zu rösten. Hier ist er in der Mitte zart, außen stark geröstet und hat gelbe, zähe Röschen. Als Prachtstück oder Teil einer Mezze-Tafel überzeugt er mit reichen Würz- und Umaminoten, schmeckt aber gleichzeitig leicht und klar.

ZUTATEN

1 Kopf Blumenkohl

Shawarma-Gewürz-Marinade

2 TL gemahlene Kurkuma

1 TL gemahlener Kardamom

1 TL gemahlener Zimt

½ TL gemahlener Koriander

½ TL gemahlener Kreuzkümmel

½ TL Meersalz

1 EL Tahin (Sesammus)

2 EL Rapsöl

1 EL Joghurt

Zum Servieren

4 EL gehackte glatte Petersilie

4 EL gehackte Minze

1 TL Za'atar (orient. Gewürzmischung)

1 EL Granatapfelkerne

½ TL rosa Salz

1 EL Zitronensaft

1 EL Joghurt

Zubereitung

01 Den Backofen auf 220 °C vorheizen oder den Grill anzünden. In einer kleinen Schüssel die Gewürze für die Marinade mit Tahin, Öl und Joghurt glatt verrühren und den Blumenkohlkopf rundum mit der Hälfte der Marinade bestreichen.

02 Den Blumenkohl mit dem Strunk nach unten auf ein Backblech setzen und im Ofen 40–45 Minuten rösten. Die Temperatur nach 10 Minuten auf 200 °C reduzieren und den Blumenkohl nach der Hälfte der Garzeit mit der restlichen Marinade bestreichen.

03 Mit einem Stäbchen die Garprobe machen. Der Blumenkohl sollte in der Mitte weich sein. Dann im Ganzen oder halbiert auf einem Bett von gehackter Petersilie und Minze anrichten, mit Za'atar, Granatapfelkernen und Salz bestreuen. Aus Zitronensaft und Joghurt ein Dressing rühren und den Kohl damit beträufeln.

BEILAGE

Blumenkohlreis

FÜR 2 PERSONEN

Wenn ich Basmatireis mit Blumenkohlreis austausche, bedaure ich das nie. Hier mein Standard – erdig, süß und perfekt zu Pickles und Gemüsecurry, gleichzeitig vielseitig. Blumenkohlreis mit unterschiedlichen Gewürzen, Früchten, Kernen und Ölen rösten – er schmeckt immer wieder etwas anders. Deshalb: Experimentieren Sie!

ZUTATEN

3 Kardamomkapseln, zerdrückt

1 TL gemahlene Kurkuma

1 TL Fenchelsamen

½ TL Kreuzkümmelsamen

½ TL braune Senfsamen

2 EL Kokosöl

1 Kopf Blumenkohl

2 EL gehobelte Mandeln

50 g Rosinen

½ TL Meersalz

eingelegte rote Zwiebeln, zum Garnieren

Zubereitung

01 Den Backofen auf 200 °C vorheizen. Die Gewürze in einer Pfanne ohne Fett 1–2 Minuten leicht rösten, das Kokosöl hinzugeben und alles zu einer Paste verrühren.

02 Den Blumenkohl samt Strunk und kleineren Blättern im Mixer mit der Pulsefunktion grob zerkleinern.

03 Diesen »Reis«, Mandeln und Rosinen mit Gewürzpaste vermischen. Auf einem Backblech im Ofen 15–20 Minuten rösten. Nach 10 Minuten den Backofen kurz öffnen, damit der Dampf entweichen kann. Den Reis wenden.

04 Die Kardamomkapseln entfernen. Den Blumenkohlreis mit Salz und eingelegten Zwiebeln bestreuen.

»

*Es gibt nichts Schöneres
als eine wärmende Kürbis-
suppe oder eine Süßkartoffel-
Pie, wenn an einem kühlen
Herbsttag draußen schon
die Blätter fallen.*

HERBST

Kürbis

HELD DER VORRATSKAMMER

Jack O'Lantern

Hokkaido

03

02

04

Butternuss

Eichelkürbis
'Thelma Sanders'

05

'Becky'

NICHT ESSBARE TEILE

01 STIEL

Der holzige Stiel ist meist braun oder dunkelgrün, ungenießbar und faserig.

ESSBARE TEILE

02 FRUCHTFLEISCH

Das ist das Filetstück der Kürbisse und meist orange oder blassgelb. Die Textur kann schwammweich bis fest sein, der Geschmack ist oft angenehm süß und wird durchs Rösten noch intensiver.

03 PULPE

Die Pulpe wird häufig entfernt und kompostiert, denn sie ist bitterer als das süße Frucht-fleisch. Sie hat eine faserige Struktur und ist somit für viele Gerichte ungeeignet, trotzdem ist sie essbar und kann geröstet und püriert in eine Suppe gegeben oder eingekocht werden.

04 KERNE

Die cremefarbenen oder hellbrau-nen Kerne können gesäubert, getrocknet und wieder einge-pflanzt werden (nur von samen-festen Exemplaren). Getrocknet, geröstet oder frittiert schmecken sie sehr lecker. Sie sind nussig und ballaststoffreich.

05 SCHALE

Die Schale aller Kürbisse ist genießbar, doch einige Sorten haben eine dickere Schale, die auch beim Kochen nicht weich wird und daher nicht gut zu essen ist. Andere Sorten werden auch an der Schale weich. Sie karamellisiert und schmeckt gebraten köstlich.

Jeder Kürbis hat seinen eigenen Charakter und unverwechselbaren Geschmack – und ich liebe sie gleichermaßen, mit allen Macken und Makeln. Ein Treffen der Winterkürbisse ist wie ein großes Familienfest – amüsant, laut und voller Liebe.

PFLANZE

Sommerkürbisse (z. B. Ufo-Kürbis) bleiben nicht lange frisch. Sie haben eine dünne Schale und ein zartes Fruchtfleisch – meist werden sie wie Zucchini verarbeitet. Winterkürbisse erreichen ihre volle Reife am Ende des Sommers und haben eine dicke Schale, harte Kerne und ein festeres Fruchtfleisch. Die meisten wachsen an langen Ranken und werden erst geerntet, wenn sie ausgereift sind. Nach der Ernte sollten die Kürbisse an einem gut belüfteten Ort 7–10 Tage an der Luft trocknen, damit ihre Schale noch fester wird. Anschließend können sie monatelang an einem kühlen Ort aufbewahrt werden. Kürbisse und Kürbiskerne enthalten viel Zink, und das Fleisch ist reich an Vitamin C, A, E und B sowie Magnesium.

ZUBEREITUNG

Der Kürbis sollte eine glatte, makellose Schale, eine feste Textur und einen harten Stiel haben. Für mich ein Gemüse mit Gefahrenpotenzial, denn beim Schneiden muss man am besten mit einem großen, scharfen Messer arbeiten, das nicht so schnell abrutscht. Sie können auch einen Gemüseschäler verwenden. Ein stabiler Löffel ist hilfreich, um Pulpe und Kerne herauszulösen. Ich habe dabei schon etliche Löffel verbogen, bis ich endlich ein stabiles Exemplar fand. Ich lege die Kerne beiseite, säubere sie später und röste oder trockne sie (s. S. 176). Die Pulpe abspülen (zum Einkochen beiseitelegen), die Kerne trocken tupfen und dann trocknen oder rösten – fertig ist der Zero-Waste-Snack.

Abb. a

SORTEN

BUTTERNUSSKÜRBIS

Großer, bauchiger Kürbis mit heller Schale. Das Fleisch ist orange und buttrig. Die Schale wird beim Garen weich.

HOKKAIDO

Tropfenform, mit weicher Schale in Rot oder Orange mit hellgelben Rillen. Hat eine feste, trockene Schale, eine glatte Textur und schmeckt kräftig; häufiger Sortenname: 'Red Kuri'.

GARTENKÜRBIS

Eine lange Rankpflanze von mildem Geschmack. Die große Innenhöhle ist ideal zum Füllen. Lange haltbar.

EICHELKÜRBIS

Ein schnell wachsender, ovoider Kürbis in Dunkelorange, Hellgelb und Dunkelgrün. Die Schale ist geriffelt und fest, das Fruchtfleisch saftig, locker, zart, süß.

SPAGHETTIKÜRBIS

Ein länglicher Kürbis mit blassgelber Haut. Das milde Fruchtfleisch ist dicht und lässt sich gegart in langen Fäden mit einer Gabel herausziehen.

SWEET DUMPLING

*Ein kleiner Kürbis, mit grünen, gelben oder orangen Streifen durchzogen. Das Fruchtfleisch hat eine hellgoldene Farbe (**Abb. a**). Weich und süß, gebraten ein Genuss.*

BLUE HUBBARD

Blaugraue Schale und hellgoldenes Fleisch. Die dünne, aber harte Schale verdeckt steifes, halbsüßes Fleisch.

FORTSETZUNG

Abb. b

Abb. c

KOCHTIPPS

Kürbisse lassen sich gut im Ganzen, in Scheiben oder gewürfelt rösten. Ich lasse meist die Schale dran – sie gibt zusätzlich Geschmack. Probieren Sie zur Abwechslung einen Hasselback-Kürbis (**Abb. b**): Den Backofen auf 200 °C vorheizen und den Kürbis halbieren, von Kernen und Pulpe befreien. Mit der Schnittfläche nach unten Schale und Fleisch in 1-cm-Abständen ein-, aber nicht ganz durchschneiden. In jeden Einschnitt ein Salbeiblatt stecken, mit Olivenöl beträufeln und den Kürbis 40–45 Minuten im Ofen backen. Köstlich! Pro Portion ein paar Scheiben servieren. Für gekochten oder gedünsteten Kürbis die Schale entfernen und diese für eine Brühe oder Sauce verwenden (s. *Zero Waste*). Für Püree (Kürbis-Pie, s. S. 179) den ungeschälten Kürbis in große Stücke schneiden, die Kerne entfernen und die Stücke im vorgeheizten Backofen bei 200 °C etwa 45 Minuten rösten. Die Schale abziehen. Das Fleisch im Mixer pürieren oder mit der Gabel zerstampfen.

ZERO WASTE

Kürbis birgt viele kreative Möglichkeiten, auch in der Resteverwertung. Alle Teile, bis auf den Stiel, sind essbar und verleihen allen Gerichten jede Menge Geschmack. Die Kerne rösten oder frittieren – keinesfalls wegwerfen! Mit Chilisalz als Imbiss oder als knackige Croûtons in einer Suppe verwenden. Die Schale schmeckt geröstet gut, ist aber auch eine gehaltvolle Basis für Saucen oder Brühen: Die Schale in wenig Öl anbraten, mit 1 EL Misopaste würzen und Wasser hinzugießen. Die Geschmackstiefe der karamellisierten Schale schenkt einer Sauce eine pikante Umaminote.

Ich lege Ihnen fermentierten Kürbis ans Herz (**Abb. c**). Vor einigen Jahren probierte ich es erstmals aus und setzte ihn mit maronengefüllten Kohlpäckchen (s. S. 215) auf die Speisekarte eines herbstlichen Pop-Up-Restaurants. Nach dem Fermentieren in dreiprozentiger Salzlösung (s. S. 103) schmecken die Kürbisstücke mit Haut nach Salzwasser und leicht säuerlich. Zerstampft, geröstet oder roh im Salat servieren.

Kürbisgnocchi

FÜR 4 PERSONEN

Früher bereitete ich nicht gern Gnocchi aus Kürbis zu – diese sind viel feuchter als Kartoffel-gnocchi. Bis ich erkannte, dass ich einfach mehr Mehl hinzufügen muss. Sie schmecken fantas-tisch, ohne viel Dreck zu machen. Je weniger Mehl Sie hinzufügen, desto leichter werden die Gnocchi. Gegart und hübsch gerillt nehmen sie jedoch sowieso viel vom gehaltvollen Salbeiöl und von fermentierter Chili auf.

ZUTATEN

1 kleiner Butternusskürbis, geschält und grob gewür-felt, Kerne entfernt

150–200 g Mehl

1 Ei, verquirlt

50 g frisch geriebener Parmesan

½ TL Meersalz, plus mehr zum Abschmecken

2 EL Olivenöl

4 eingelegte Knoblauch-zehen, fein gewürfelt

2 TL fermentierte Chilischote (s. S. 107)

8–12 Salbeiblätter

100 g Grünkohl, grob gehackt

frisch gemahlener schwarzer Pfeffer

Zubereitung

01 Den Kürbis 20–30 Minuten dämpfen und 10 Minuten abkühlen lassen.

02 Zerstampfen oder im Mixer pürieren. Auf Küchenpapier ausbreiten, das die Feuchtigkeit aufnimmt.

03 Kürbispüree mit Mehl, Ei, Parmesan und Salz zu einer Masse verarbeiten.

04 Auf einer bemehlten Arbeitsfläche 2,5 cm dicke Rollen formen und mög-lichst 30 Minuten kühl stellen. Mit einem bemehlten Messer die Rollen in 2,5 cm breite Stücke schneiden. Mit der Gabel die Gnocchi mit Rillen versehen.

05 Das Öl in der Pfanne erhitzen und Knoblauch, fermentierte Chili, Salbei und Grünkohl darin anbraten.

06 Die Gnocchi in Salzwasser 2 Minuten garen, bis sie an die Oberfläche steigen. Mit dem Schaumlöffel herausheben und in der Pfanne 2–3 Minuten mitbraten, salzen und pfeffern.

HAUPTGERICHT

Kürbissuppe und Kürbisbrot

FÜR 4 PERSONEN

Die Latte lag bei diesem Gericht sehr hoch, denn meine Kinder lieben Kürbissuppe und salzen sie gern selbst. Ich bin aufs Ganze gegangen und habe ein Gewürzbrot mit in Ahornsirup geröstetem Kürbis und -kernen gebacken, um mir ihre Zustimmung zu sichern. Glücklicherweise liebten sie es.

Zubereitung

01 Den Backofen auf 220 °C vorheizen. Für den Brotteig Mehl mit 200 ml warmem Wasser, 1 EL Olivenöl, Hefe, Gewürzen und Salz mischen. Den Teig auf einer bemehlten Arbeitsfläche 10 Minuten kneten und bedeckt 45–60 Minuten gehen lassen.

02 Auf einem Backblech die Kürbiswürfel für das Brot mit restlichem Olivenöl (1 EL) und Ahornsirup beträufeln, 20–25 Minuten im Backofen rösten.

03 Für die Suppe Kürbis, Gemüse und Knoblauch auf einem zweiten Backblech verteilen. Mit Paprikapulver und Thymian bestreuen, mit Olivenöl beträufeln, so im Backofen 35–40 Minuten rösten.

04 Den gegarten Kürbis für das Brot aus dem Ofen nehmen und abkühlen lassen. Mit den Kürbiskernen unter den Teig kneten. Den Teig zum Laib formen und vorsichtig in eine gefettete Kastenform legen, 45 Minuten bedeckt erneut gehen lassen.

05 Das weich geröstete Gemüse für die Suppe im Mixer mit der Gemüsebrühe pürieren und mit Salz und Pfeffer abschmecken.

06 Nach dem zweiten Gehen das Brot in 35–40 Minuten im Ofen goldgelb backen und noch warm mit Butter und einer Schale Kürbissuppe servieren.

ZUTATEN

Kürbisbrot

500 g Mehl, Type 550 oder 1050
2 EL Olivenöl
2 TL Trockenhefe
1 TL gemahlener Zimt
1 TL gemahlener Ingwer
½ TL gemahlene Muskatnuss
½ TL Meersalz
350 g Kürbis, geschält und gewürfelt
2 EL Ahornsirup
4 EL Kürbiskerne

Kürbissuppe

500 g Kürbis, gewürfelt
2 Zwiebeln, gehackt
1 rote Paprikaschote, klein geschnitten
1 Karotte, grob geschnitten
4 Knoblauchzehen
1 EL Paprikapulver edelsüß
2 Zweige Thymian
2 EL Olivenöl
1 l Gemüsebrühe
1 TL Meersalz
½ TL frisch gemahlener schwarzer Pfeffer

DESSERT

Salzige Kürbis-Pekannuss-Pie

FÜR 6 PERSONEN

Vor Jahren trat mein Vater mit einer Kürbis-Pie im TV gegen mich an – vor der eindrucksvollen Kulisse des Minack Theatre in Cornwall. Ich glaube, ich verlor, aber jetzt habe ich das Gericht mit Meersalz im Karamell und gerösteten Pekannüssen weiter verfeinert.

ZUTATEN

450 g Mürbeteig (Kühlregal)

Füllung
450 g Kürbispüree (s. S. 176)
200 g Vollrohrzucker
1 TL gemahlener Zimt
½ TL gemahlene Muskatnuss
½ TL gemahlener Ingwer
1 Prise gemahlene Gewürznelke
3 Eier, verquirlt
1 TL Speisestärke
200 g Crème double

Pekannuss-Streusel
50 g Butter
150 g Pekannusskerne, zerstoßen
100 g Vollrohrzucker
75 g Crème double
1 TL Meersalzflocken

Zubereitung

01 Den Backofen auf 200 °C vorheizen. Aus dem Teig einen 35 cm großen Kreis ausschneiden. Den Kreis in eine Pie-Form (Ø 23 cm) legen und den überstehenden Rand abschneiden. Mit Backpapier abdecken, mit Hülsenfrüchten füllen und 15 Minuten im Ofen blindbacken. Herausnehmen, ohne Hülsenfrüchte und Backpapier obendrauf in der Form abkühlen lassen.

02 Für die Füllung Kürbispüree, Zucker, Gewürze, Eier, Speisestärke und Crème double in einer großen Schüssel verrühren. Die Masse gleichmäßig auf dem Pie-Boden verteilen. Im Ofen 50 Minuten backen, bis die Füllung fast fest ist.

03 Für die Streusel die Butter in einem Topf zerlassen und zerstoßene Pekannüsse sowie Zucker einrühren. Dann 3–4 Minuten rösten, bis die Butter bräunt und der Zucker karamellisiert. Vom Herd nehmen, die Crème double unterrühren, salzen, dann gleichmäßig auf der Kürbis-Pie verteilen.

04 Die Pie in 5–10 Minuten fertig backen und auf einem Kuchengitter abkühlen lassen. Mit Meersalz bestreuen.

Rote Bete

BESCHEIDEN UND SÜSS

'Burpees Golden'

04

'Chioggia'

'Detroit'

ESSBARE TEILE

01 BLÄTTER

Die eisenreichen, herzförmigen Blätter werden 5–20 cm groß. Sie sind essbar, wenn sie noch jung sind, und haben einen halbbitteren, mangoldähnlichen Geschmack. Kleine Blätter können roh wie Blattsalat gegessen werden, größere Blätter werden besser gekocht.

02 STIELE

Die leuchtend bunten, zarten Stiele sind gegart ganz wunderbar und können kurz angebraten, gedünstet und unter Pfannengerührtes gemischt werden.

03 SCHALE

Die Schale ist häufig härter als das Fleisch, aber dennoch essbar. Sie hat einen kräftigen, erdigen Geschmack. Wird die Knolle in der Schale gegart, bleiben die Nährstoffe erhalten und das Fleisch ist saftig. Aus der Schale können Sie Rote-Bete-Chips machen.

04 FLEISCH

Das frische, feste Fleisch der Roten Bete schmeckt süß und erdig. Es ist knackig, wird aber beim Garen weich. Jüngere Knollen können roh gegessen werden, ältere Exemplare gewinnen durch Rösten oder Einlegen.

05 PFAHLWURZEL

Vor dem Kochen die Pfahlwurzeln entfernen. Sie passen gut in Pfannengerichte oder Pickles. Im Geschmack ähneln sie jungen Knollen, sind aber weniger süß und etwas holziger.

Die Rote Bete mag außen bescheiden daherkommen, aber die juwelengleiche Knolle überzeugt mit köstlich erdigem Geschmack und hat ihre ganz eigenen Starqualitäten. Die Bete ist der sprichwörtliche Bauerndichter – tief verwurzelt im Land, mit mächtiger Stimme – und unseres Lobes würdig.

PFLANZE

Die Rote Bete ist eine winterharte Pflanze, die Knollen und Blätter zu bieten hat. Sie können Sie in dichten Reihen säen, um später die feinen kleinen Blätter zu ernten. Nach dem Ausdünnen haben die Knollen Platz zum Wachsen, je nach Sorte. Je größer die Knollen, desto härter und holziger das Innere; junge, kleine Rote Beten sind meist süßer. Die ganze Pflanze ist essbar, und es gibt wunderbare alte Sorten. Rote Beten sind reich an Vitamin A und C, Betacarotin und Kalium und äußerst gesund, senken sie doch den Cholesterinspiegel und unterstützen die Leberfunktion. Wählen Sie feste, glatte Knollen mit unbeschädigter Schale.

KOCHTIPPS

Rote Bete schmeckt eingelegt, geröstet oder roh als effektvolle Garnitur. Gedünstet behält sie ihre klare Farbe. Garprobe: sollte sich mit dem Messer einstechen lassen.

Sie harmoniert mit milchigen oder sauren Aromen: gehobelte Scheiben in Himbeeressig einlegen, wodurch der saure Anteil noch intensiver wird – dazu Meerrettich-Crème-fraîche und geröstete Walnusskerne. Oder mit Ziegenkäsesalat, Feigen und Balsamico –immer eine gute Wahl.

Rote Bete ist ideal für süße Gerichte. Probieren Sie salzige Schokobrownies mit geriebener Rote Bete. Ich verwende zudem Rote-Bete-Saft für ein erfrischendes Sorbet oder einen Winter-Beeren-Smoothie.

ZUBEREITUNG

Bei Roten Beten kann man schon mal den Eindruck haben, es handele sich um ein »blutendes« Gemüse. Messerkunst ist gefragt – Blätter abschneiden, Knolle schälen und in Julienne (feine Streifen) schneiden – oder Sie reiben, würfeln oder hobeln die Beten hauchdünn. Knollen gleicher Größe garen gleichmäßig. Vor dem Kochen Blätter, Stiele und Pfahlwurzel entfernen. Diese essbaren Teile verkochen schneller als die Knolle. Diese in der Schale garen, damit Nährstoffe und Farbe erhalten bleiben. Beim Rösten oder Dünsten von Roten Beten 1–2 cm vom Stiel stehen lassen, damit die Farbe nicht ausläuft.

ZERO WASTE

Rote Bete bieten vielfältige Möglichkeiten der Resteverwertung: Stiele für einen Krautsalat reiben oder in Olivenöl kurz braten, mit Zitronensaft beträufeln. Die Blätter wie Spinat oder Mangold kochen und blanchiert einfrieren. Die Pfahlwurzeln sind in Öl oder Butter geschmort hervorragend. Oder die Knollen, dünn gehobelt frittiert als Chips!

Rote-Bete-Hummus ist ein echtes Zero-Waste-Gericht. Die Roten Beten erst rösten und dann mit Knoblauch, Tahin, Zitronensaft, getrockneten Aprikosen und Kreuzkümmel zu einem schönen hellvioletten Dip pürieren. Beten schmecken in Essig mit roten Zwiebeln eingelegt ganz fantastisch.

SORTEN

'BURPEES GOLDEN'

Alte Rote-Bete-Sorte; bei jungen Beten sind die Knollen süß und die zarten Stiele besonders schmackhaft. Mit langen, knackigen Blättern und einer nach unten spitz zulaufenden Knolle. Unter der orangen Schale sitzt gelbes Fleisch, weiß-golden geringelt. Sie hat Biss und ist zart, mild, süß und erdig. Roh toll zu (Kraut-)Salaten.

'DETROIT DARK RED'

Beliebteste Sorte auch bei Hobbygärtnern. Meist mit größerer Knolle. Unter der festen roten Schale liegt dunkelpurpurnes Fleisch, das dicht und knackig ist. Gekocht entwickelt sie einen süßen Geschmack und eine weiche Textur. Die Blätter sind essbar, aber bitterer als bei kleineren Beten, ähnlich denen eines älteren Regenbogen-Mangolds.

RINGELBETE

Meist alte italienische Sorten ('Chioggia') mit pinken und weißen oder bunten Ringen im Fleisch. Schmecken so gut wie sie aussehen.

WEISSE BETE

Weder Rettich noch kleine Rübe. Diese weißen Urbeten sind saftig und knackig, mit leichtem, süß-erdigem Geschmack.

'CYLINDRA'

Längliche Bete mit leicht bräunlicher Schale und süßem Geschmack. Die zylinderförmigen Wurzeln werden bis zu 20 cm lang. Das Grün ist süßlicher als bei anderen Sorten und schmeckt ausgesprochen »betig«. Am besten fein gehobelt.

Rote Bete Wellington-Art

FÜR 4 PERSONEN

Ein Wellington braucht Zeit, aber es lohnt sich, wenn Sie eine wundervolle Rote Bete auf diese Weise inszenieren. Die Mangoldblätter ersetzen den klassischen Pfannkuchen-Mantel und meine Duxelles ist eine Mischung aus Pilzen mit Kräutern und Walnusskernen, was die erdigen Roten Beten unterstreicht. Servieren Sie dieses wunderbare Gericht mit Salat oder Röstgemüse und Meerrettichsenf.

ZUTATEN

4 große Knollen Rote Bete, Blätter entfernt

2 EL Olivenöl

500 g Blätterteig (Kühlregal)

250 g große Mangoldblätter

1 Ei, verquirlt

1 TL frisch gemahlener schwarzer Pfeffer

Duxelles

1 kg Pilze, fein gewürfelt

2 Schalotten, fein gewürfelt

2 EL Olivenöl

4 Knoblauchzehen, gehackt

2 EL gehackte Rosmarinnadeln

100 g Walnusskerne, gehackt

75 ml süßer Sherry

50 g Semmelbrösel

Meersalz und frisch gemahlener schwarzer Pfeffer

Zubereitung

01 Den Backofen auf 200 °C vorheizen. Die Rote Beten mit Olivenöl bestreichen und 1 Stunde im Backofen rösten.

02 Die Roten Beten schälen und die Unterseite flach abschneiden. Die Knollen in 1 cm dicke Scheiben schneiden.

03 Für die Duxelles Pilz- und Schalottenwürfel im Olivenöl braten. Knoblauch, Rosmarin und Walnusskerne hinzufügen, alles 4–5 Minuten schmoren. Den Sherry hinzugießen, etwa 3–4 Minuten einkochen lassen und die Semmelbrösel untermischen.

04 Große Stiele von den Mangoldblättern abschneiden und in kochendem Salzwasser 2–3 Minuten blanchieren, abtropfen lassen und im Küchentuch abkühlen lassen.

05 Aus dem Blätterteig zwei Platten von jeweils 20 × 30 cm schneiden. Eine Blätterteigplatte auf einem Backblech mit Mangoldblättern belegen und ⅓ der Duxelles auf einem mittleren Streifen verteilen.

06 Die gegarten Rote-Bete-Scheiben aufrecht in einer langen Reihe auf den Duxelles-Streifen legen. Mit restlicher Pilzmischung und mit Mangold abdecken, sodass eine lange Rolle entsteht.

07 Mit der zweiten Blätterteigplatte abdecken, mit einer Gabel die Ränder zusammendrücken, die Oberseite mehrfach einstechen, damit der Dampf entweichen kann. Mit dem verquirlten Ei bestreichen und mit Pfeffer bestreuen. In 25–30 Minuten goldgelb und luftig backen.

Rote-Bete-Bällchen und Dillbutter

ERGIBT 12–15 STÜCKE

Ich probierte ein Rote-Bete-Brot zum ersten Mal, als ein guter Freund vor etwa zehn Jahren eine Backstube eröffnete. Schnell wurde dieses Brot zu seinem Markenzeichen, und er backt es heute noch. Die feine Rote-Bete-Süße im Teig verleiht dem Teig ein wunderbares Aroma und eine schöne Farbe. Ich serviere bei meiner Variante die warmen Teigbällchen mit Dillbutter und eingelegten Beten als Beilage.

ZUTATEN

Rote-Bete-Bällchen
1 Päckchen Trockenhefe
50 g Butter, zerlassen
75 ml Rote-Bete-Saft
1 TL Zucker
50 g Rote Bete, geraspelt
Meersalz
1 EL Olivenöl
300 g Mehl

Pickles
1 EL Zucker
75 ml Apfelessig
½ TL Senfsamen
1 TL gehackte Dillstängel
1 Knolle Rote Bete, Blätter entfernt, klein geschnitten
½ kleine Salatgurke, in Scheiben geschnitten
½ rote Zwiebel, in Streifen geschnitten

Dillbutter
75 g weiche Butter
1 EL gehackter Dill

Zubereitung

01 Für die Bällchen Hefe, 100 ml warmes Wasser, zerlassene Butter, Rote-Bete-Saft und Zucker in einer Schüssel verrühren und 15 Minuten zimmerwarm gehen lassen.

02 In einer zweiten Schüssel geraspelte Rote Bete, 1 Prise Salz, Öl und Mehl vermischen. Diese Masse nach und nach unter das Rote-Bete-Wasser unterrühren. Auf einer bemehlten Arbeitsfläche das Ganze 10 Minuten kneten, dann bedeckt in einer Schüssel 1 Stunde gehen lassen.

03 Für die Pickles Zucker, Essig, Senfsamen, Dillstängel und 50 ml kochendes Wasser aufkochen. In einem hitzebeständigen Gefäß das zerkleinerte Gemüse mit der heißen Flüssigkeit vollständig übergießen. Verschließen, 20–25 Minuten abkühlen lassen und dann abgießen.

04 Die weiche Butter mit gehacktem Dill verschlagen.

05 Den Teig erneut kneten und in 12–15 Stücke teilen. Kleine Bällchen daraus formen und 30 Minuten gehen lassen. Den Backofen auf 220 °C vorheizen.

06 Die Bällchen 20–25 Minuten im Ofen hellbraun backen. Mit Pickles und Dillbutter servieren.

BEILAGE ODER VORSPEISE

Erdige Beten und Labneh mit schwarzem Dukkah

FÜR 2 PERSONEN

Dieses Rezept beweist, wie zuckersüß Beten sein können. Die frische Süße, Erdigkeit und feine Nussigkeit werden beim Garen in der Glut eingeschlossen. Ich serviere dazu gern einen abgetropften säuerlichen Joghurt, pfeffriges Kapuzinerkresseöl und ein kohlenschwarzes Dukkah. Lassen Sie die Beteknollen auf dem Grill weich werden, dann runden sie mit ihrem mild-bitteren Geschmack dieses Gericht wunderbar ab.

Zubereitung

01 Im Grill oder im Erdloch mit Holzkohle oder Holz ein Feuer entzünden und 45 Minuten brennen lassen, dann die Glut verteilen.

02 Die Beten (gern noch mit Erdschicht umhüllt) direkt in der heißen Kohle je nach Größe 30–45 Minuten garen. Alle 15 Minuten mit einer Zange wenden. Wenn die Schale schwarz und das Fleisch weich ist, die Beten kurz abkühlen lassen.

03 Die Betenblätter über den Kohlen in einem Drahtkorb oder auf dem Grill 2–3 Minuten zusammenfallen lassen.

04 Kapuzinerkresseblüten mit Öl im Mixer zerkleinern, in einem Topf über den Kohlen erwärmen. Wenn es siedet, das Öl abkühlen lassen und durch ein Sieb gießen.

05 Für das Dukkah sämtliche Zutaten in der Gewürzmühle oder im Mörser zerkleinern.

06 Die Beten halbieren oder in Spalten schneiden (nur das Innere verzehren) und mit Labneh auf Blattgrün anrichten. Mit Öl beträufeln, mit Dukkah bestreuen.

ZUTATEN

8–12 Knollen bunte Bete, Knollen und Blätter getrennt

12 Kapuzinerkresseblüten

75 ml Olivenöl

150 g Labneh (liban. Frischkäse)

Dukkah

1 EL schwarzes Salz (mit Aktivkohle)

1 TL Algenflocken

1 Prise getrocknete Rosenblütenblätter

1 TL schwarzer Sesam

½ TL getrockneter Thymian

½ TL geräucherte Chiliflocken

1 EL Walnusskerne, geröstet

Pilze

OFFENBARUNG AUS DEM WALD

Zucht-Champignons

brauner Champignon

01

02

Shiitake

Cremini

weißer Champignon

Mini-Champignon

Austernseitling

Wiesenchampignon

03

ESSBARE TEILE

01 STIEL

Der Stiel ist meist der robusteste Teil des Pilzes und hält auch dem Kochen stand. Größere Stiele klein schneiden und in Butter anbraten, damit sie die holzigen Aromen freigeben.

02 LAMELLEN

Feine Lamellen bilden die Unterseite der meisten Pilze und können beim Säubern oder Schneiden leicht beschädigt werden. Rühren Sie nicht so viel in der Pfanne, denn sie fallen schnell zusammen und lassen den Pilz gequetscht und schmutzig aussehen.

03 HUT

Der obere Teil ist das Beste am Pilz und wird mit einem Tuch oder einer Gemüsebürste (ohne Wasser) vorsichtig gesäubert. Kleinere Hüte im Ganzen oder halbiert zubereiten, größere Exemplare sauber in Scheiben schneiden und dann einlegen, braten oder für Eintöpfe verwenden.

Wie außerirdische Eruptionen entsteigen die Speisepilze einem riesigen, unbekannten, unterirdischen Netzwerk. Dieses Herausbrechen ist eines der größten Wunder der Natur. Es fesselt mich jedes Mal aufs Neue und lässt mich ehrfürchtig staunen.

ORGANISMUS

Es dauert Jahre, um das Wachstum der Pilze zu verstehen – ich kenne einige Arten, aber es gibt sicher Hunderte, die mir unbekannt sind. Und wie heißt es so schön: Alle Pilze sind essbar, aber einige nur einmal im Leben. Deshalb seien Sie vorsichtig, sammeln und verzehren Sie nur die Exemplare, bei denen Sie ganz sicher bei der Bestimmung sind. Ich werde Ihnen keinen Führer an die Hand geben, denn bei Pilzen ist es genau wie bei Ratschlägen: Der falsche kann gefährlich sein. Ganz sicher können Sie sich an Speisepilze halten, die Sie beim Züchter, im Gemüseladen oder auf dem Markt kaufen (**Abb. a**).

Abb. a

ZUBEREITUNG

Wählen Sie bei Pilzen feste, unbeschädigte Exemplare mit straffer Haut am Hut und sauberen Lamellen. Die Stiele sollten glatt abgeschnitten sein und die Pilze süß und erdig riechen, nicht muffig und feucht. Schmutz, Stroh oder Erde vorsichtig abwischen. Nur im Ausnahmefall den Pilz unter kaltem Wasser abspülen und gründlich abtrocknen, bevor er im Kühlschrank lagert.

Bei den meisten Pilzen gare ich Stiel und Hut gemeinsam; bei größeren Pilzen entferne ich häufig den faserigen Stiel, aber ich schneide ihn gern klein und bereite ihn mit ähnlich großen Pilzstücken zu. Kleine Pilze wie Champignon oder Enoki können im Ganzen gekocht oder eingelegt werden.

Empfindliche Pilze am besten mit einem Gemüsemesser bearbeiten. Dunkle Lamellen mit einem Löffel herauslösen, da sie ein Gericht dunkel einfärben und ihre breiige Textur oftmals in das zubereitete Gericht übergeht. Doch diese Teile auf keinen Fall wegwerfen; einfach für einen Pilz-Ketchup verwenden oder auf einem Backblech trocknen – fertig ist ein kräftiges Würzmittel für Grillsauce, Nussbraten oder Eintopf.

SORTEN

PFIFFERLING

Gelbe bis orange Pilze in kräuseliger Trompetenform, festem Fleisch und gummiartiger Textur. Schmeckt fruchtig und erdig.

BRAUNER CHAMPIGNON

Pilz mit geschlossenem Hut. Kräftig und fleischig. Ähnelt dem weißen Champignon und kleinen Cremini, ist aber dunkler.

AUSTERNSEITLING

Hut in Muschelform mit sich überlappenden Schichten (grau, rosa oder gelb). Verliert gekocht seine Farbe, mit zäher Textur und kräftigem Geschmack.

SHIITAKE

Mit festem Hut, hellbraunem Fleisch, zähem Stiel, Knoblauch-Pinien-Aroma und rauchigem Geschmack.

STEINPILZ

Gern getrocknet oder als Pulver verkauft. Kräftiger Geschmack, rotbraun, fleischig, samtig.

ENOKI

In Japan sehr beliebt. Die langen schneeweißen Pilze schmecken gut in Suppen, mit Asia-Nudeln oder eingelegt.

ZUCHT-CHAMPIGNON

Groß, fleischig, weiß oder braun, auch als »Portobello« vermarktet. Gefüllt oder ganz zubereitet. Veggie-Alternative zum Burger.

CREMINI

Hell bis kräftig braun und intensiver als Champignon-Cousins, erdig im Geschmack und fest.

FORTSETZUNG

Abb. b

Abb. c

KOCHTIPPS

Nicht zu viele Pilze auf einmal in der Pfanne zubereiten, da sie sehr viel gespeichertes Wasser abgeben. Durch zu viel Feuchtigkeit beim Garen bleiben sie schlaff und wässrig. Werden sie in einer großen Pfanne zubereitet, in der das Wasser gut verdampfen kann, in wenig Butter oder Öl, sodass das Äußere der Pilze schön knusprig wird, bräunen sie mit Umamigeschmack, während ihr Aroma noch intensiver wird.

Scharf gewürzte Pilze auf Sauerteigbrot ist eines meiner liebsten Brunchgerichte: Pilze in Butter mit 1 Prise Paprikapulver edelsüß braten. Sherry hinzugießen, der verkocht, Sahne und frischen Thymian unterrühren. Ich liebe die samtige Paprikasahne und in Butter gebratene Pilze. Mit dem Schuss Sherry (alternativ Weißwein oder Wermut) wird das Gericht ganz besonders. Die Pilze saugen das Aroma beim Ablöschen auf.

Von einem US-amerikanischen Koch übernahm ich diese Idee: große Pilzstiele wie Jakobsmuscheln im Risotto zubereiten, in einer Nussbutter (*beurre noisette*) braten und effektvoll flambieren. Die restlichen Hüte würfeln und für ein Pilz-Safran-Risotto braten und mit Steinpilzpulver bestäubt servieren (**Abb. b**).

ZERO WASTE

Pilze sind nicht sehr lange haltbar: Ich bewahre sie in einer Papiertüte im Kühlschrank auf, versuche aber immer, sie möglichst schnell zu verarbeiten. Bewährt hat sich ein Gericht, bei dem sie mit Schalotten, Rosmarin, Knoblauch und Thymian gedünstet und püriert werden. Milch, Sahne und Brühe hinzufügen, und fertig ist die Herbstsuppe, die sich gut einfrieren lässt.

Dörren ist die beste Methode zum Haltbarmachen von Pilzen: größere in dünne Scheiben schneiden, kleinere waschen und trocken reiben. Im Backofen oder im Dörrapparat bei 55 °C etwa 8–14 Stunden trocknen. In einem luftdichten Behälter aufbewahren und für ein Umamigewürz zu Pilzpulver zermahlen.

Kleine Pilze in aufgekochter und abgekühlter Lösung aus Essig, Wasser und Zucker (2:2:1) einlegen. Über die Pilze gießen und kräftige Aromaten wie Szechuanpfeffer, Sternanis, Senfsamen, Radieschen, rote Zwiebel und Chili hinzufügen (**Abb. c**). Geöffnet 10–14 Tagen haltbar.

Pilz-Pastys

ERGIBT 4 STÜCK

Jedes Land hat eine eigene Version dieser gefüllten Teigtaschen. In meiner Heimat Cornwall nennen wir sie pasties; *in Mexiko heißen sie* empanadas, *in Polen* pierógi *(Piroggen) und in Neuseeland und Australien* hand pies. *In diesem Rezept habe ich sie mit braunen Champignons, wärmendem Lauch und Estragon für eine elegante Anisnote kombiniert. Eine Tasche prall gefüllt mit echtem Wohlfühlessen.*

ZUTATEN

500 g Blätterteig (Kühlregal)
50 g Butter
250 g braune Champignons, gewürfelt
1 kleine Stange Lauch, dünn geschnitten
75 ml Weißwein
1 EL gehackter Estragon
1 TL Zitronenabrieb
½ TL Meersalz
frisch gemahlener weißer Pfeffer
1 TL Speisestärke
1 Ei, verquirlt

Zubereitung

01 Den Backofen auf 200 °C vorheizen. Zwei Platten Blätterteig (20 × 30 cm) ausrollen. Zwei Ausstecher bereitlegen – einer 2 cm größer als der andere. Mit jeder Form vier Teigkreise ausstechen.

02 Die Butter in der Pfanne zerlassen. Pilze und Lauch darin 4–5 Minuten braten. Weißwein, Estragon und Zitronenabrieb hinzufügen, alles salzen und pfeffern.

03 Wein 3–4 Minuten einkochen, Speisestärke einrühren. Vom Herd nehmen und abkühlen lassen.

04 Etwas Füllung in jede kleine Teigkreismitte geben. Die Ränder anfeuchten, den größeren Teigkreis auflegen und mit einer Gabel leicht zusammendrücken. In die Oberseite ein Muster ritzen und in die Mitte ein kleines Loch schneiden.

05 Die Taschen auf ein Backblech legen, mit verquirltem Ei bestreichen und 20–25 Minuten im Ofen backen.

Kentucky Fried Pilz-Burger

FÜR 2 PERSONEN

Ich muss gestehen, ich habe eine Schwäche für Takeaways und Fast-Food-Burger. Gleichzeitig versuche ich, industriell verarbeitete Zutaten zu meiden: eine Zwickmühle. Deshalb bereite ich köstliche, saisonale Alternativen zu Hause selbst zu. Ich glaube, dieser Trend nennt sich »Fakeaways«, aber für mich ist es bewusstes Essen. Häufig werden meine Alternativen zu mehr als zum bloßen Ersatz. Es ist mir eine Freude, diesen komplexen Gewürzemix mit Ihnen zu teilen. Hoffentlich werden Sie ihn lieben.

ZUTATEN

12 Austernseitlinge

2 EL Mehl

2 Eier, verquirlt

Pflanzenöl, zum Frittieren

2 Brioche-Brötchen, halbiert und geröstet

Grillsauce, eingelegte rote Zwiebeln, Queller und Trüffelhobel, zum Servieren

2 kräftige Zweige Rosmarin, zum Garnieren

Gewürzkruste

2 TL Paprikapulver edelsüß

1 TL frisch gemahlener weißer Pfeffer

1 TL gemahlener Ingwer

1 TL frisch gemahlener schwarzer Pfeffer

1 TL getrocknete Senfsamen, im Mörser zerstoßen

1 TL Knoblauchpulver

1 TL geräuchertes Meersalz

½ TL getrockneter Thymian

½ TL Oregano

½ TL Selleriesalz

½ TL frisch geriebene Muskatnuss

50 g Panko (jap. Semmelbrösel)

Zubereitung

01 Für die Gewürzkruste die Gewürze und Salze mit dem Panko vermischen. Ich verwende lieber Brösel statt Mehl, da ich den Kontrast von krachiger Kruste und weichen, fleischigen Pilzen mag.

02 Zum Panieren die Pilze zuerst im Mehl, dann im verquirlten Ei und zum Schluss in der Gewürzkrustenmischung wenden. Nach Belieben wiederholen, wenn die Panade dicker sein soll.

03 Den Backofen auf 130 °C vorheizen. Portionsweise arbeiten: frisch panierte Pilze im heißen Öl bei 190 °C in 4–5 Minuten goldbraun und knusprig frittieren. Nicht zu viele Pilze einlegen, damit das Öl nicht abkühlt. Die Pilze mit einem Schaumlöffel aus dem Öl heben und auf Küchenpapier abtropfen lassen. Im Ofen warm halten.

04 Die Pilze auf den gerösteten Brioche-Brötchen mit Grillsauce, eingelegten Zwiebeln, Queller und Trüffelhobel anrichten. Jeden Burger mit der Oberseite bedecken und 1 holzigen Rosmarinzweig einstecken.

HAUPTGERICHT

Gegrillte Pilze vom Lagerfeuer und gebeiztes Eigelb

FÜR 2 PERSONEN

Dieses Gericht schmeckt am besten draußen, das herbst-feuchte Laub zu Füßen, dazu süßliches Holzaroma vom Grill. Es verleiht den Pilzen ein schönes Lagerfeueraroma, während der Schwarzkohl sie beim Grillen schützt. Das gebeizte Eigelb rundet das Gericht mit Umami- und Salznote ab.

ZUTATEN

2 Eigelb

4 EL Algensalz

1 TL frisch gemahlener schwarzer Pfeffer

1 kg gemischte Pilze

4 Blätter Schwarzkohl (Cavolo nero), grob gehackt

1 EL Trüffelöl

1 EL gehackte Rosmarinnadeln

schwarze Trüffelhobel, zum Garnieren (nach Belieben)

Zubereitung

01 Die Eigelbe (unversehrt) auf ein Bett aus Algensalz und Pfeffer gleiten lassen. Mit der Mischung vorsichtig bedecken und 1–5 Stunden im Kühlschrank ziehen lassen.

02 Ein Feuer anzünden und die rote Glut abwarten.

03 In einer Schüssel die Pilze und den Schwarzkohl in Trüffelöl und Rosmarin anrichten. In einem Grill-Drahtkorb über dem Feuer herunterlassen und 2–3 Minuten garen. Wenden, damit sie rundum braun werden.

04 Beize vom Ei abtupfen, dieses mit Pilzen und Kohl anrichten. Nach Belieben mit Trüffelhobeln garnieren.

Karotte

SÜSS, KNACKIG UND VERHEISSUNGSVOLL

ESSBARE TEILE

01 BLÄTTER

Die fedrigen Blätter verwelken schnell und halten sich im Kühlschrank nur 1–2 Tage. Sie schmecken fein nach Petersilie und können roh oder kurz gebraten gegessen werden oder kommen püriert in ein Pesto. In heißem Öl frittiert kräuseln sie sich hübsch und werden zum herrlichen Snack. Größere Blätter schmecken bitterer.

02 STIELE

Die dünnen grünen Stängel sind faserig und werden häufig weggeworfen, können aber in Öl angebraten und wie Erbsenschoten oder Spargelstangen zubereitet werden. Sie schmecken leicht pfeffrig, ähnlich wie Dill und Fenchel: Beide sind nahe Verwandte. Die bittere Note passt gut zur Zitrone. Die Karottenstängel können auch blanchiert und zum Pesto oder zur Suppe hinzugefügt werden.

03 SCHALE

Wie häufig stecken die meisten Nährstoffe direkt unter der Schale, deshalb sollten Bio-Karotten geschrubbt oder geschabt und nicht geschält werden.

04 WURZEL

Die ganze Karottenwurzel, einschließlich feiner Wurzelhaare, ist essbar. Das Fleisch selbst ist roh äußerst knackig, mit leicht bitterem Herz. Karottenwurzeln laufen meist nach unten spitz zu, doch abhängig von Sorte und Boden sind sie oft knorrig und wachsen nicht immer so gerade wie auf dem Foto. Sie sind jedoch auch in verwachsener Form genießbar!

Leuchtend, fest und knackig, mit grüner Federspitze, peppen Karotten Brühen und Eintöpfe auf und sorgen für extra Nährstoffe, aber erst seit Kurzem haben wir das ganze kulinarische Potenzial dieser süßen, erdigen Wurzel entdeckt.

PFLANZE

Die Karotte ist ein Wurzelgemüse mit einem an Pinien erinnernden, fruchtigen, holzigen Geschmack. Sie rangiert in Sachen Zuckergehalt hinter den Beten und ist für herzhafte wie süße Gerichte geeignet. Karotten werden meist 10–25 cm lang und zeigen sich in Farben von Orange bis Violett, von Rot bis Gelb. Je dunkler die Farbe, desto süßer meist der Geschmack. Karotten sind kalorienarm, aromatisch und stecken voller Betacarotin – Hauptquelle vom wachstumsfördernden Vitamin A, das auch Immunsystem, Haut und Sehkraft guttut. Zudem sind sie eine hervorragende Quelle von Vitamin B1, B2, B6, C und K sowie Kalium und Magnesium.

Abb. a

ZUBEREITUNG

Wählen Sie harte, feste Karotten mit hellen und fedrigen Spitzen. Wenn sich die Wurzeln biegen lassen oder Risse an der Haut zeigen, sind sie wahrscheinlich alt und schrumpeln schnell. Das Grün immer sofort entfernen und separat in einer Frischhaltebox im Kühlschrank aufbewahren, sonst trocknet die Karotte aus, da die Spitzen der Wurzel die Flüssigkeit entziehen. Das Grün innerhalb von 1–2 Tagen verwenden. Die Wurzeln mit einer festen Gemüsebürste säubern. Ich verwende die Karotte gern mit Schale, denn sie enthält viele Nährstoffe. Sie können die Wurzeln raspeln, mit dem Sparschäler in Bänder hobeln oder im Ganzen kochen. Sie kann gewürfelt, in Scheiben oder in feine Streifen geschnitten werden, also machen Sie sich gleich an die Arbeit und testen Sie Ihre Fertigkeiten mit dem Gemüsemesser.

SORTEN

URKAROTTE

*Von außen violett, aber innen hellorange oder weiß in der Mitte (**Abb. a**); eine Kreuzung aus alten schwarzen Karotten und orangenen. Intensiv süß und leicht pfeffrig. Die Farbe verblasst beim Garen, also am besten einlegen oder roh essen.*

'ATOMIC RED'

Schmeckt ähnlich wie orange Karotte. Die Farbe bekommt sie vom Antioxidans Lycopin, das wirkt herzstärkend und schützt vor Sonnenbrand sowie einigen Krebsarten.

WEISSE KAROTTE

In einem zarten Weiß oder Hellgelb, mild und süß im Geschmack. Ideal zum Rösten mit Ahornsirup, Honig oder Thymian.

'CHANTENAY'

Alte Sorte, die nicht so lang, dafür aber dicker ist als eine normale Karotte. In vielen Farben, mit glatter Schale und knackig, wird roh gegessen. Gekocht zeigt sie erdige Noten.

'NANTES'

Schöne Kegelform mit abgerundeter Spitze, fester oranger Schale und langen, grünen Blättern. Das Fleisch hat Biss und nahezu keine harte Mitte. Zart und süßer als andere Karotten.

BABYKAROTTEN

Alle Sorten, die mit kleineren Wurzeln früh geerntet werden. Knackiger und süßer als ausgereifte Karotten, ideal für Salate.

FORTSETZUNG

Abb. b

Abb. c

KOCHTIPPS

Karotten sind bekannt für ihre Süße, und die nimmt durchs Garen noch zu. Sie verlieren dabei kaum Nährstoffe; einige werden sogar verdaulicher. Karotten können geröstet, gekocht, gedünstet, gebraten oder gegrillt werden und sind auch für Desserts geeignet. Meine Lieblingskombi mit Karotten sind Kümmel- und Kreuzkümmelsamen, Dill, Thymian oder Ingwer. Bei Zutaten für eine Brühe steht die Karotte an erster Stelle. Das in Öl angebratene Trio aus Karotte, Zwiebel und Sellerie ist Geschmacksgrundlage für viele Gerichte – für ein klassisches Suppengemüse (Mirepoix) in der französischen Küche oder ein Soffritto in Italien. Die Mischung wird langsam mit viel Olivenöl gedünstet. Aromatischer wird es mit Knoblauch, Petersilie, Rosmarin und Lorbeer.

Etwas ausgefallener wird es, wenn die Karotte süßlich eingesalzen wird. Dazu Babykarotten mit Zucker, Meersalz und Gewürzen einreiben. Nach einigen Tagen die Salzmischung abspülen, Karotten trocken tupfen und 12 Stunden kalt räuchern. Oder noch weiter trocknen, bis sie die zähe Konsistenz von Biltong (**Abb. b**) haben, ein Trockenfleisch der südafrikanischen Küche.

ZERO WASTE

Karotten am besten im Kühlschrank mit guter Luftzirkulation aufbewahren. Zur Resteverwertung können Sie sie mit Ingwer und Kurkuma für einen Smoothie entsaften. Karottensaft kann fermentiert werden, wenn drei Prozent des Gewichts an Meersalz zugegeben wird – er verleiht Gerichten dann ein würzig-süßes Aroma. Oder den Saft mit Öl und Essig zur süßsauren Vinaigrette verrühren.

Karottengrün ist ideal fürs Pesto (**Abb. c**), mit Öl bedeckt und gekühlt 2–3 Wochen haltbar: mit Kreuzkümmel, Kardamom und Orangenabrieb für einen Hauch von Indien oder mit Kürbiskernen, Knoblauch und Petersilie für eine klassische Variante pürieren. Karottengrün kann auch ein Öl aromatisieren. Oder das Grün für einen Snack wie knusprige Algenstangen in heißem Öl mit Kokoszucker, -raspeln und Meersalz braten.

Zum Haltbarmachen die Wurzeln in Salzwasser blanchieren, ins Eisbad legen, trocken tupfen und separat einfrieren (s. S. 46). Oder geraspelte Karotten in dreiprozentiger Salzlake einlegen (s. S. 103): goldener Krautsalat. Süß, sauer und erdig – perfekt für Salate und Veggie-Burger.

IMBISS

Karotten-Bhajis
FÜR 2–4 PERSONEN

Gewürze scheinen durch die Decke zu gehen, wenn sie mit Karotten zubereitet werden. Ich liebe Bhajis (indische Kichererbsenmehl-Zwiebel-Röstis), und in dieser Variante tummeln sich einige echte Geschmacksbomben. Das Kichererbsenmehl unterstreicht die nussige Note der Gewürzmischung. Die geraspelten Karotten werden mit Bockshornkleesamen, schwarzer Zwiebel und Koriander gemischt – plus einigen anderen Kameraden aus meiner Gewürzkiste. Dazu passt eine bunte Auswahl an Pickles, Mangochutney, Koriander-Achaar oder auch Raita.

ZUTATEN

1 TL Bockshornkleesamen
1 TL Schwarzkümmelsamen
1 TL Koriandersamen
1 TL gemahlene Kurkuma
½ TL gemahlener Kreuzkümmel
½ TL Chilipulver
½ TL gemahlener Ingwer
400 g Karotten, geraspelt
½ rote Zwiebel, gewürfelt
½ grüne Chilischote, entkernt und fein gewürfelt
2 EL gehobelte Mandeln
1 TL Meersalz
2 Eier, verquirlt
75 g Kichererbsenmehl
Pflanzenöl, zum Frittieren

Zubereitung

01 In einer Pfanne ohne Fett die Gewürze 2–3 Minuten rösten, dabei gelegentlich umrühren, damit sie nicht verbrennen. Dann abkühlen lassen.

02 Karottenmasse, Zwiebel- und Chiliwürfel sowie Mandeln mit gerösteten Gewürzen und Salz gründlich mischen. Die verquirlten Eier unterrühren. Das Mehl portionsweise hineinsieben und unterheben, bis sich ein lockerer Teig bildet. Den Backofen auf 200 °C vorheizen.

03 In der Pfanne 1–2 cm hoch Öl erhitzen und die Bhajis darin 4–5 Minuten von jeder Seite frittieren. Im Ofen einige Minuten fertig garen, wenn die Bhajis wie bei mir recht groß sind. Mit Pickles und Chutney nach Wahl servieren.

Miso-Röstkarotten mit rosa Dukkah
FÜR 2 PERSONEN

Ein Koch sollte wohl kein Lieblingsgericht haben, doch dieses liegt mir sehr am Herzen. Es stand fürs Buch ganz oben auf meiner Liste, denn ich liebe den Geschmack, die leuchtenden Farben, und vor allem diesen simplen Prozess, wenn die süß geröstete Karotte durch das knusprige Dukkah gerollt wird. Dieser Moment ist unglaublich befriedigend. Zugleich entstehen diese, zumindest für mich, perfekten Happen. Die Chermoula aus Karottengrün, Kreuzkümmel und Chili habe ich inzwischen mehrfach zubereitet – sie bewährt sich zu vielen Gerichten.

ZUTATEN

2 EL Olivenöl
12 Urkarotten
250 ml Misobrühe
2 EL Honig
1 TL Meersalz

Dukkah
1 EL Sonnenblumenkerne
1 TL rosa Himalaya-Salz
1 TL Paprikapulver edelsüß
1 TL Koriandersamen
1 TL rosa Pfefferbeeren
1 Prise getrocknete Rosenblütenblätter

Chermoula
50 g Karottengrün, plus einige Stängel zum Garnieren
2 Knoblauchzehen
1 EL Pinienkerne
1 TL Kreuzkümmelsamen
½ grüne Chilischote, entkernt
½ TL Meersalz
2 EL Zitronensaft
2–4 EL Olivenöl

Zubereitung

01 Für das Dukkah sämtliche Gewürze in einer Gewürzmühle oder im Mörser zermahlen. (Weitere Zutaten nach Wahl hinzufügen – Sesam, Hanfsamen, Kräuter …)

02 Für die Chermoula das Karottengrün 2 Minuten in kochendem Wasser blanchieren, abgießen und trocken tupfen. Im Mixer mit Knoblauch, Pinienkernen, Kreuzkümmelsamen, Chilistücken und Salz zerkleinern. Zitronensaft und Olivenöl in feinem Strahl bei laufendem Motor hinzugießen. Ich mag es lieber etwas sämiger, deshalb gebe ich eher mehr Olivenöl hinzu.

03 Für die Karotten das Olivenöl im Topf erhitzen und ganze Wurzeln 4–5 Minuten darin anbraten, dann Misobrühe hinzugießen. Die Brühe einkochen lassen und nach 15–20 Minuten Honig und Meersalz untermischen. Weiter einkochen, bis die Karotten weich und klebrig sind.

04 Die Karotten im Dukkah wenden. Einige längs durchschneiden. Alle mit Chermoula und einigen Zweigen rohem Karottengrün anrichten.

DESSERT

Karotten-Kardamom-Eiscreme

ERGIBT 4 KUGELN

Vor einigen Jahren erweiterte ich mein Backgeschäft um eine Eiscreme-Manufaktur. Wir stellten nur drei Sorten her: Gewürz-Apple-Pie mit Toffee, Lemon Curd – und Karotte-Kardamom. Das Ganze war nur von kurzer Dauer, aber die Eiscreme war so gut – meinen alten Liebling musste ich einfach hervorkramen und mit Ihnen teilen.

ZUTATEN

4 Karotten, gehackt, plus etwas geraspelte Karotte, zum Garnieren

4 grüne Kardamomkapseln, leicht zerdrückt

200 g Sahne

50 ml Milch

2 Eigelb

100 g Zucker

50 ml Apfelsaft

essbare Blüten, zum Garnieren

Zubereitung

01   Karotten mit zerdrückten Kardamom-kapseln in einem Topf mit kochendem Wasser 20–25 Minuten weich köcheln lassen. Abgießen, die Karotten ohne Kardamomkapseln abkühlen lassen.

02   In einem zweiten Topf Sahne und Milch erwärmen. Eigelbe und Zucker verquir-len und unter ständigem Rühren immer ein wenig von der warmen Sahnemilch hinzugießen. So lange weitergießen, bis alles schön bindet; nicht aufkochen. Zurück auf den Herd stellen und bei sanfter Hitze unter ständigem Rühren cremig erhitzen. Abgekühlt in einen luft-dichten Behälter füllen.

03   Karotten und Apfelsaft im Mixer glatt pürieren und mit der abgekühlten Creme verrühren. Die Mischung in der Eismaschine nach Gebrauchsanleitung zu Eiscreme verarbeiten und 1 Stunde einfrieren.

04   Die Eiscreme zu Kugeln geformt mit essbaren Blüten und frisch geraspelter Karotte servieren.

Süßkartoffel

EIN HERZ AUS GOLD

ESSBARE TEILE

01 FLEISCH

Das Fleisch der Süßkartoffel variiert in Farbe und Festigkeit, aber alle Sorten sind essbar. Einige sind dabei, je nach Wassergehalt, besser zum Backen oder Zerstampfen geeignet. Das Fleisch lässt sich auf verschiedene Arten garen oder auch (in Maßen, wegen des Oxalsäuregehalts) roh essen; anders als Kartoffeln enthält Süßkartoffelfleisch nicht das giftige Solanin und auch keine Toxine wie die meisten Yamswurzeln, die immer erst gekocht werden müssen.

02 SCHALE

Die Schale ist essbar und voller Nährstoffe – dort sind die Antioxidanzien dreimal konzentrierter als im Fleisch. Sie sollte deshalb, wenn möglich, immer mitverwendet werden.

BLÄTTER

Eher in afrikanischen Ländern in Gerichten verarbeitet. Ich konnte die Blätter der Wurzelknolle probieren, als ich auf den Fidschi-Inseln arbeitete. Sie sind ideal als essbares Päckchen, um Speisen vor dem Backen einzuwickeln, oder sie werden gehackt und gedünstet wie Spinat serviert. Im Gemüsegarten einfach regelmäßig, aber nie mehr als ein Drittel der Ranken, schneiden und die Blätter ernten.

Einer meiner stolzesten Momente als kleiner Enkel war meine erste Süßkartoffelernte mit meinem Großvater in seinem Gemüsegarten. Ich weiß noch genau, wie ich die tiefschwarze Erde abrubbelte und darunter erdige, kupferfarbene Haut hervorschimmerte – seitdem grabe ich nach Gold.

PFLANZE

Die Süßkartoffel ist ein mehrjähriges Windengewächs aus derselben Ordnung wie Tomate und Chilischote. Sie bildet eindrucksvolle herzförmige Blüten aus. Die essbare Wurzelknolle kann bis zu 30 cm lang werden. Weltweit werden Hunderte, wenn nicht Tausende Sorten angebaut. Helleres Fleisch ist meist fester, während es bei dunkeloranger Tönung weicher und saftiger ist. Alle schmecken süßlich mit buttrigen, erdigen Untertönen. Die Süßkartoffel ist ein sehr gesundes Gemüse – mit besonders viel Vitamin A und C, Eisen, Kalium und Ballaststoffen – und eine gute Quelle von komplexen Kohlenhydraten.

KOCHTIPPS

Süßkartoffeln können gekocht, geröstet, zerstampft, püriert oder gegrillt werden. Sie harmonieren gut mit scharfen und kräftigen Aromaten wie Kreuzkümmel, Chipotles (geräucherte Jalapeños), Paprikapulver, Zimt und Muskatnuss. Eisenhaltiger Spinat und Grünkohl sind ideal, um die natürliche Süße aufzufrischen. Herrlich gebacken mit Zimtbutter und geräuchertem Meersalz. Rustikal: Süßkartoffeln direkt auf heißen Kohlen backen, sodass die Schale schwarz und das Fleisch weich und luftig ist. Oder Süßkartoffelpommes backen oder frittieren (samt Schale noch süßer) – mit Paprikapulver und Meersalz bestreuen, dazu Mango-salsa und Chimichurri-Salz servieren.

ZUBEREITUNG

Wählen Sie Süßkartoffeln, die sich schwer und fest anfühlen und nicht weich. Nicht im Kühlschrank aufbewahren, das lässt die Mitte hart werden und verringert den Geschmack. Meistens bereite ich Süßkartoffeln mit Schale zu, denn sie ist nährstoffreich und lässt auch bei großer Hitze das darunterliegende Fleisch nicht zusammenfallen. Ich schrubbe die Schale leicht ab und schneide die Wurzelknolle in Scheiben oder Würfel. Geschälte rohe Süßkartoffeln in kaltem Wasser oder in einem verschlossenen Behälter im Kühlschrank bis zur Verarbeitung aufbewahren, damit sie nicht austrocknen oder sich verfärben.

ZERO WASTE

Meine liebste Resteverwertung: Süßkartoffelwürfel mit schwarzen Bohnen in einem scharfen Veggie-Chili, gebraten mit Grünkohl und Limabohnen im Stampf, zum Brunch oder gerieben in einer Quesadilla mit gegrilltem Käse und Koriander. Jederzeit verfügbar: Süßkartoffeln würfeln, blanchieren und einfrieren (s. S. 46). Auch perfekt für Desserts. In einer süßen Pie statt Kürbis Süßkartoffeln im Püree (s. S. 179) verwenden oder statt Karotte im Karottenkuchen. Süßkartoffelchips sind der Hit: Geröstet mit etwas Öl oder frittiert bekommen sie einen tollen Crunch. Heiß mit geräuchertem Meersalz, geräucherten Chiliflocken und Kokosraspeln bestreuen.

SORTEN

'BEAUREGARD'

Die häufigste Sorte im Verkauf, mit gleichmäßiger elliptischer Form und leicht zulaufenden Enden. Einfach zuzubereiten. Hat eine halbglatte Schale, feinkörniges dunkeloranges Fruchtfleisch und einen süßen, leicht nussigen Geschmack. Lässt sich gut backen, garen oder zerstampfen.

LILA SÜSSKARTOFFEL

Festes, tiefrotes Fleisch mit wenig Feuchtigkeit und leicht säuerlich. Passt kräftig gewürzt gut zu Röstgerichten. Auch als Dessert geeignet. Wie viele violette Nahrungsmittel enthält sie viele Antioxidanzien.

'HANNAH'

Mittlere bis große Süßkartoffel mit bauchiger, länglicher Form und rostbrauner bis gelbbrauner Schale. Das wollweiße Innere wird gekocht hellgelb. Fest, aber mild, leicht süßlich und trockener in der Textur als 'Beauregard', von kartoffelähnlicher Konsistenz, und somit ideal zum Zerstampfen.

'JEWEL'

Eine weitere sehr beliebte Sorte, vor allem in den USA, mit kupferfarbener Schale und strahlend orangem Fleisch, das saftig und mild ist.

'GARNET'

Hat eine rote oder violette Schale mit dichtem, orangem Fleisch und gebacken einen kräftigen Geschmack. Großartig für Gnocchi.

LEICHTER LUNCH

Süßkartoffelsuppe mit roten Linsen
FÜR 4 PERSONEN

Es gibt wenige Zutaten, die man so beiläufig zu Suppe, Eintopf oder Dal hinzufügen kann, die aber trotzdem eine große Wirkung entfalten, wie die Süßkartoffel. Sie verleiht jedem Grundrezept eine süße, kraftvolle Säure und eine solide Basis. In einer Bowl explodiert die Süßkartoffel in einem Tieforange und wird so zu meiner Lieblingszutat in den dunklen Monaten. Die Süßkartoffelsuppe meiner Mum ist in unserer Familie heiß geliebt – rote Linsen sorgen für eine erdige Tiefe. Am Gaumen ist die Suppe klar und direkt; sie passt wunderbar zu knusprigem Brot. Danke, Mum!

ZUTATEN

2 EL Olivenöl

1 Zwiebel, gehackt

2 Knoblauchzehen, gerieben

1 EL frisch geriebener Ingwer

1 Karotte, gewürfelt

3 Süßkartoffeln, gewürfelt

1 rote Paprikaschote, klein geschnitten

1 Stange Staudensellerie, klein geschnitten

200 g rote Linsen, gewaschen und abgetropft

1 Dose stückige Tomaten (400 g)

1,5 l Gemüsebrühe

1 EL Zitronensaft

1 TL Paprikapulver edelsüß

1 TL Meersalz

½ TL frisch gemahlener schwarzer Pfeffer

gehackte glatte Petersilie, zum Garnieren

Zubereitung

01 Das Olivenöl in einem großen Topf erhitzen und die Zwiebeln darin bei geschlossenem Deckel 5 Minuten weich schmoren.

02 Knoblauch, Ingwer, Karotten-, Süßkartoffelwürfel, Paprika- und Selleriestücke hinzufügen. Gemeinsam weitere 3–5 Minuten bei geschlossenem Deckel schmoren.

03 Rote Linsen 1 Minute unterrühren, damit sie von dem Öl überzogen sind. Dann Tomaten und Brühe hinzufügen.

04 Den Sud mit Zitronensaft, Paprikapulver, Salz und Pfeffer verfeinern, je nach Geschmack auch mehr oder weniger von diesen Zutaten verwenden. Aufkochen, die Hitze reduzieren und die Suppe bei geschlossenem Deckel 20 Minuten köcheln lassen (oder bis das Gemüse weich ist). Gelegentlich umrühren und nach Bedarf noch etwas kochendes Wasser hinzufügen, damit nichts am Boden ansetzt.

05 Im Mixer oder mit dem Stabmixer zur gewünschten Textur pürieren und, nach Belieben, noch etwas kochendes Wasser einrühren. Mit gehackter Petersilie bestreuen und servieren.

HAUPTGERICHT

Süßkartoffel-Falafeln mit Quinoa-Taboulé und Kurkuma-Roti

FÜR 4 PERSONEN

Geröstete Süßkartoffeln sorgen für Karamellnoten, während getrocknete Aprikosen die natürliche Süße betonen. Ich würze das Fladenbrot, rühre Chili in den säuerlichen Joghurt und verstärke mit Kräutern das Erdige im Taboulé. Die Stärke hält alles zusammen und nimmt wie ein geselliger Gastgeber das vorlaute Geplauder auf.

Zubereitung

01   Den Backofen auf 200 °C vorheizen. Für die Falafeln die Süßkartoffeln mit Olivenöl beträufelt 30–35 Minuten rösten.

02   Für das Fladenbrot sämtliche Zutaten mit 100 ml Wasser zu einem Teig verkneten. Abgedeckt 30 Minuten zimmerwarm ruhen lassen, dann vierteln. Auf einer bemehlten Fläche zu vier Scheiben ausrollen. In einer heißen Grillpfanne 2–3 Minuten von jeder Seite backen, unter einem Küchentuch warm halten.

03   Süßkartoffeln mit Kichererbsen, Knoblauch-, Aprikosenwürfeln, Kichererbsenmehl, Backpulver und Harissa im Mixer zerkleinern. Mit Salz abschmecken und zu Bällchen formen. Etwas Kichererbsenmehl hinzufügen, falls sie sich zu feucht anfühlen. In Sesam wenden und auf einem Backblech verteilt 45–60 Minuten im Ofen backen.

04   Für das Taboulé sämtliche Zutaten vermischen. Als Bett für die Falafeln anrichten, dazu Fladenbrote, Joghurt und Zhoug (s. S. 97) servieren.

ZUTATEN

Süßkartoffel-Falafeln

2 Süßkartoffeln, geschält und gewürfelt

1 EL Olivenöl

200 g Kichererbsen, gegart und abgetropft

2 Knoblauchzehen, gewürfelt

50 g getrocknete Aprikosen, gewürfelt

2 EL Kichererbsenmehl

1 TL Backpulver

1 TL Harissa (nordafr. Gewürzpaste)

½ EL Meersalz

2 EL Sesam

Kurkuma-Roti

250 g Mehl, plus mehr zum Arbeiten

2 EL Joghurt

1 EL Olivenöl

2 TL gemahlene Kurkuma

½ TL Salz

Quinoa-Taboulé

je 4 EL gehackte Minze und glatte Petersilie

500 g Quinoa, gegart

50 g sonnengetrocknete Tomaten, gewürfelt

1 EL Kapern

1 EL Olivenöl

Zum Servieren

4 EL Joghurt, abgetropft (oder Labneh)

1 EL Zhoug (orient. Gewürzpaste)

BRUNCH

Getoastete Süßkartoffel mit Misobutter

FÜR 2 PERSONEN

Vor einigen Jahren waren Süßkartoffeln ein echter Hype und wurden in hippen Surfer-Cafés serviert – dies ist meine Interpretation. Die Misobutter liefert eine köstliche malzige Tiefe und wird zum seidigen Umamibelag, der auf dem gerösteten Toast schmilzt. Zimt ist meine Geheimzutat.

ZUTATEN

1 Süßkartoffel, längs in 1 cm dicke Scheiben geschnitten

50 g veganer Butteraufstrich

1 TL Misopaste

1 Prise gemahlener Zimt

1 Avocado, geschält, entsteint und in Scheiben geschnitten

2 EL Sauerkraut

1 Handvoll Salatblätter

1 EL geröstete Kerne und Samen (Sonnenblumen-, Kürbiskerne und Hanfsamen)

1 EL Olivenöl

½ TL Meersalz

Zubereitung

01 Die Süßkartoffelscheiben im Toaster rösten. Wiederholen, bis sie etwas weicher werden und an einigen Stellen Blasen werfen und sehr dunkel werden.

02 In einer kleinen Schüssel veganen Butteraufstrich und Misopaste mit 1 Prise Zimt verrühren. Den noch warmen Süßkartoffeltoast damit bestreichen.

03 Avocadoscheiben, Sauerkraut, Salatblätter und geröstete Kerne und Samen auf Tellern anrichten. Mit Olivenöl beträufeln und mit Salz bestreut servieren.

(Spät-)Kartoffel

SÄCKEWEISE SÄTTIGENDES

01

'Red Duke of York'

'Maris Piper'

'King Edward'

'Alouette'

'Orla'

ESSBARE TEILE

01 SCHALE

Diese nährstoffreiche Schicht ist essbar. Gesäubert kann sie verzehrt werden, und die Kartoffeln schmecken mit Schale hervorragend als Pommes frites, Backkartoffeln oder rustikale Bratkartoffeln. Schwarze oder grüne Stellen in Schale und Kartoffel herausschneiden.

FLEISCH

Es ist meist fest. Spätkartoffeln oder Lagerkartoffeln sind entweder (vorwiegend) festkochend oder mehligkochend. Die festkochenden Sorten können auf jede mögliche Weise zubereitet werden, denn sie behalten ihre feste Form, während mehligkochende Sorten schnell auseinanderfallen und luftig-locker werden. Sie sind deshalb perfekt für Kartoffelstampf, Pommes frites und Röstkartoffeln. Sie sollten sich fest anfühlen und sind meist cremig-gelb.

Überall auf der Welt steht dieses Knollengemüse hoch im Kurs. Und nicht ohne Grund, denn es ist billig, sättigend, voller Geschmack und unter seiner Schale versteckt sich Potenzial. Wer einen Sack Knollen kauft, wird nie mehr hungern.

PFLANZE

Kartoffeln werden aus Pflanzkartoffeln angebaut, dies sind eher kleine Knollen als echte Samen. Vor dem Pflanzen werden sie vorgekeimt, um das Wachstum anzuregen. Zeigen sich kleine Wurzeln, werden sie gepflanzt und mit Erde bedeckt, damit die Knollen nicht grün und ungenießbar werden. Die Erntezeit ist abhängig von der Sorte, doch Sie können von Mai bis Oktober ernten. Ihr gesundheitlicher Nutzen wird oft übersehen, da die gegarte Kartoffel oft von Fetten und Ölen überzogen ist, doch sie ist reich an Vitamin B6, Kalium und Ballaststoffen.

KOCHTIPPS

Kartoffeln 50–75 Minuten backen oder 15–25 Minuten (je nach Größe) garen und in Olivenöl mit Zitronenabrieb, Salz und Pfeffer wenden. Zum Frittieren das Öl auf 180 °C erhitzen; Kartoffeln erst blanchieren oder einweichen, damit sie Wasser verlieren und knuspriger werden. Röstkartoffeln 10 Minuten kochen, 10 Minuten abtropfen lassen, damit die Feuchtigkeit verdampft, und in einem Sieb schwenken, um das Äußere aufzurauen. Im Backofen 3–4 EL Pflanzenöl in einer Auflaufform auf 200 °C erhitzen, die Kartoffeln darin 20 Minuten rösten und wenden, beides noch bis zu zwei Mal wiederholen. Die Röstkartoffeln mit Meersalz bestreuen; Paprikapulver, Meerrettich, Schnittlauch, Lauch, Knoblauch, Rosmarin, Trüffeln und Frühlingszwiebeln sind gute Begleiter.

ZUBEREITUNG

Wählen Sie makellose Kartoffeln und Exemplare ohne Risse oder grüne Stellen. (Die enthalten mehr vom giftigen Solanin und sollten vor dem Verzehr entfernt werden. Keine Kartoffeln essen, die ganz grün sind.) Vor dem Einlagern feuchten Schmutz abschrubben. In und unter der Schale sitzen die Nährstoffe – also am besten nicht schälen. Wenn doch, die Schale möglichst weiterverwenden (s. *Zero Waste*). In vielen Fällen kann eine feste Gemüsebürste statt Gemüseschäler eingesetzt werden.

ZERO WASTE

Kartoffeln dunkel und gut belüftet lagern – liegen sie zu hell und warm, keimen sie und bekommen grüne Triebe (s. *Zubereitung*). Chips sind eine gute Wahl zur Verwertung: Kartoffeln mit dem Gemüsehobel in dünne Scheiben hobeln. Diese 1 Stunde in Wasser legen, um Stärke zu entfernen. Die Scheiben trocken tupfen und in Pflanzenöl portionsweise 3–4 Minuten goldbraun frittieren. Herausnehmen, auf Küchenpapier abtropfen lassen und mit Meersalz bestreuen. Zum Haltbarmachen Kartoffeln in Streifen schneiden und vor dem Einfrieren blanchieren. Die Schale hat überraschend viel Geschmack, wird sie gebraten, gegart oder geröstet: frittieren und mit Meersalz und frisch gehackten Kräutern verfeinern – fertig sind knusprige Pommes. Saubere Schalen für eine erdige Note in Gemüsebrühe geben.

SORTEN

'KING EDWARD'

Alte Sorte, großartig zum Backen und Rösten. Groß, mit weißer Schale und oval. Leicht rosa, mehligkochend und exzellent im Geschmack.

'MARIS PIPER'

Mit cremefarbenem dichtem, festem Fleisch. Toll für Pommes und Wedges, mehligkochend. Lässt sich gut rösten.

BACKKARTOFFELN

Größere, dickschalige Kartoffeln wie 'Russet', 'Vivaldi', 'Melody' und 'Sante' sind ideal als Backkartoffeln.

ROTE KARTOFFELN

Knackig und festkochend mit buttrigem Geschmack und rubinroter Schale. Das feste Fleisch ist gelb bis weiß und glatt. Exzellent für alle Zubereitungsarten.

VITELOTTE

Klein und rund bis länglich, peruanische Sorte, wird immer beliebter. Dünne Schale, dunkelviolettes Fleisch. Enthält wenig Stärke, dadurch knusprig.

GELBFLEISCHIGE

Die Schale ist hellbraun bis golden, das Fleisch meist sattgelb und vorwiegend festkochend; klassische Sorte: 'Bintje'. Nach dem Kochen buttrig und samtig.

BAMBERGER HÖRNCHEN

Diese langen, fingerförmigen Kartoffeln sind geröstet wunderbar und perfekt für einen spätherbstlichen Kartoffelsalat.

BRUNCH

Kartoffelplätzchen mit Pilzragout

FÜR 2 PERSONEN

Es muss an meinem irischen Blut liegen, aber für mich ist dieses Kartoffelplätzchen der Inbegriff von Luxus – dekadent mit garantiertem Wohlgefühl. Eine herzhafte Balance zwischen buttrigen und fleischigen Texturen, und es verwertet Reste vom Kartoffelstampf. Rosmarin verstärkt hier die Aromen des Kartoffelplätzchens.

ZUTATEN

250 g Kartoffeln, geschält und geviertelt

1 Ei, verquirlt

2 EL Mehl, plus mehr zum Arbeiten

1 Prise Backpulver

½ TL Meersalz

1 TL gehackte Rosmarinnadeln

1 EL Olivenöl

Topping

50 g Butter

200 g große Pilze, in Scheiben geschnitten

1 Schalotte, fein gewürfelt

2 Knoblauchzehen, klein geschnitten

1 TL Paprikapulver edelsüß

½ TL getrockneter Thymian

50 ml Sherry

100 g Sahne

Meersalz und frisch gemahlener schwarzer Pfeffer

2 Eier

1 EL Apfelessig

1 Handvoll Salatblätter

1 EL gehackte Walnusskerne

Zubereitung

01 Die Kartoffeln 15–20 Minuten garen, bis sie sich mit einem Messer leicht einstechen lassen. Abtropfen lassen und mit dem Kartoffelstampfer oder einer Gabel zerstampfen. Verquirltes Ei und Mehl untermischen, damit die Masse etwas fester wird. Backpulver, Salz und Rosmarin unterrühren. Auf einer bemehlten Arbeitsfläche aus der Masse einen großen flachen runden Puffer (nach dem Backen teilen) oder zwei kleinere Puffer formen.

02 Eine Grillpfanne erhitzen und mit Öl ausstreichen. Das Kartoffelplätzchen darin 5–6 Minuten auf jeder Seite goldbraun und fest backen.

03 Inzwischen für das Topping die Butter in einer Pfanne zerlassen und Pilze, Schalottenwürfel und Knoblauch mit Paprikapulver und Thymian darin anbraten. Nach 5–6 Minuten, wenn die Pilze karamellisiert sind, die Pfanne mit Sherry ablöschen und die Sahne einrühren. Mit Salz und Pfeffer abschmecken.

04 Zum Schluss die Eier pochieren: Wasser in einem Topf aufkochen, den Apfelessig hinzufügen. Alles verwirbeln, die Eier einzeln in den Wirbel aufschlagen und 2–3 Minuten sprudelnd kochen. Mit dem Schaumlöffel herausheben.

05 Pilzragout und 1 pochiertes Ei auf jedem Kartoffelplätzchen anrichten. Mit Salatblättern und Walnussstücken garnieren, alles nach Belieben mit Pfeffer bestreuen.

HAUPTGERICHT

Gefüllte Kartoffeln

FÜR 2 PERSONEN

Gefüllte Schalen sind Seelentröster und können mit jeder Menge Geschmack beladen werden. Diese wärmenden, würzigen Ofenkartoffeln mit knuspriger Hülle haben eine butterweiche, saftige Füllung, die mit Käse und schwarzen Bohnen gehaltvoll wird. Experimentieren Sie mit Lauch und Senf, drei Käsesorten, Baked Beans, oder Süßkartoffel. Kreative Resteverwertung!

ZUTATEN

3–4 Ofenkartoffeln

1 TL Olivenöl

120 g schwarze Bohnen, gegart

100 g Hartkäse (z. B. Cheddar), gerieben

½ rote Zwiebel, fein gewürfelt

1 EL gehackte geröstete rote Paprikaschote

1 EL grob gehacktes Koriandergrün

1 EL gehackte Jalapeño-Schote

Meersalz und frisch gemahlener schwarzer Pfeffer

1 Prise Paprikapulver edelsüß

Zum Servieren

Sour Cream

Tomatensalsa

Krautsalat

Guacamole (s. S. 111)

Salatherzen, gehobelt

Zubereitung

01 Den Backofen auf 220 °C vorheizen. Die Kartoffeln mehrfach einstechen und mit dem Olivenöl einreiben, so im Ofen 1 Stunde backen. Dann herausnehmen und kurz abkühlen lassen. Nicht pellen, aber längs halbieren.

02 Das Fleisch herauslöffeln und in einer großen Schüssel die Hälfte davon mit Bohnen, Käse, Zwiebel, Paprikastücken, Koriandergrün und Jalapeño-Stücken mischen. Das restliche Kartoffelfleisch für ein anderes Rezept wie Kartoffelplätzchen (s. S. 207) aufbewahren.

03 Die Masse mit Meersalz, Pfeffer und Paprikapulver abschmecken.

04 Die Füllung zurück in die Schalen streichen, alles noch 15 Minuten im Ofen backen. Mit Sour Cream, Salsa, Krautsalat, Guacamole und Salat servieren.

LEICHTER LUNCH

Kartoffel-Lauch-Suppe

FÜR 2 PERSONEN

Manchmal wird aus etwas Einfachem, Gewöhnlichem etwas kulinarisch Außergewöhnliches. Wie eine Schüssel mit dieser Kartoffel-Lauch-Suppe. Diese Suppe ist bodenständig und rustikal, aber zugleich samtig weich und die Mühe wert, sie für jemand Besonderen zuzubereiten.

Zubereitung

01 Die Butter in einem großen Topf zerlassen. Kartoffeln und Lauch 5 Minuten darin anschwitzen. Brühe und Lorbeer hinzufügen.

02 Aufkochen und 20 Minuten köcheln lassen, bis die Kartoffeln weich sind.

03 Inzwischen für die Croûtons die Kartoffelwürfel 8–10 Minuten in Salzwasser garen, abtropfen lassen. Das Öl in der Pfanne erhitzen und die Kartoffelwürfel mit Salz und Thymian in 10–12 Minuten knusprig braten.

04 Zum Schluss Milch, Meerrettichsauce (falls verwendet), Salz und weißen Pfeffer in die Suppe rühren. Das Lorbeerblatt entfernen. Alles mit dem Stabmixer kurz sämig pürieren. In Schüsseln anrichten, mit knusprigen Croûtons und beträufelt mit Schnittlauchöl (falls verwendet) garnieren.

ZUTATEN

50 g Butter

250 g mehligkochende Kartoffeln, geschält und gewürfelt

1 Stange Lauch, fein gewürfelt

1,2 l Gemüsebrühe

1 Lorbeerblatt

150 ml Milch

1 TL Meerrettichsauce (nach Belieben)

½ TL Meersalz

½ TL frisch gemahlener weißer Pfeffer

Schnittlauchöl, zum Beträufeln (nach Belieben)

Croûtons

1 vorwiegend festkochende Kartoffel, klein gewürfelt

½ TL Meersalz, plus mehr zum Kochen der Kartoffeln

2 EL Olivenöl

1 Zweig Thymian

»

*In den kalten Monaten kochen
wir kräftiges und bescheidenes
Wintergemüse wie Kohl oder Wurzeln.
Dieses Wohlfühlessen nährt
Körper und Seele.*

«

WINTER

(Winter-)Kohl

GUT BIS INS HERZ

Rotkohl

Wirsing

01

02

Weißkohl

ESSBARE TEILE

01 BLÄTTER

Alle Kohlblätter sind essbar. Sie sind oft mit einer wachsartigen Schicht überzogen. Eventuell die Blattrippen größerer Blätter herausschneiden, da sie länger garen. Die äußeren Blätter sind dunkler und reich an Vitamin C.

02 STRUNK

Ist bei vielen Kohlsorten faseriger als der Rest und kann am besten für einen Krautsalat oder fein gewürfelt verwendet werden. Er schmeckt zudem bitterer und muss länger kochen als die Blätter.

STIEL

Kohlstiele sind essbar, aber bekanntermaßen holzig und können unangenehm schmecken. Ich vermeide es, sie zu kochen, und beginne mit dem Schneiden und Hobeln an der Stelle, an der die Blätter aus dem Stiel wachsen.

Kindheitserinnerungen an zerkochten Kohl verfolgen viele von uns, doch Sauerkraut hat Kohl wieder zum Trend gemacht. Eine großartige Nachricht – wird Kohl richtig gekocht, bietet er feine Aromen und maßgeschneiderte Eleganz.

PFLANZE

Bei kühlen Temperaturen gewachsener Kohl bildet einen dichten Kopf aus Blättern um einen ausgeprägten Strunk. Er hat einen einzigartigen pfeffrigen, grasigen und süßen Geschmack und gehört zur Familie der Kreuzblütengewächse. Kohlsorten wie Weißkohl, Rosenkohl und Blumenkohl schmecken wegen ihrer schwefelhaltigen Senföle (Glucosinolate) in den Blättern leicht bitter. Kohl hat einen kurzen Stiel und wird wegen seiner Form Kopfkohl genannt. Er liefert Vitamin C, K und B6 sowie Kalium, Riboflavin und Eisen. Die äußeren Blätter enthalten mehr Vitamin E und schmecken meist mehr nach Kohl als die inneren Blätter.

KOCHTIPPS

Kohl kann gedünstet, blanchiert, geschmort, geröstet und pfannengerührt werden. Nicht zu lange kochen, sonst riecht er unangenehm und verliert seine Nährstoffe. Zum Blanchieren 3–5 Minuten kochen, dann in kaltem Wasser abschrecken, wird er noch gebraten. Roh schmeckt er im Krautsalat oder mit Öl und Zitrone mariniert. Pfannenrühren ist ebenfalls ideal. Rotkohl reagiert besser auf langsames Garen, wird er eingelegt oder mit kräftiger Bratflüssigkeit zubereitet. Oder 5–10 Minuten in Brühen oder Rotwein dünsten. So behält er Biss und Süße. Die leicht bitteren Aromen passen zu Sojasaucen, Kräutern, Trockenfrüchten, gerösteten Nusskernen und Gewürzen.

ZUBEREITUNG

Wählen Sie frischen Kohl mit knackigen, festen und dicht anliegenden Blättern, die sich schwer anfühlen. Meiden Sie Exemplare mit Löchern, durch die Insekten ins Innere gelangt sind, und entfernen Sie beschädigte äußere Blätter. Den sehr festen Strunk entfernen. Falls nötig, Erde und Schmutz abspülen. Kohl tut eine einfache Zubereitung sichtlich gut, deshalb die Blätter einfach nur klein hobeln, klein hacken oder auch ganz lassen. Wird der Kohl dünn gehobelt, kann er schnell und bissfest durchgegart werden.

ZERO WASTE

Kohl hält sich dunkel und kühl bis zu 7 Tage, im Kühlschrank sogar länger. Fein gehackte Reste kommen mit Röstkartoffeln in eine rustikale Kartoffelpfanne. Dazu pochiertes Ei und Cranberrysauce für einen Zero-Waste-Brunch servieren. Kohlreste sind klasse für gebratenen Reis mit Ei und dazu Sojasauce, geröstete Sonnenblumenkerne und Paprikawürfel. Knusprige Algen werden oft mit fein gehobeltem Kohl zubereitet – in heißem Öl frittiert und mit Rohrohrzucker, Sesam, Fünf-Gewürze-Pulver und Meersalz verfeinert. Kohl wird für Sauerkraut und Kimchi verwendet (s. S. 284–285) oder kann so am besten haltbar gemacht werden.

SORTEN

WEISSKOHL

Mit großen, wächsernen Blättern, die einen dichten Kopf aus übereinanderliegenden Schichten bilden. Roh sehr fest, gekocht aber weicher. Mit süßem, grasigem Senfgeschmack.

WIRSING

Grüne, krause Blätter, die lockerer als beim Weißkohl um ein dichtes Herz liegen. Durch die große Oberfläche ist er ideal zum Grillen, Schmoren oder Braten mit Butter und Salbei. Hat einen knackigen Biss, wird er gehobelt und roh serviert. Gegart: süß und erdig, mit leicht bitterem Nachgeschmack.

ROTKOHL

Mit weinroten, dicken, wächsernen Blättern. Anthocyane produzieren die pinken, roten und purpurnen Farben, wodurch der Rotkohl noch gesünder als grüne Sorten ist. Die kräftige, pfeffrige Note und die knackige Textur passen gut zu gehaltvollen Gewürzen, Früchten und Nusskernen, mit festlichem Beiklang.

JAROMA

Sozusagen der Urkohl, flacher als Weißkohl, die Blätter sitzen etwas luftiger. Gut bekömmlich.

PAK CHOI

Auch als Chinesischer Senfkohl bekannt, hat dicke, knackige weiße Stiele mit biegsamen ovalen, grünen Blättern. Mild im Geschmack und gekocht von erdiger Süße. Auch roh genießbar.

HAUPTGERICHT

Wirsingrouladen mit fermentiertem Kürbis und Madeira-Pflaumen
FÜR 2 PERSONEN

Meine Frau Holly ist meine strengste Kritikerin. Sie liebt dieses Gericht – ein Kompliment, das ich voller Stolz mit Ihnen teilen möchte. Die Kohlblätter sind mit Maronen und Kräuterpilzen gefüllt. Der fermentierte Kürbis harmoniert gut zu den erdigen, gerösteten Kohlblättern. Aus den Pflaumen lässt sich eine umamisüße Sauce zaubern.

ZUTATEN

6–8 große Wirsingblätter, dickste Teile der Blattrippen entfernt

1 EL Walnussöl

500 g fermentierter Kürbis, in Spalten geschnitten (s. S. 282–285)

Meersalz

Ringelblumenblüten, zum Garnieren (nach Belieben)

frisch geriebener Parmesan (nach Belieben)

Füllung

50 g Butter

100 g Pilze, fein gewürfelt

1 Schalotte, fein gewürfelt

1 Knoblauchzehe, fein gewürfelt

1 TL gehackter Thymian

1 TL gehackte Rosmarinnadeln

50 g Panko (jap. Semmelbrösel)

½ TL Meersalz

½ TL frisch gemahlener schwarzer Pfeffer

100 g Maronen, gegart und geschält, plus mehr, gerieben, zum Garnieren

1 EL Orangenabrieb

Madeira-Pflaumen

12 Pflaumen

150 ml Madeirawein

200 ml Gemüsebrühe

1 Zweig Thymian

25 g Butter

Meersalz

Püree

250 g fermentierte Kürbisspalten

½ TL Xanthan (Geliermittel)

½ TL Meersalz

Zubereitung

01 Die Wirsingblätter 2–3 Minuten in kochendem Wasser blanchieren, bis sie biegsam sind. Dann in Eiswasser abschrecken. Den Backofen auf 200 °C vorheizen.

02 Für die Füllung die Butter in einer Pfanne zerlassen und Pilz-, Schalotten- und Knoblauchwürfel, Thymian und Rosmarin darin weich dünsten. Vom Herd nehmen und abkühlen lassen.

03 Panko mit Salz und Pfeffer vermengen und mit Pilzmischung, Maronen und Orangenabrieb im Mixer per Pulsefunktion grob pürieren.

04 Auf jedes Wirsingblatt 1 Handvoll Füllung setzen. Die Blätter zu Päckchen falten, auf ein Backblech legen und mit Walnussöl einpinseln. Die fermentierten Kürbisspalten dazulegen und alles im Backofen 20 Minuten backen.

05 Inzwischen in einem Topf die Pflaumen in Madeira bei mittlerer Hitze 20 Minuten einweichen lassen. Brühe und Thymian hinzufügen. So 10–12 Minuten leicht köcheln lassen, dann die Flüssigkeit in 10 Minuten süß und klebrig einkochen. Butter und Salz hinzufügen. Alles zu einer glänzenden Sauce verrühren.

06 Für das Püree den fermentierten Kürbis im Mixer mit Xanthan und Salz glatt pürieren und im Topf erwärmen.

07 Wirsingrouladen, Röstkürbis, Kürbispüree und Pflaumen anrichten, mit geriebenen Maronen, Meersalz und Ringelblumenblüten sowie Parmesan (falls verwendet) abrunden.

BEILAGE

Rotkohl mit Schlehen und Maronen

FÜR 4 PERSONEN

In der saisonalen Küche finden sich viele feine Nuancen. Wie sich das Angebot im Laufe des Jahres ändert, so tun dies auch die Düfte vom Herd. Jedes Jahr, wenn wir Rotkohl geliefert bekommen, freue ich mich, dieses Gericht zuzubereiten und es neu zu interpretieren. Dieses Gericht füllt das Haus mit einer Winterwärme und markiert den Beginn einer neuen Jahreszeit. Zudem ist es einfach und rustikal, etwas Licht in den dunkelsten Monaten.

ZUTATEN

50 g Butter

1 Rotkohl, Strunk entfernt, in feine Streifen geschnitten

2 rote Zwiebeln, in Streifen geschnitten

4 Gewürznelken

3 Sternanis

1 Zimtstange

250 g säuerliche Äpfel (z. B. Boskop), geschält, Kerngehäuse entfernt, gewürfelt

150 g Maronen, gegart, geschält und gehackt

150 ml Schlehenlikör

3 EL Apfelessig

75 g Rohrzucker

½ TL Meersalz

½ TL frisch gemahlener schwarzer Pfeffer

3–4 Zweige Thymian, zum Servieren

Zubereitung

01 Den Backofen auf 150 °C vorheizen. Die Butter in einem ofenfesten Schmortopf mit geschlossenem Deckel bei mittlerer Hitze zerlassen. Rotkohl und Zwiebeln mit Gewürznelken, Sternanis und Zimtstange 10 Minuten mit geschlossenem Deckel schmoren.

02 Apfelwürfel, Maronen, Schlehenlikör (nach Belieben samt eingeweichten Schlehen), Essig, Zucker sowie 200 ml Wasser unterrühren.

03 Den Topf mit Deckel in den Backofen stellen und den Kohl 1–2 Stunden schmoren. Nach 30 Minuten jeweils durchrühren und so lange garen, bis das Wasser verdampft und der Kohl zart und süß ist.

04 Mit Salz und Pfeffer abschmecken, die Zimtstange entsorgen. Die Thymianblätter abstreifen und den Rotkohl damit bestreuen.

BEILAGE

Winter-Krautsalat
FÜR 4 PERSONEN

*Krautsalat ist wahrscheinlich das groß-
artigste Zero-Waste-Gericht, das je erfunden wurde, und dieses feiert den Kohl
gebührend – ein einladender, bunter Win-
ter-Krautsalat mit spritzigem Orangen-
Senf-Dressing, mit Fenchelgrün gemischt.
Daraus wird eine vielseitige Beilage, die
mit Baked Beans, Burger, Salaten oder
Sandwiches serviert werden kann.*

ZUTATEN

½ Kopf Rotkohl, fein gehobelt
*¼ Kopf Weißkohl, fein
gehobelt*
*2 Frühlingszwiebeln, schräg
in Ringe geschnitten*
1 große Karotte, geraspelt
*1 Apfel, vom Kerngehäuse
befreit und grob gerieben*
1 EL Fenchelgrün

Dressing
1 EL Orangensaft
1 TL Apfelessig
1 TL grobkörniger Honigsenf
1 TL Olivenöl
Meersalz

Zubereitung

01 Für das Dressing in einer kleinen Schüssel sämtliche Zutaten, außer dem Salz,
verrühren und dann salzen.

02 Kohl, Frühlingszwiebeln und Karotte
in einer großen Schüssel mischen. Den
Apfel erst ganz zum Schluss untermischen, damit er sich an der Luft nicht
braun verfärbt. Auch das Fenchelgrün
hinzugeben und alles mit dem Dressing
gleichmäßig mischen.

03 Frisch als leichte, knackige Beilage servieren oder im Glase bis zu 2–3 Tage im
Kühlschrank aufbewahren. Am besten
aber regelmäßig in kleinen Portionen
zubereiten, denn das Gemüse verliert
leider seine Strahlkraft, wenn es aufbewahrt wird.

Lauch

VIELE SÜSSE SCHICHTEN

ESSBARE TEILE

01 BLÄTTER

Die flachen Blätter fächern sich am Ende aus. Sie sind dunkelgrün mit einem Hauch wunderschönem Winterblau und können bis zu 1 m lang werden. Die Blätter sind im Ganzen essbar, aber die Blattspitzen werden häufig weggeworfen, da sie faserig und anfällig für Porreerost (Pilzbefall) sind.

02 SCHAFT

Zylinderförmig, wilde Formen teils noch unten mit rundlicher Verdickung, bei Kulturformen aber oberhalb der Wurzeln gerade. Wächst aufrecht, die Blätter überlappen. Lauch ist zur Wurzel hin immer weiß. Für einen längeren weißen Abschnitt eine Pflanztiefe von 10–12 cm beachten und gegebenenfalls Erde anhäufeln.

03 WURZELN

Sie sind essbar und schwer zu säubern, doch einfach köstlich, wenn sie als Garnitur für Suppen gebraten werden. Ebenfalls gut in einem Pfannengericht oder wie Bohnensprossen mit Knoblaucharomen zu verwenden.

BLÜTENSCHAFT

Die Blütenknospen wachsen, wenn der Lauch im Spätfrühling schießt. Die essbaren Spitzen haben einen milden Lauchgeschmack und ein feines Knoblaucharoma. Ihre Textur erinnert an grünen Spargel. Der Lauch selbst jedoch wird durch die Blüte holzig und kann zwar noch geschmacksverstärkend mitgekocht werden, aber dann zum Servieren entfernen.

Lauch ist mein stetiger Begleiter. Für mich perfekt: vom süß-
lichen Weißen bis zu den bitteren grünen Spitzen. Eine feste
Lauchstange in der Hand, den süßen Lauchgeruch in der Nase
weiß ich, dass mein Essen daraus köstlich sein wird.

PFLANZE

Lauch gehört zu den Lauchgewächsen, verwandt mit Knoblauch und Zwiebel. Er schmeckt mild und süß, grasig und zart. Viele häufeln die Erde rund um das Ende der Zwiebel an, um die Chlorophyll-Produktion zu reduzieren und den weißen Anteil zu verlängern. Winterlauch hat den intensivsten Geschmack, während die kleineren jüngeren Stangen aus der Frühlingsanzucht süßer, zarter und weicher sind. Sie alle sind reich an Vitamin B6 und K. Zudem enthält Lauch natürliche Präbiotika, Insulin und Folsäure, die gut für Verdauung, Blutzuckerspiegel und Zellwachstum sind.

Abb. a

ZUBEREITUNG

Lauch sollte etwa Ø 2,5 cm haben, glatt und frisch aussehen, mit einem festen, makellosen weißen Abschnitt und steifen hellgrünen Blättern. Zu einigen Jahreszeiten zeigt sich Porreerost an den Blättern, aber keine Sorge, wenn nur einige gelbe Flecken an den Spitzen zu sehen sind. Diese abschneiden. Die Textur sollte durchgängig knackig sein.

Die Blätter einige Zentimeter über dem gespreizten v–förmigen Abschnitt abschneiden. Zwischen den Blättern sammelt sich oft Schmutz – deshalb die Lauchstange gründlich waschen. Ich schneide sie meist in der Mitte längs von der Mitte bis zu den Blattspitzen durch und viertele sie (**Abb. a**). Dann fächere ich den Lauch leicht auf und spüle ihn unter fließendem Wasser ab. Das überschüssige Wasser abschütteln – fertig.

Lauch ist zum Kleinschneiden echt ein Traum. Die Wurzeln sowie die Schichten halten beim Schneiden gut zusammen, und so lässt sich der Lauch ganz einfach in feine Streifen oder Würfel schneiden. Am besten den Stiel längs durchschneiden und die Schichten zu großen rechteckigen Blättern flach drücken: ein großartiger Ersatz für Lasagneblätter.

SORTEN

SOMMERLAUCH

Diese Sorten können im Herbst geerntet werden, 'King Richard' sogar schon im August. 'Gelber von Poitou' ist eine weitere sehr produktive und schnell wachsende Sorte mit grün-gelben Blättern, ganz im Gegensatz zu dem sonst meist blaugrünen Blattwerk. Sie ist nicht ganz so winterhart und sollte in der Regel geerntet werden, bevor es zu kalt wird. 'Carlton' ist schnell wachsend und kommt im Herbst aus der Erde – ein guter, milder Lauch der Zwischensaison.

WINTERLAUCH

'Musselburgh' ist eine beliebte alte Sorte, in Schottland gezüchtet, die sich den ganzen Winter über hält. Mit knackigen, süßen, weißen Stielen. Eine andere sehr zuverlässige Sorte ist 'Bleu de Solaise', deren Blätter sich nach dem ersten Frost zu einem dunklen Blau-grün verfärben, sehr kälteresistent.

BABYLAUCH

Die schlanken zylinderförmigen Stangen, die an Frühlingszwiebeln erinnern, sind Lauch, der nicht weiter wachsen durfte, und dem daher das dicke, gefächerte Blattwerk des ausgewachsenen Lauchs fehlt. Babylauch ist schön zart und wird gegart schmelzend weich. Im Ganzen essbar und perfekt zum Grillen. Er kann tatsächlich roh gegessen werden, so mild ist er.

FORTSETZUNG

Abb. b

KOCHTIPPS

Lauch ist schleimig – er enthält Polysaccharide, komplexe Kohlenhydrate, die Schleimstoffe bilden. Sie werden beim Kochen freigesetzt. Das natürliche Verdickungsmittel macht Lauch zur idealen Zutat in Suppen und Eintöpfen. Ich kombiniere Lauch gern mit Zitrone, Estragon, Cidre, Senf, geräuchertem Käse, brauner Butter und Fenchel. Sein feiner Geschmack passt gut zu Kerbel, Pastis, Koriandersamen und Selleriesalz.

Ein Lauch-Risotto mit Estragon, eingelegter Zitrone und Pilzen ist nicht ohne Grund ein echter Klassiker. Die Kombination ist einfach und köstlich: Lauch mit Knoblauch, Pilzen, Kapern und Estragon kurz anbraten und dann etwas Weißwein, Brühe und eingelegte Zitronen hinzufügen. Zum Schluss die knackigen Lauchspitzen in Öl anbraten und mit Estragonöl beträufeln, zum Risotto servieren (**Abb. b**).

Lauch macht sich unheimlich gut am Spieß gegrillt: Ganze Lauchstangen in einem hohen Suppentopf 4–5 Minuten blanchieren und dann in 2–5 cm breite Ringe schneiden. Von der Seite auf einen Holzspieß stecken und mit Szechuanpfeffer oder etwas Sriracha-Sauce würzen. Auf dem Yakitori-Grill oder über Holzkohle grillen. Die äußeren Schichten können dunkel rösten, aber die inneren bleiben zart und süß.

ZERO WASTE

Lauch bleibt ungeschnitten länger frisch. Nicht einfrieren, denn sonst schmeckt er schnell bitter und wird matschig. Am besten bis zur Verwendung in der Erde lassen – auch über den Winter. Gekauften Lauch im Kühlschrank aufbewahren und innerhalb von 5–10 Tagen verwenden. Zum Haltbarmachen den Lauch einmachen: Lauchstücke mit Estragon und Senf anbraten, dann dicht in ein sterilisiertes Schraubglas schichten. Mit einer 2 cm hohen Lage aus geklärter Butter mit Muskatnuss abdecken. Lauch aus dem Glas schmeckt köstlich auf geröstetem Sauerteigbrot.

Oder Lauchasche herstellen – das mag albern klingen, schmeckt aber überraschend köstlich und wird zu einem effektvollen Würzmittel: den Backofen auf 240 °C vorheizen und den Dunstabzug anstellen oder das Fenster öffnen, 1 Stange Lauch im Backofen schwarz, trocken und knusprig rösten – das dauert etwa 60–90 Minuten. Abkühlen lassen und ohne die ganz schwarzen Stellen als Würzmittel in Stücke brechen oder zu Pulver vermahlen. In einem luftdichten Behälter bis zu 1 Monat haltbar.

Lauchkroketten mit Algenflocken

ERGIBT 12–16 STÜCK

Das Problem mit diesen Kroketten ist, dass man nie genug davon bekommt. Die mundgerechten Happen sind herzhaft, köstlich und cremig – von außen knusprig und von innen weich und saftig. Ich habe schon immer gern Kroketten gegessen, aber wenn sie ohne Lauch sind, dann lohnt sich die Mühe der Zubereitung für mich kaum. Lauch sorgt für eine deutliche und typische Schärfe, ohne andere Aromen zu überdecken. Dieses Gericht vereint die beiden besten Freunde Lauch und Kartoffel.

ZUTATEN

50 g Butter

1 große Stange Lauch (oder 2 kleine Stangen), fein gewürfelt

1 EL getrockneter Estragon

1 EL Algenflocken

450 g Kartoffelstampf

150 g geriebener Gruyère

4 EL Mehl

1 TL Meersalz

2 Eier, verquirlt

Pflanzenöl, zum Frittieren

Kräuterpanade

100 g Panko (jap. Semmelbrösel)

1 TL Algenflocken

1 TL Zitronenabrieb

½ TL Meersalz

½ TL frisch gemahlener schwarzer Pfeffer

Senfmayonnaise

4 EL Mayonnaise

2 TL grobkörniger Senf

Zubereitung

01 In einer Pfanne die Butter zerlassen und den Lauch bei mittlerer bis geringer Hitze darin anbraten. Nach 5–6 Minuten Estragon und Algenflocken hinzufügen. Vom Herd nehmen und abkühlen lassen.

02 Die Mischung mit Kartoffelstampf, Gruyère und 2 EL Mehl vermengen. Mit Salz abschmecken und 12–16 Kroketten daraus formen. Falls Zeit bleibt, die Kroketten 30–40 Minuten im Kühlschrank kühl stellen, damit sie beim Braten ihre Form besser behalten.

03 Für die Kräuterpanade sämtliche Zutaten in einer Schüssel vermischen. Anschließend die Lauchkroketten zuerst im restlichen Mehl (2 EL), dann im verquirlten Ei und zum Schluss in der Kräuterpanade wenden.

04 In der Pfanne 1–2 cm hoch Öl erhitzen und die Kroketten in 4–5 Minuten goldbraun frittieren. Inzwischen für die Senfmayonnaise die Zutaten verrühren. Kroketten noch warm mit Mayo zum Dippen servieren.

Lauch-Cidre-Pastete

FÜR 4 PERSONEN

Pasteten gelten oft als altmodisch; ich wollte eine zeitgemäße Version. Der sanft gegarte Lauch sorgt für Biss und ist ein schönes Gegengewicht zum weichen Cidre-Gelee. Heraus kommt eine weiche Pastete mit Anis- und Apfelnoten, feiner Lauchschärfe und Zitrusaroma – ein perfektes Gericht für frühe Ernte, die so süß und zart ist. Dazu geröstetes Sauerteigbrot mit bitterem Radicchio, Zitronenöl (s. S. 48), Sprossen und Estragon reichen.

ZUTATEN

100 g Butter

2 Stangen Lauch, in 1 cm breite Ringe geschnitten

600 ml Cidre

200 ml Gemüsebrühe

2 EL grob gehackter Estragon

1 EL grobkörniger Senf

1 EL Orangenabrieb

1 TL Meersalz

4 g vegetarische Gelatine

Zubereitung

01 In einem Topf die Butter sanft zerlassen, die Lauchringe hinzufügen. Sie sollten den gesamten Boden des Topfes bedecken. Dann je 100 ml Cidre und Brühe hinzugießen. Aus Backpapier einen Deckel in Topfgröße schneiden und auf die Oberfläche des Suds legen, die Hitze reduzieren. Den Lauch 20–25 Minuten konfieren, bis er weich und zart ist – nicht karamellisieren lassen.

02 Inzwischen den restlichen Cidre (500 ml) in einem Topf mit Estragon, Senf, Orangenabrieb und Salz zum Kochen bringen, gelegentlich umrühren. Vom Herd nehmen und die Gelatine einrühren, bis sie sich aufgelöst hat. Nicht länger als 5–10 Minuten abkühlen lassen.

03 Den gegarten Lauch in einer mit Backpapier ausgelegten Pastetenform verteilen. Mit dem Cidre-Gelee übergießen und 1–2 Stunden fest werden lassen (zimmerwarm). In Scheiben auf geröstetem Brot servieren.

Lauchgratin auf gerösteten Crumpets

FÜR 4 PERSONEN

Sauerteig-Crumpets wie sie meine Mum zubereitet. Mit dem Lauchtopping wird der rustikale Welsh Rarebit neu interpretiert – mit Grillkäse und leichten Senfnoten. Die luftigen Teigkreise sind einfach zubereitet. Ich empfehle Crumpet-Ringe zur Zubereitung. Dazu Worcestershiresauce sowie Brunnenkressesalat servieren.

ZUTATEN

Crumpet-Teig

250 g Sauerteig-Starter

1 EL Zucker

½ TL Meersalz

½ TL Backnatron

Öl, zum Einfetten der Crumpet-Ringe (Ø 9 cm)

Lauchgratin

50 g Butter

1 Stange Lauch, in Ringe geschnitten, Wurzel extra

1 EL Mehl

125 g Sahne

1 EL grobkörniger Senf

100 g alter Hartkäse (z. B. Cheddar), gerieben

½ TL frisch geriebene Muskatnuss

1 Prise weißer Pfeffer

1 EL Olivenöl, zum Braten

Zubereitung

01 Für den Teig den Starter mit Zucker und Salz mischen, Natron einrühren. Eine Pfanne und zwei Crumpet-Ringe einfetten, die Ringe hineinsetzen. Bei mittlerer Hitze den Teig bis 1 cm unter den Rand der Ringe füllen, damit sie noch Platz zum Aufgehen haben. 3–4 Minuten backen, bis der Teig sich von den Seiten löst. Auf ein Kuchengitter heben und weitere Crumpets backen.

02 Für das Lauchgratin Butter in einem Topf zerlassen und Lauch darin weich dünsten. Nach 6–8 Minuten das Mehl hineinsieben. Sahne und Senf untermischen.

03 Garen, bis die Sahne eindickt. Käse, Muskat und Pfeffer hinzufügen. Rühren, bis der Käse geschmolzen ist. Vom Herd nehmen und lauwarm abkühlen lassen.

04 Die Crumpets auf ein Backblech setzen und auf jedes 1 Häufchen Gratin löffeln. Dann 4–5 Minuten unter dem Backofengrill garen, bis der Käse Bläschen wirft.

05 Die Lauchwurzel in Olivenöl anbraten und die Crumpets mit einem Nest aus Lauchwurzeln garnieren.

Grünkohl & Co.

GESUNDE TRENDSETTER

Schwarzkohl
(Cavolo nero)

'Russischer Roter'

01

Schnittkohl

02

ESSBARE TEILE

01 BLÄTTER

Die Blätter haben einen kräftigen, erdigen Geschmack mit leicht mineralischen und herzhaften Noten. Roh oder gekocht essbar, ist der Grünkohl äußerst vielseitig. Gelegentlich röste ich ganze Blätter vom italienischen Cavolo nero oder dünste Schnittkohl und verwende ihn als Wrap anstelle von Weizentortillas oder zum Einwickeln von Nussbraten-Würstchen.

02 STIEL

Grünkohlstiele und dickere Blattrippen sind essbar, einige können aber holzig sein und sollten deshalb beim Dämpfen oder Braten der Blätter entfernt werden. Die Rippen jüngerer Blätter sind zart und können mit den Blättern gekocht werden. Die Stiele lassen sich gut schmoren oder in Pfannengerührtem verwenden. Die dicksten Rippen sind ein aromatischer Zusatz zu Gemüsebrühen.

Das ein oder andere Gemüse hat es schon probiert, den Anführer der Hipster vom Thron zu stürzen, doch Grünkohl gewinnt jedes Mal in Sachen Stil und Gehalt. Er bringt Farbe und Textur ins Spiel, schmeckt würzig, süß und bitter. Eine echte Nährstoffbombe. Auf dein Wohl, Grünkohl!

PFLANZE

Grünkohl ist ein winterhartes Gemüse, das leicht anzubauen ist – eine Zuchtform des Gemüsekohls. Die Blätter wachsen in einer lockeren Rosette mit dünnen Blattstielen und festen Blattrippen. Grünkohl variiert in Farbe, Größe und Form, er kann glatt bis kraus sein. Viele bauen Grünkohl wegen seines dekorativen Aussehens im Winter an, doch er ist zugleich das Paradebeispiel für eine gesunde Ernährung und bietet zahlreiche Nährstoffe. Er enthält mehr Eisen als rotes Fleisch, mehr Vitamin C als anderes Gemüse und mehr Kalzium als Milch. Im Garten zuerst die jungen Blätter von der Spitze der Pflanze ernten. So wachsen mehr zarte Blätter nach.

KOCHTIPPS

Grünkohl ist vielseitig, sollte aber nicht zu lange kochen, da er dann Nährstoffe verliert. Zum Kennenlernen braten Sie ihn in Butter mit Knoblauch und schwarzem Pfeffer oder dämpfen Sie ihn. Köstlich als Chips (s. S. 229), geröstet, pfannengerührt, gekocht oder gedünstet: 20–25 Minuten in einer Brühe weich und süßlich garen.

Grünkohl schenkt Gerichten Biss und liefert jede Menge Nährstoffe, wird er zum Schluss hinzugefügt – ein Superfoodtrick. In den letzten 10–20 Minuten für Textur und Farbe zu Eintöpfen oder Nudelsaucen geben. Grünkohl passt gut zu Winteraromen wie Rosmarin, Orange, Apfel, Zimt und Haselnusskernen.

ZUBEREITUNG

Am besten Grünkohl mit unbeschädigten Stielen wählen und nicht klein gehackt. So hält er sich länger, und Sie können entscheiden, wie Sie ihn verwenden möchten. Die Blätter sollten eine frische Farbe haben und sich auf Druck fest und knackig anfühlen. Möglichst keine mit Gelbstich wählen. Das Zerkleinern geht ganz einfach: Vor dem Kochen grob hacken, dann passt mehr in den Topf (allerdings fällt der Grünkohl beim Garen stark zusammen). Die dickeren Stiele mit einem Schälmesser am natürlichen Bruchpunkt entfernen. Einen V-Schnitt machen und den holzigen Teil entfernen. Diesen klein schneiden und mitkochen oder in einer Brühe verarbeiten.

ZERO WASTE

Feuchte Grünkohlblätter welken schneller, deshalb erst kurz vor Zubereitung waschen. Im Kühlschrank hält der Kohl sich 5–7 Tage. Smoothie: 1 Handvoll Grünkohl blanchieren oder rohe Blätter pürieren. Honig, Beeren, Ingwer oder Banane hinzugeben und mit Kefir, Milch oder Joghurt auffüllen.

Zum Haltbarmachen den Grünkohl 2–3 Minuten blanchieren, abtropfen lassen und in Eiswasser legen. Wasser ausdrücken und die Masse zu Bällchen formen. Eingefroren (s. S. 46) bis zu 4 Monate haltbar. Getrockneter Grünkohl wird zum Reis-Würzmittel (Furikake): mit geröstetem Sesam, Gochugaru (kor. Chilipulver), Zucker und Salz mischen.

SORTEN

'GRÜNER KRAUSER'

Eine weit verbreitete Sorte mit krausen grünen Blättern und dicken Stielen. Zart wie ein Baby-Leaves-Salat, doch ausgereift werden die Stiele faseriger. Die fest gekräuselten Blätter behalten auch nach dem Kochen ihren Biss und schmecken süß bis leicht bitter.

'ROTER KRAUSER'

Ein roter krauser Grünkohl, der in Salaten mit anderem Gemüse sehr dekorativ aussieht. Der Hingucker hat eine erdige Süße.

SCHNITTKOHL

Verwandt mit Raps, auch Teil der Kreuzblütengewächse. Blätter mit meergrünen, weichen, wächsernen Rändern und hellgrünen Blattrippen. Die Blätter sind zarter als bei krausem Grünkohl. Ähnelt Frühkohl, wenn er gekocht wird.

'RUSSISCHER ROTER'

Diese violette alte Sorte hat gekräuselte Blätter und rötliche Stiele, kann manchmal auch zweifarbig mit Grün sein. Kohlgeschmack, kräftig und leicht knackig.

CAVOLO NERO

Der aus Italien stammende Schwarzkohl hat auffällige Blätter und dunkle Blattrippen, die grün-violett, bläulich oder fast schwarz sein können. Die Blätter sind schmal, schmecken herb, knackig und erdig-süß, mit Biss. Perfekt als Pizzabelag (s. S. 228), in Nudelgerichten, zum Dünsten oder in rustikalen Eintöpfen.

Grüne Eier mit Grünkohl

FÜR 2 PERSONEN

Was frühstückt ein echter Hipster? Dieses Gericht. Es ist die Grünkohlversion eines Shakshuka mit Spiegeleiern und Grünkohlpesto auf einem Bett von gedünstetem Gemüse. Frisch und leuchtend, passt perfekt zu einer Tasse Kurkuma-Latte oder Chai. Den Kürbis nach Belieben durch Reste von Ofengemüse (Paprikaschoten oder Beten) ersetzen.

ZUTATEN

200 g Kürbis, in Spalten geschnitten

1 EL Olivenöl

50 g Butter

250 g Grünkohl, Blätter im Ganzen grob gehackt

½ TL Meersalz

4 Eier

2 eingelegte Zitronen, in Spalten geschnitten

½ TL Chiliflocken

Grünkohlpesto

75 g Grünkohl, blanchiert

Saft von 1 Zitrone

2 Knoblauchzehen, geschält

4 EL Olivenöl

2 TL frisch geriebener Parmesan

1 EL Kürbiskerne

Zubereitung

01 Den Backofen auf 200 °C vorheizen. Kürbisspalten in einer Auflaufform verteilen, mit Olivenöl beträufeln und 40–45 Minuten rösten.

02 Butter in einer ofenfesten Pfanne zerlassen und Grünkohl darin 4–5 Minuten zusammenfallen lassen, dann salzen.

03 Die Grünkohlmasse in der Pfanne flächig verteilen und vier Mulden für die Eier hineindrücken. Die Eier darin aufschlagen. Ofenkürbis und Zitronenspalten in der Pfanne verteilen. Alles im Ofen 8–10 Minuten backen, bis die Eiweiße gestockt sind.

04 Inzwischen für das Grünkohlpesto sämtliche Zutaten im Mixer glatt pürieren.

05 Die Pfanne aus dem Backofen nehmen und den Inhalt mit Chiliflocken bestreuen. Mit dem Grünkohlpesto beträufeln und noch warm servieren.

HAUPTGERICHT

Pizza mit Grünkohl und Feigen

FÜR 4 PERSONEN

Cavolo nero ist der perfekte Kohl für eine Pizza – die Blätter rösten und haben einen schönen Crunch mit süßem, mineralischem Geschmack. Die saftigen Feigen, erdigen Maronen und der cremige Blauschimmelkäse passen perfekt dazu, das Pesto verstärkt das Grünkohlaroma. Der Teig muss 2 Tage zuvor zubereitet werden, aber die Mühe lohnt sich. Eine Feier des Winters mit raffinierter, scharfer Wärme.

ZUTATEN

4 EL Grünkohlpesto
(s. S. 227)

4 Blätter Schwarzkohl
(Cavolo nero), gewaschen
und gehackt

8–12 reife Feigen, halbiert

8 Maronen, gegart, geschält
und gehackt

100 g Blauschimmelkäse

Pizzateig

1½ TL Trockenhefe

325 ml lauwarmes Wasser

500 g ital. Mehl tipo 00,
plus mehr zum Arbeiten

1½ TL Meersalz

Olivenöl, zum Einfetten

2 EL Grieß, zum Bestreuen

Zubereitung

01 Für den Teig 2 Tage im Voraus in einer Schüssel die Hefe unter Rühren im Wasser auflösen. Etwas Mehl einrühren. Portionsweise restliches Mehl und Salz hinzufügen.

02 Alles gut verkneten und auf eine bemehlte Arbeitsfläche legen. Die Hände mit Mehl bestäuben, und dann den Teig 10–20 Minuten kneten, bis er glatt und elastisch ist.

03 In eine Schüssel legen, mit einem feuchten Küchentuch abdecken und 1 Stunde zimmerwarm gehen lassen. Auf einer bemehlten Arbeitsfläche die Luft leicht ausschlagen und eine Teigkugel formen. In einer Schüssel mit Frischhaltefolie abdecken. Gekühlt 48 Stunden gehen lassen.

04 Am Backtag den Teig in vier gleich große Portionen teilen und diese zu Kugeln formen. Mit einem Küchentuch abdecken und auf einem bemehlten Backblech zimmerwarm 4 Stunden gehen lassen, bis der Teig sein Volumen verdoppelt hat.

05 Den Backofen auf 240 °C vorheizen oder einen Pizzaofen auf 450 °C erhitzen. Den Teig zu dünnen Teigplatten von Ø 30 cm ziehen. Ein Backblech zusätzlich mit Grieß bestreuen. Die Pizzaböden drauflegen, mit Grünkohlpesto bestreichen und mit Grünkohlblättern, halbierten Feigen und Maronen belegen. Den Käse darüber zerkrümeln.

06 Im Backofen 10 Minuten oder im Pizzaofen 2–3 Minuten kross backen, bis der Boden gebräunt ist.

IMBISS

Grünkohl-Ofenchips

FÜR 2 PERSONEN

Ich habe Schuldgefühle, wenn ich Chips aus der Tüte esse. Erstens wegen der Plastikverpackung, zweitens, weil sie kaum gesund sind. Aber ich liebe sie – diese Chips sind eine tolle Alternative. Ich habe ihnen eine pfeffrige Algennote verpasst und getrocknete Chili für mehr Kick. Leicht, knusprig und unglaublich einfach!

ZUTATEN

180 g Grünkohl, gehackt

Würze

*1 EL Algenflocken (getrock-
neter Meersalat, Zucker-
kelp, Dulse oder Nori)*
1 TL Meersalz
½ TL Chiliflocken
½ TL schwarze Pfefferkörner
½ TL rote Pfefferbeeren

Zubereitung

01 Den Backofen auf 80 °C (Umluft) vorheizen. Die Grünkohlstücke 3 Minuten in kochendem Wasser blanchieren, abtropfen lassen und zwischen zwei Küchentüchern oder Küchenpapier trocken tupfen.

02 Den Grünkohl auf zwei Backblechen verteilen und im vorgeheizten Backofen in 4–5 Stunden luftig und knusprig backen (immer wieder überprüfen, damit er nicht anbrennt).

03 Für die Würze sämtliche Zutaten in der Getreidemühle oder im Mörser fein zermahlen.

04 Die getrockneten Chips aus dem Backofen nehmen und mit dem Würzmittel bestreuen. Abkühlen lassen. Die Chips in einem luftdichten Behälter aufbewahren und innerhalb von 2–3 Tagen verzehren.

Knollensellerie

INNERE SCHÖNHEIT

ESSBARE TEILE

01 BLÄTTER UND STÄNGEL

Die leuchtenden, von Ölgängen durchzogenen Stängel und die gezackten Blätter sind essbar. Sie sind zwar nicht so schmackhaft wie die Stängel des Staudenselleries, aber immer noch kräftig aromatisch und deshalb großartig zu Suppengemüse oder in Brühe. Sie können zu Sellerieöl püriert oder als Garnitur für Bloody Mary verwendet werden.

02 SCHALE

Die knorrige Schale ist essbar, wird aber oftmals entfernt, wenn die Knolle zubereitet wird. Beim Schälen geht durch die tiefen Risse und die aus der Schale herauswachsenden Wurzeln etwas Fleisch verloren. Ich empfehle, die Rübe mit einer Gemüsebürste abzuschrubben und zu waschen, dann im Ganzen garen.

03 FLEISCH

Das Fleisch vom Knollensellerie ist hell-cremefarben oder smaragdgrün bis weiß, verfärbt sich aber rasch nach dem Schälen und Schneiden. Es hat eine feste, faserige und feinkörnige Textur und ist nicht so stärkehaltig wie das von Wurzelgemüse. Es hat eine ausgeprägte Sellerie-Petersiliennote mit einem Hauch von Würze. Nach dem Rösten wird es süßer.

04 WURZELN

Sie sind essbar und können nach dem Waschen für Selleriewurzelchips in Öl frittiert werden. Sie schmecken mild, aber köstlich bestreut mit Selleriesalz und frisch gemahlenem schwarzem Pfeffer. Einige Sorten haben gleichmäßig lange Wurzeln, die einfacher zubereitet werden können.

Knollensellerie ist der verkannte Held in der Gemüsewelt. Die Pflanze sieht aus wie ein Alien, mit braunen Flecken, haarigen Wurzeln und knorrigen, schmutzigen Rillen. Doch hinter der zerfurchten Fassade versteckt sich elfenbeinfarbenes Fleisch – frisch, klar, mineralisch und mild im Geschmack.

PFLANZE

Auch als Echter Sellerie bezeichnet, ein Doldenblütler wie Staudensellerie, Pastinake oder Petersilie. Der dicke, knollige Stängel bildet eine knubblige Masse – oder ein geschwollenes Hypokotyl, um genau zu sein. Streng genommen ist er wegen dieses Speicherorgans keine Wurzel, sondern eine Rübe. Aus der Knolle wachsen saftig-grüne Stängel und ebenso essbare Blätter. Die Pflanze ist leicht anzubauen und verhält sich gekocht ein wenig wie eine Kartoffel, aber mit nur 5–6 Prozent Stärke. Knollensellerie enthält viel Vitamin B6 und ist voller Nährstoffe wie Vitamin C und K, Kalium und Ballaststoffen – somit wird er zu einer kalorienarmen Alternative in vielen Gerichten.

KOCHTIPPS

Knollensellerie mit 1 Lorbeerblatt 20 Minuten in Milch – und nicht in Wasser – garen oder 40 Minuten rösten. Ist er weich, kann er zu einem glatten Püree zerstampft werden und passt in ein Gratin mit getrockneten Birnen, Schnittlauch und Blauschimmelkäse. Der Geschmack harmoniert mit Kräutern wie Dill, Rosmarin, Petersilie und Thymian und passt wunderbar zu Trüffeln, Selleriesalz, Walnuss, Grapefruit und Senf.

Zum Ausprobieren: Knollensellerie würfeln und mit Winterwurzelgemüse 35–40 Minuten bei 200 °C im Backofen rösten. Rosmarin, Olivenöl, und zerdrückten Knoblauch dazugeben, mit Selleriesalz bestreuen – Sie werden begeistert sein!

ZUBEREITUNG

Knollensellerie ist aufwendiger in der Zubereitung, aber lassen Sie sich nicht abschrecken. Die Knollen sollten eine feste Schale und gleichmäßige Farbe haben. Sie sollte schwer sein und die Stängel, falls noch nicht abgetrennt, sollten leuchtend grün aussehen. Wegen der »Nashornhaut« als Schale mit einem Ausbeinmesser arbeiten – so bekommen Sie auch die unzugänglicheren Furchen in den Griff. Gründlich abschrubben (auch noch mal nach dem Schälen), Stängel und Wurzel abschneiden – die Stängel separat aufbewahren. Die restliche Schale dünn abschneiden. Das Fleisch verfärbt sich schnell, deshalb gleich in eine Schüssel mit Essig-/Zitronenwasser legen.

ZERO WASTE

Knolle und Blätter halten sich 1 Woche im Kühlschrank oder 3–4 Monate kühl gelagert. Einen Krautsalat mit Apfel und Fenchel zubereiten. Dazu passen ein Buttermilchdressing oder eine klassische französische Sellerieremoulade aus Mayonnaise. Für einen Zero-Waste-Snack geröstete Schalen für Melba-Toast verwenden und mit Nussbutter oder Oliven-Kapern-Mus (Tapenade) bestreichen. Die Schale abschrubben, mit Olivenöl und Meersalz knusprig rösten – ein Umamihit. Zum Haltbarmachen ein seidiges Püree zubereiten: den Sellerie 20 Minuten in Milch garen, pürieren und einfrieren. Damit Suppen andicken, Risottos verfeinern oder eine Beilage zaubern.

SORTEN

'MARBLE BALL'

Ertragreiche Sorte, rund und kräftig im Geschmack. Im Winter gut zu lagern und bleibt auch nach dem Kochen weiß.

'TELLUS'

Mit ausgeprägtem Selleriegeschmack und glatterer Schale als die meisten anderen Sorten. Wächst schnell und bleibt auch gegart hell.

'GLOBUS'

Große Sorte, die trotzdem nicht holzig wird. Dieser Knollensellerie wächst langsam, wird spät im Jahr geerntet und hat gleichmäßige Wurzeln.

'MONARCH'

Mit attraktivem Blattwerk, glatter weißer Schale und saftigem Fleisch. Die feste und große Knolle lässt sich gut schälen und schmeckt sowohl roh als auch gekocht sehr gut.

HAUPTGERICHT

Sellerie-Shawarma
FÜR 4 PERSONEN

Hier habe ich mich von der verrückten Idee für das Degustationsmenü von René Redzepis Norma in Kopenhagen vor einigen Jahren inspirieren lassen: langsam gerösteter Knollensellerie mit Trüffeln. Ein Hit, nicht nur im Internet. Der Sellerie nimmt die süßen Gewürze auf und wirft sie nach dem Schmoren mit tiefer Würze zurück – das ultimative türkisch inspirierte Kebab.

ZUTATEN

Gewürzmischung

1 TL gemahlene Kurkuma

1 TL Paprikapulver edelsüß

1 TL gemahlener Kardamom

½ TL gemahlener Zimt

½ TL gemahlener Koriander

½ TL gemahlener Kreuzkümmel

1 TL Meersalz

Shawarma

2 Sellerieknollen, geschält und in sehr dünne Scheiben geschnitten

3 Scheiben Ananas

1 TL geräuchertes Meersalz

4 Fladenbrote, zum Servieren

Chilisauce (Fertigprodukt), zum Servieren (nach Belieben)

Marinade

100 g Butter

50 ml Apfelsaft

2 EL Zitronensaft

2 EL Tahin (Sesammus)

2 EL Dattelmelasse

1 EL Harissa-Paste (nordafr. Gewürzpaste)

1 EL Püree aus gerösteten Knoblauchzehen

1 EL Steinpilzpulver (s. S. 188)

3 Zweige Rosmarin (Nadeln abgezupft)

Pickles

50 ml Apfelessig

1 EL Zucker

½ TL gelbe Senfsamen

½ TL Chiliflocken

1 Knoblauchzehe

1 Handvoll Selleriegrün

1 rote Zwiebel, in feine Ringe geschnitten

Zubereitung

01 Für die Gewürzmischung sämtliche Zutaten vermischen und 1 EL davon über die Selleriescheiben streuen. Für das Shawarma die Selleriescheiben auf einen Grillspieß stecken. Ananasscheiben für die süßsaure Note zuletzt aufstecken. Den Backofen auf 200 °C vorheizen.

02 Für die Marinade die Butter in einem Topf zerlassen und sämtliche weitere Zutaten hinzufügen. Dann 1 EL der restlichen Gewürzmischung hinzufügen, sanft erwärmen und glatt verrühren, 5–10 Minuten einkochen lassen. Das Shawarma mit der Marinade einpinseln. Den Sellerie vollständig mit der Marinade überziehen und aufrecht in eine Keramikschüssel in den Backofen stellen (auf den Boden, Ofengitter entfernen). Nun 2 Stunden braten, dabei alle 20–30 Minuten drehen und mit Marinade einpinseln.

03 Inzwischen für die Pickles in einem Topf Essig und Zucker mit 50 ml kochendem Wasser verrühren, bis der Zucker sich aufgelöst hat. Die Lösung mit Gewürzen und Knoblauch erwärmen und noch heiß über Selleriegrün und rote Zwiebelringe in ein hitzebeständiges Glas gießen. Ohne Deckel abkühlen lassen, noch mindestens 30–40 Minuten ziehen lassen.

04 Das Shawarma aus dem Backofen nehmen und mit Meersalz bestreuen. Die Fladenbrote 2–3 Minuten rösten. Das Shawarma schneiden und mit Fladenbrot, Pickles und nach Belieben Chilisauce für mehr Schärfe servieren.

Schmorsellerie und Nussbraten

FÜR 2 PERSONEN

Sonst der Kartoffel vorbehalten und sehr dekadent, doch dem Sellerie eröffnet diese Zubereitung die wohlverdiente Chance, selbst zu glänzen. Ich tauche ihn in geschmolzenes Gold, und meine Dattelsauce verleiht dem proteinreichen Nussbraten eine schöne Süße.

Zubereitung

01 Den Backofen auf 220 °C vorheizen. Das Öl in einer Pfanne erhitzen und Zwiebelwürfel darin weich dünsten. Pastinakenmasse, Salbei und Spinat hinzufügen, gemeinsam 5–10 Minuten schmoren.

02 Geröstete Nusskerne und Maronen im Mixer grob zerkleinern, in einer Schüssel mit dem Pastinaken-Spinat-Mix und den restlichen Nussbraten-Zutaten mischen. Eine Kastenform einfetten und mit Backpapier auslegen. Die Mischung einfüllen und glatt verstreichen. Mit Backpapier abdecken und 1 Stunde im Backofen schön bräunen. Kurz abkühlen lassen, aus der Form stürzen.

03 Inzwischen für den Schmorsellerie das Öl in einer hohen Pfanne erhitzen und die Selleriescheiben bei starker Hitze 4–6 Minuten von jeder Seite darin braten. Butter, Knoblauch und Rosmarin hinzufügen, die Hitze reduzieren und die Brühe hinzugießen. Etwa 40 Minuten köcheln lassen, dabei den Sellerie immer wieder wenden und mit heißer Butter und Knoblauch überlöffeln.

04 Rechtzeitig vor Ende der Garzeit für die Dattelsauce sämtliche Zutaten mit 100 ml Wasser verrühren und 10 Minuten garen, bis die Datteln weich sind. Im Mixer zu einer glatten Sauce pürieren und auf dem Herd 5 Minuten dicksämig und glänzend einkochen.

05 Den Sellerie goldgelb und weich mit je 1 Scheibe Nussbraten und mit Dattelsauce überzogen servieren.

ZUTATEN

1 EL Olivenöl, plus mehr zum Einfetten

1 Zwiebel, gewürfelt

1 Pastinake, geraspelt

2 EL gehackter Salbei

75 g Spinat, blanchiert

300 g Nusskerne (Wal-, Hasel-, Pekannüsse), geröstet

150 g Maronen, gegart und geschält

50 g Cranberrys

50 g Datteln, gehackt

50 g Panko (jap. Semmelbrösel)

100 ml Sherry

1 Ei, verquirlt

1 TL Trüffel-Meersalz

Schmorsellerie

1 EL hoch erhitzbares Olivenöl

4 dicke Sellerriescheiben

150 g gekühlte Butter, gewürfelt

2 Knoblauchzehen, mit Schale leicht zerdrückt

1 Zweig Rosmarin

100 ml Gemüsebrühe

Dattelsauce

150 g Datteln

1 Schalotte, gewürfelt

50 g Dattel-Melasse

50 ml Apfelsaft

25 g Butter

je 1 EL Tamarindenpaste und Apfelessig

1 TL Tomatenmark

1 Knoblauchzehe, zerkleinert

1 TL frisch geriebener Ingwer

Suppe aus Salzkrusten-Sellerie
FÜR 4 PERSONEN

Dieses Gericht ist etwas zeitaufwendiger, aber es lohnt sich. Das märchenhafte Glück zeigt sich, wenn der Löffel durch die seidige, elfenbeinfarbene Oberfläche gleitet und man die mineralienreiche, süß-frische Suppe kostet. Die Garnitur nimmt die erdige Geschmackstiefe der Knolle auf. Dank der Salzkruste braucht die Suppe kein extra Salz.

ZUTATEN

1 Sellerieknolle, geputzt
50 g Butter
1 Schalotte, gewürfelt
1 säuerlicher Apfel (z. B. Boskop), geschält, vom Kerngehäuse befreit und gewürfelt
250 ml Gemüsebrühe
250 ml Milch
2 EL Haselnusskernhälften, zum Garnieren
1 Zweig Rosmarin, Nadeln abgestreift
2 TL Trüffelöl
1 EL Trüffelhobel, zum Garnieren

Salzteig
4 Eiweiß (Eier Größe L)
400 g Mehl
300 g Meersalz
100 ml Wasser

Sellerieöl
1 Handvoll Selleriegrün
100 ml Olivenöl

Zubereitung

01 Den Backofen auf 180 °C vorheizen. Für den Salzteig die Eiweiße steif schlagen. In einer zweiten Schüssel Mehl und Salz mit Wasser glatt verrühren. Den Eischnee unter die Mehlpaste heben und ein wenig davon auf einem Backblech verstreichen, gerade in Größe von der Unterseite der Knolle. Den ganzen Sellerie daraufsetzen und 1–2 cm dick rundum mit Salzteig bedecken. So 1 Stunde 30 Minuten im Ofen backen, bis die Salzkruste hart und braun ist.

02 Kurz vor Ende der Garzeit die Butter im Topf zerlassen und die Schalottenwürfel bei geringer Hitze anbraten. Die Salzkruste aufbrechen und entfernen. Das Selleriefleisch aus der Schale löffeln, mit dem Apfel und den Schalotten 5 Minuten weiter garen. Brühe und Milch hinzugießen, aufkochen lassen, vom Herd nehmen und alles im Mixer oder mit dem Stabmixer sämig pürieren.

03 Für das Sellerieöl das Grün 2 Minuten blanchieren, abtropfen lassen und trocken tupfen. Mit Olivenöl im Mixer pürieren und dann in einem Topf erhitzen.

04 Auf dem Backblech Haselnusskerne und Rosmarinnadeln in Trüffelöl 20–25 Minuten im Backofen rösten (oder 4–5 Minuten in der Pfanne). Die Suppe damit sowie mit Haselnusskernen, 1 Spritzer Sellerieöl und gehobelter Trüffel garnieren.

Rosenkohl

KOHLIGE RÖSCHEN – GELIEBT ODER GEHASST

ESSBARE TEILE

01 BLATTGRÜN

Das Rosenkohlgrün wird im Supermarkt kaum angeboten. Rosenkohl hat flache, breite Blätter mit attraktiven wachsartigen Rändern und dünner Blattrippe in der Mitte, die von einem helleren Grün ist. Wunderbar mild, zart und süß, fehlt ihnen (nicht zu lange) gekocht der für Kreuzblüten-Gemüse typische leicht bittere, schwefelartige Geschmack.

02 HAUPTSPROSS

Auf dem Bauernmarkt haben Sie vielleicht schon mal Rosenkohl »am Stiel« gesehen. Dieser ist holzig und recht bitter, doch kann er Brühen aromatisieren oder als faserige Neuinterpretation im Artischockengratin Verwendung finden. Ich persönlich kompostiere ihn auch lieber.

03 BLATTRÖSCHEN

Die Kohlköpfe sind komplett essbar und je nach Reife unterschiedlich groß. Die kompakten runden Blätter liegen fest um die kleinen kugelförmigen Köpfe, die farblich zwischen Aquamarin und dunklem Farngrün oder Grasgrün variieren, einige mit violetter Tönung.

Kein anderes Gemüse polarisiert so sehr! Studien haben gezeigt, dass wir je nach genetischer Veranlagung Rosenkohl lieben oder hassen. Kochen Sie ihn bissfest – Sie werden mit feiner Süße belohnt, die mit vielen Aromen harmoniert.

PFLANZE

Rosenkohl gehört zur Familie der Kreuzblütler und wurde vermutlich erstmalig im 16. Jahrhundert im heutigen Belgien angebaut. Die Pflanze wächst am besten bei kühlen Temperaturen, an einem langen Hauptspross, der dicht mit Knospen überzogen ist. Diese werden von November bis März geerntet (am besten nach Frost) – einfach abdrehen – und haben die Süße des Kohls, vor allem die kleinen Blattröschen – je größer, desto bitterer. Viele Menschen nehmen Phenylthiocarbamid, einen der Bitterstoffe im Kohl, besser wahr. Ob er Ihnen liegt oder nicht: Rosenkohl enthält viel Vitamin A und C sowie reichlich Ballaststoffe.

KOCHTIPPS

Rosenkohl ist ein typisches Weihnachtsgemüse, aber kochen Sie ihn bitte öfter als ein Mal im Jahr! Wichtig ist, dass er nicht zu lange kocht, denn wie andere Kreuzblütler kann er Schwefelgeruch absondern. In Salzwasser nicht länger als 5–10 Minuten garen, bis die Röschen sich mit einem Messer an der Unterseite leicht einstechen lassen, oder bis zu 8 Minuten dünsten. Rösten ist eine beliebte moderne Methode, denn so behält der Rosenkohl seinen Biss und wird süßlich; Braten ist weniger gebräuchlich. Maronen passen klassischerweise gut dazu, genau wie Salbei, Orange und Muskatnuss, aber ich mag auch Mandelblätter, Estragon und etwas Zitronensaft dazu.

ZUBEREITUNG

Bei einigen Arbeiten in der Küche können Sie es langsamer angehen lassen, und das gilt auch für Rosenkohl. Wählen Sie pralle, hellgrüne Röschen, deren Blätter sich dicht um einen blassen Kern legen. Zuerst alle gelben oder beschädigten Blätter entfernen und äußere braune Blätter abschneiden, die wesentlich geschmacksintensiver sind als die blassen Blätter darunter. Den Strunk entfernen und mit einem kleinen Schälmesser diese Unterseite kreuzweise 5–10 mm tief einschneiden. So kann der Rosenkohl innen und außen gleichmäßig garen und verkocht nicht.

ZERO WASTE

Rosenkohl hält sich dunkel und kühl oder im Kühlschrank 5–7 Tage; am besten am Spross. Ideal sind meine Rosenkohl-Restetaler (s. S. 239). Verwenden Sie Rosenkohl roh oder gegart: in einen Krautsalat raspeln oder mit scharfer Vinaigrette unter einen Salat mischen. Zum Haltbarmachen den Rosenkohl blanchieren und einfrieren (s. S. 46); nicht auftauen lassen, sondern in kochendem Wasser garen. Oder Blätter abzupfen, 10–14 Tage in einer dreiprozentigen Salzlake (s. S. 103) mit getrockneten Cranberrys, Rosmarin und Orangenabrieb sowie Zimtstange und Gewürznelken für ein Festtagskraut einlegen (s. S. 284–285).

SORTEN

ROSENKOHL

Es gibt viele Sorten des klassischen Rosenkohls. 'Trafalgar' schmeckt wunderbar: Er produziert kleine feste Knospen mit mildem Kohlgeschmack, behält über eine lange Wachstumszeit seine Qualität und liefert eine reiche Ernte.

VIOLETTER ROSENKOHL

Variiert in Durchmesser und Farbe, von Dunkelviolett bis Meergrün, Violett und Rot, obwohl er beim Kochen an Farbe verliert. Violetter Rosenkohl ist schwierig im Anbau und ist wesentlich süßer als grüne Sorten. Die Sorte 'Red Ball' ist köstlich, 'Falstaff' ist eine neue dunkelviolette Sorte, die gekocht ihre Farbe behält und immer häufiger angeboten wird.

BABYROSENKOHL

Junger, in Kirschgröße geernteter Rosenkohl mit einer schönen Süße am Gaumen. 'Noisette' ist eine Sorte mit kleineren Röschen.

KOHLRÖSCHEN

Eine Kreuzung aus Grün- und Rosenkohl (im Handel auch unter Kalettes® oder Flower Sprout zu finden) mit schönen violett-grünen Blättern. Wird immer beliebter, da er süßlich schmeckt, mit komplexen Rosenkohlnoten und sehr dekorativ auf dem Teller ist – ein Türöffner in die Welt des Rosenkohls.

BRUNCH ODER HAUPTGERICHT

Rosenkohl-Restetaler
mit Rosenkohl-Trüffel-Kraut

FÜR 4 PERSONEN

*Zum Brunch am zweiten Weihnachtstag hat der Rosenkohl seinen
großen Auftritt. Hier werden alle Reste verwertet, gleichzeitig ergibt
sich mit Krautsalat ein vollwertiges Gericht. Ich habe Rosenkohl auf
zweierlei Weise verwendet. Gedünstet und gebraten, um die süßen,
bitteren Noten in Abgrenzung zum restlichen Röstgemüse zu betonen.
Und roh im Krautsalat mit aromatischer Trüffelmayonnaise. Garniert
wird das Ganze mit knusprig gebratenen Salbeiblättern.*

ZUTATEN

*150 g Rosenkohl, gedünstet und
klein geschnitten*

*250 g gemischtes Röstgemüse
(Kartoffel, Steckrübe, Pas-
tinake, Karotte, Kohl oder
Maronen), klein geschnitten*

5 Eier

1 EL Mehl

1 EL Cranberrysauce

½ TL Meersalz

Pflanzenöl, zum Braten

6–8 Salbeiblätter

Rosenkohl-Trüffel-Kraut

150 g Rosenkohl

*Abrieb und Saft von
½ Bio-Orange*

½ TL Meersalz

*1 EL Trüffelmayonnaise
(Fertigprodukt)*

Zubereitung

01 Rosenkohl- und Röstgemüsestücke in einer großen
Schüssel zerstampfen oder ganz grob mixen. Von den
Eiern eines aufschlagen, mit Mehl und Cranberrysauce unter die Gemüsemasse mischen. Salzen und
aus der Masse vier große Pattys formen – gern mit
einem Kochring arbeiten, falls vorhanden. Die Taler
vor dem Braten im Kühlschrank 30 Minuten fest
werden lassen.

02 Inzwischen für das Rosenkohl-Trüffel-Kraut den rohen
Rosenkohl mit dem Gemüsehobel fein hobeln oder
mit dem Messer dünn schneiden. In einer Schüssel mit
Orangenabrieb und -saft, Salz und Trüffelmayonnaise
vermengen.

03 In einer Pfanne etwas Pflanzenöl erhitzen und die
Gemüseplätzchen auf beiden Seiten 4–5 Minuten braten, bis sie außen goldbraun und knusprig, aber innen
schön saftig sind.

04 Die restlichen 4 Eier als Spiegeleier und die Salbeiblät-
ter in derselben Pfanne braten. Die Gemüsetaler mit
Salbei garnieren. Dazu Rosenkohl-Trüffel-Kraut und
Spiegeleier servieren.

Überbackener Rosenkohl mit Sauerteig-Croûtons

FÜR 4 PERSONEN

Vor Jahren, als ich ein Kochbuch von Thomas Keller las, entdeckte ich einen überraschend rustikalen, herzhaften Brotpudding zwischen seinen Michelin-prämierten Kunstwerken. Seitdem denke ich darüber nach, wie meine Version aussehen könnte. Hier das Ergebnis: Winter auf einem cremig-sahnigen Löffel. Ich liebe es, wie Senf und Cheddar die bittere Kohlnote mildern und gleichzeitig dessen Süße unterstreichen. Verwenden Sie altbackenes Brot für noch mehr Textur.

ZUTATEN

50 g Butter

1 EL Mehl

75 ml Weißwein

200 g Sahne

1 TL grobkörniger Senf

½ TL frisch geriebene Muskatnuss

½ TL Selleriesalz

150 g alter Hartkäse (z. B. Cheddar), gerieben

350 g Rosenkohl, halbiert

2 Scheiben Sauerteigbrot, zerzupft und geröstet

Zubereitung

01 Den Backofen auf 220 °C vorheizen. Butter in einem Topf zerlassen und Mehl hinzufügen. Zu einer Mehlschwitze rühren und mit Weißwein verdünnen.

02 Unter Rühren Sahne, Senf, Muskat und Selleriesalz unter die Mehlschwitze mischen und 3–4 Minuten köcheln lassen, bis die Sauce sämig und glatt ist.

03 Den Käse hinzufügen und schmelzen lassen, dann den Topf vom Herd nehmen.

04 Rosenkohl 4 Minuten dünsten und mit Brotstücken zur Käsesauce geben. Die Mischung in eine kleine Auflaufform füllen und im Backofen 15–20 Minuten backen, bis die Käsesauce goldbraun ist und die Ränder schön knusprig gebräunt sind.

BEILAGE

Frittierter Rosenkohl

FÜR 4 PERSONEN

Die Fusion-Küche erscheint manchmal etwas abgedreht, was auch hier zutrifft. Aber dieses Gericht ist köstlich, süßsauer und geeignet, Rosenkohl-Zweifelnde zum Umdenken zu bringen. Das Röschen wird durch die koreanische Grillsauce neu definiert – kein Vergleich zum matschigen, verkochten Kohl von früher.

ZUTATEN

1 kg Rosenkohl, halbiert
1 TL geräuchertes Meersalz,
*   plus mehr zum Garen*
1 EL Cajun-Gewürzmischung
1 EL Mehl
Pflanzenöl, zum Frittieren
1 TL Sesam

Koreanische Grillsauce
2 EL Tomatenketchup
50 ml Orangensaft
2 EL Ahornsirup
1 EL Mirin (Reiswein)
1 EL Sesamöl
1 EL Kimchi-Püree
1 EL Sojasauce
1 TL Gochujang (scharfe kor.
*   Gewürzpaste)*

Zubereitung

01 Den Backofen auf 150 °C vorheizen. Den Rosenkohl in kochendem Salzwasser 2–3 Minuten garen, dann abtropfen lassen. Cajun-Gewürze, Mehl und Räuchersalz mischen. Den noch feuchten Rosenkohl darin wenden.

02 In einem Topf das Pflanzenöl auf 180 °C erhitzen und darin den panierten Rosenkohl portionsweise 4–5 Minuten frittieren, bis er superknusprig und goldbraun ist. Mit einem Schaumlöffel jeweils aus dem Öl heben und auf Küchenpapier abtropfen lassen. Im Backofen warm halten, bis alle Röschen frittiert sind.

03 Für die koreanische Grillsauce sämtliche Zutaten in einem kleinen Topf erhitzen und rühren, bis die Masse zu einer glänzenden, süßen, würzigen und sauren Sauce eingekocht ist.

04 Den frittierten Rosenkohl in der koreanischen Grillsauce wenden, auf kleinen Tellern anrichten und mit Sesam bestreuen.

Zwiebel

SCHICHT FÜR SCHICHT: GESCHMACK

rote Zwiebel

02

01

03

braune Zwiebel

ESSBARE TEILE

01 SCHEINSPROSS

Das lange, röhrenartige Zwiebel-grün ist essbar. Es hat einen milden Zwiebelgeschmack und kann wie eine Frühlingszwiebel zubereitet werden – gebraten sehr zart und toll in einem Omelett oder einer Quesadilla.

02 ZWIEBEL

In der Zwiebel liegt Schicht um Schicht knackiges, saftiges Fleisch, das je nach Sorte in der Farbe variiert. Es enthält ein scharfes Öl, das voller Aroma und Lauchgeschmack ist, und ebenso viel Zucker. Die Zwiebel schmeckt deshalb gekocht süßlich.

03 WURZELN

Sie sind schwierig zu säubern, aber äußerst köstlich, wenn sie knusprig gebraten als Topping für Suppen oder Salate ver-wendet werden. Wenn die Erde entfernt ist, die Wurzeln in einen hellen Tempura-Teig tauchen und im Büschel braten.

BLÜTENSTAND

Unter bestimmten Bedingungen bildet sich am grünen Schein-spross eine kugelförmige Blüte. Sie ist im Gemüsebeet sehr deko-rativ und zieht Insekten an. Sie ist essbar und hat einen intensi-ven, süßen Zwiebelgeschmack.

Zahlreiche Gemüsegerichte beginnen mit der bescheidenen Zwiebel, aber bei Gelegenheit kann sie zur grandiosen Solokünstlerin avancieren. Wie ein Maurer schichte ich, und zwar Aromen. Auf die Zwiebel baue ich, weil sie notwendige Säure, Süße und Schärfe beisteuert.

PFLANZE

Zwiebeln gehören zur Gattung Allium (Lauch). Sie werden gesät oder, üblicher, als Steckzwiebeln gezogen. Sie sind leicht anzubauen und nach der Ernte lange lagerfähig und somit ganzjährig verfügbar. Sie enthalten viel Zucker und sind reich an Vitamin C, Kalzium, Kalium und Eisen. Ihre beißende Schärfe bekommen sie durch Brenztraubensäure – deshalb muss man beim Schneiden weinen. Die Pyruvat-Skala, die den Gehalt an Brenztraubensäure misst, gibt die Schärfe von Zwiebeln und Knoblauch an: Normal ist ein Wert um 8 und alles unter 5 zeigt eine süße Zwiebel an.

KOCHTIPPS

Die Zwiebel ist äußerst vielseitig. Ich verwende sie in Chutneys, Pickles, Suppen und Saucen. Sie passt zu vielen Geschmacksnoten: Bier, Thymian, Lorbeer, Knoblauch und Apfel. Sie kann unterschiedlich verarbeitet werden, etwa in Öl oder Butter gedünstet: bei mittlerer bis sanfter Hitze mit geschlossenem Deckel, damit sie keine Farbe nimmt. Karamellisierte Zwiebeln sind beliebt und bieten eine Umami- oder süßliche Note: in kleinen Portionen in Öl 20–40 Minuten braten. Kein Salz hinzufügen, denn es entzieht Feuchtigkeit und verhindert das Karamellisieren. Beim Rösten wird der Zwiebelgeschmack freigesetzt: in eine Auflaufform mit Knoblauch, Wurzelgemüse und holzigen Kräutern schichten.

ZUBEREITUNG

Klassische Zubereitung beim Kleinschneiden der Zwiebel: Das Grün abschneiden, die Zwiebel halbieren und schälen. Die Hälften mit der Schnittkante nach unten in Streifen oder Würfel schneiden. Dabei tränen die Augen, doch es gibt einige Tricks, um das zu vermeiden: Die Zwiebel 15 Minuten in den Kühlschrank legen oder unter Wasser schneiden. Das Tragen von Kontaktlinsen oder einer Taucherbrille scheint zu helfen. Die Wurzel-/Unterseite der Zwiebel enthält die meisten Enzyme für Brenztraubensäure. Wird die Zwiebel dort nicht geschnitten, geht es gleich tränenärmer voran.

ZERO WASTE

Zwiebeln an einem kühlen, trockenen und gut belüfteten Ort lagern. Sie müssen atmen, also nicht in Plastik oder im verschlossenen Behälter aufbewahren. Zwiebelüberschuss: in feine Streifen schneiden und 6–8 Stunden bei 55 °C im Dörrapparat trocknen. Die Dörrzwiebeln in einem luftdichten Behälter aufbewahren und zu Currys und Eintöpfen geben, wenn im Rezept ausreichend Wasser vorgesehen ist, das sie aufnehmen können. Oder Dörrzwiebeln in der Gewürzmühle zu Pulver zermahlen oder mit Meersalzflocken grob mahlen. Im luftdichten Behälter aufbewahren. Zwiebelsalz ist ein großartiges Würzmittel. Es schmeckt gut auf Brot mit Butter und Schnittlauchröllchen.

SORTEN

WEISSE ZWIEBEL

Mit geisterhaft weißer, transparentpapierdünner Schale, knackigem, festem Fleisch und runder Form. Der Geschmack ist mild und süß, mit lieblichem Nachgeschmack, sodass sie roh in Ringen aufs Käsebrot passt.

BRAUNE ZWIEBEL

Das Arbeitspferd der Zwiebelwelt, mittel bis groß und ein echter Alleskönner. Flach in der Form mit dicker kupfergelber papierner Schale. Das weiße oder cremefarbene Fleisch ist saftig und schmeckt und riecht scharf, wird es roh gegessen. Gekocht ist es süßer.

ROTE ZWIEBEL

Mit purpurroter, backpapierähnlicher Schale. Die Zwiebel hat weinrote und weiße Ringe. Knackig, farbenfroh und pfeffrig, wird sie roh gegessen, sie ist ideal für Salate und Garnituren. Gekocht karamellisiert sie mit ausgeprägter Umaminote.

SCHALOTTE

Birnenförmig, mit einer Schale in Kupfer über Blassrosa bis Rot und violettem Fleisch. Mehrere Exemplare wachsen als Horst zusammen. Der Geschmack ist komplex – roh ist sie süß, scharf und leicht stechend. Gekocht mild und süß – verleiht Saucen eine feine Note.

SCHALOTTE VON HOLLAND

Diese kompakte Schalotte hat eine kupferbraune Schale und feines Fleisch. Mildeste aller Schalotten, mit Hauch von Apfel.

HAUPTGERICHT

Schalotten-Tarte-Tatin
FÜR 4 PERSONEN

*Diese süße Tarte passt gut zu einer Käseplatte mit säuer-
lichem Ziegenkäse oder cremigem Gorgonzola, die statt eines
Desserts zum Abschluss eines Essens serviert wird. Die Tarte
ist herrlich süß und mit kräftig-scharfem Lauchgeschmack.*

ZUTATEN

50 g Butter

2 EL Rohrrohrzucker

2 EL Balsamico-Essig

1 EL Honig

*8–10 Schalotten, geschält
und quer in 2,5 cm breite
Ringe geschnitten*

8 Knoblauchzehen, geschält

*1 TL Meersalz, plus mehr
zum Garnieren*

350 g Blätterteig (Kühlregal)

Mehl, zum Arbeiten

*4 Zweige Thymian, Blätter
abgezupft, zum Garnieren*

Zubereitung

01 Den Backofen auf 240 °C vorheizen. In einer ofenfesten
Pfanne die Butter zerlassen und Zucker, Essig, Honig
und 50 ml Wasser darin erhitzen, bis die Masse Bläschen
wirft. Schalottenringe nebeneinander mit der Schnittfläche nach unten in die Pfanne stellen und Lücken mit
Knoblauchzehen füllen.

02 Mit Salz bestreuen und bei mittlerer Hitze 10–15 Minuten schmoren. Zwischendurch die Pfanne immer wieder
leicht schütteln, damit die Schalotten nicht festkleben.
Sie werden weich und beginnen zu karamellisieren; jetzt
die Pfanne vom Herd nehmen und die Schalotten kurz
abkühlen lassen.

03 Den Blätterteig auf einer bemehlten Fläche zu einem
Kreis ausrollen, der groß genug ist, um die Schalotten
in der Pfanne zu bedecken, etwas Rand mit einkalku-
lieren. Den Teig vorsichtig auf die Schalotten legen und
mit einem Holzlöffel die Ränder in die Form drücken.
Mit einem kleinen Messer einige Löcher in die Teigmitte
ritzen, damit der Dampf beim Backen entweichen kann.

04 Die Tarte im Ofen 35 Minuten backen oder bis der Blät-
terteigdeckel goldbraun ist. Anschließend kurz abkühlen
lassen. Einen großen Teller über den Teig legen und Teller
und Pfanne stürzen.

05 Die Tarte mit Thymianblättern garnieren und mit Meersalz bestreuen. Warm oder kalt servieren.

Zwiebel-Käse-Pastys

ERGIBT 4–6 STÜCK

In Cornwall haben gefüllte Teigtaschen, Pastys, eine lange kulturelle Geschichte. Ich liebe sie und besaß einige Jahren eine Backstube namens Posh Pasty Co., wo wir die Pastys selbst herstellten. Dieses Rezept verwendet drei Zwiebelsorten für ein pikantes, süßes, randvoll mit Käse gefülltes Päckchen voller Glück. Trick für den verschlungenen Rand: Teig mit den Fingern nach vorn rollen und in den Teig drücken.

ZUTATEN

250 g gekühlte gesalzene Butter, gewürfelt

500 g Mehl Type 550 oder 1050, plus mehr zum Arbeiten

175 ml Wasser

1 Ei, verquirlt

Füllung

½ braune Zwiebel, gewürfelt

½ rote Zwiebel, gewürfelt

1 Schalotte, gewürfelt

100 g Cheddar, gerieben

100 g Red Leicester, gerieben

150 g Kartoffeln, geschält und fein gewürfelt

½ TL frisch gemahlener schwarzer Pfeffer

Zubereitung

01 Butter und Mehl zwischen den Fingern zu Krümeln verreiben und Wasser hinzugießen, bis sich alles zu einer Kugel formen lässt. Im Kühlschrank 1–2 Stunden kühl stellen.

02 Den Backofen auf 220 °C vorheizen. Für die Füllung die Zwiebelwürfel mit geriebenem Käse, Kartoffelwürfeln und Pfeffer vermischen. Den gekühlten Teig auf einer bemehlten Fläche in 4–6 Portionen teilen, diese zu Kugeln formen, dann zu Kreisen (Ø 20 cm) ausrollen.

03 Auf jeden Teigkreis eine Portion der Füllung geben. Die Teigränder in der Mitte zusammennehmen und mit gut bemehlten Händen den Teig auf die Seite legen. Die übereinanderliegenden Ränder fest einrollen: mit rechtem Daumen und Zeigefinger den Teig nach vorn klappen und andrücken, während die linke Hand den Teig hält und den gewellten Rand zusammenhält. Die Enden umklappen und fest andrücken.

04 Den Teig mit dem verquirlten Ei bestreichen und die Teigtaschen mit Gabel oder Messerspitze einstechen.

05 Die Pastys 10 Minuten im Ofen backen, die Temperatur auf 200 °C reduzieren und weitere 15–25 Minuten backen, bis der Teig goldbraun und die Füllung geschmolzen ist. Mit Chutney, Röstgemüse oder Salat dazu servieren.

Heiß geräucherte Zwiebelsuppe

FÜR 4 PERSONEN

Als Kind aß ich im Winter einmal die Woche eine französische Zwiebelsuppe. Sie steckte voller immunstärkender Vitamine und Mineralstoffe und ist bis heute eines meiner Lieblingsgerichte. Im Laufe der Jahre habe ich Vieles ausprobiert und ich glaube, ich habe endlich den Sieger gefunden. Bei dieser in zwei Schritten zubereiteten Suppe werden die Zwiebeln vor dem Karamellisieren heiß geräuchert. Sie verleihen dem Klassiker eine holzige Umaminote.

ZUTATEN

10–12 braune Zwiebeln, halbiert, mit 1 EL Olivenöl eingepinselt

50 g Butter

1 TL Rohrohrzucker

6 geräucherte Knoblauchzehen

2 Zweige Thymian

250 ml Weißwein

1,3 l Gemüsebrühe

Meersalz und frisch gemahlener schwarzer Pfeffer

250 g Camembert

2 Zweige Rosmarin

1 Baguette, in breite Scheiben geschnitten

Außerdem

6 EL Eichenholzchips

Zubereitung

01 Einen Räucherofen oder Kugelgrill auf 180 °C erhitzen. Sobald die Holzkohle rot glüht, die Zwiebelhälften hineinlegen. Die Eichenholzchips hinzufügen, den Räucherofen schließen. Die Zwiebeln 20–30 Minuten heiß räuchern.

02 Die geräucherten Zwiebeln aus dem Räucherofen nehmen, abkühlen lassen, dann die Schalen ablösen. Die Zwiebeln in Streifen schneiden.

03 In einem Topf die Butter zerlassen, Zwiebelstreifen und Zucker hinzufügen. Bei mittlerer Hitze 20 Minuten karamellisieren, dann geräucherten Knoblauch und Thymianzweige hinzufügen. Gemeinsam weitere 10–15 Minuten schmoren, bis die Zwiebeln braun und klebrig sind. Dann Weißwein und Brühe hinzugießen.

04 Den Backofen auf 220 °C vorheizen. Die Zwiebelmischung aufkochen, dann 15 Minuten köcheln lassen, abschließend mit Salz und Pfeffer abschmecken.

05 Inzwischen den Camembert mit Rosmarinzweigen spicken und in einem passenden Ofengeschirr im Ofen backen. Die Suppe mit Baguette und Käse servieren.

Pastinake

SÜSSE AUS KALTEN GEFILDEN

ESSBARE TEILE

01 PFAHLWURZEL

Eine lange, spitz zulaufende Wurzel mit breiter Krone. Sie kann roh gegessen werden, wird aber meist gekocht. Größere Pastinaken haben eine holzige Mitte, die dunkler ist als das blasse Fleisch. Die Enden vor dem Kochen abschneiden.

02 SCHALE

Die dünne beigefarbene Schale ist nährstoffreich und sollte besser geschrubbt als geschält werden – vor allem, wenn die Pastinake geröstet wird. Die Schale ist bei kleineren Pastinaken zart, wird aber bei ausgewachsenen Exemplaren holzig und leicht bitter.

BLATTGRÜN

Pastinaken sind Verwandte der Wiesen-Pastinake sowie des Bärenklaus und enthalten Furocumarine. Dieser sekundäre Pflanzenstoff kann die Haut reizen und nach Einstrahlung von UV-Licht einen schmerzhaften Ausschlag verursachen. Meist wird die Pastinake ohne Grün verkauft, ansonsten das Grün vor dem Lagern entfernen. Blanchiert ist es im Prinzip essbar und hat einen an Petersilie erinnernden Geschmack, aber ich persönlich meide es.

Manchmal muss man eine Zutat nicht mit modischen Wort-
schöpfungen künstlich aufwerten. Die bescheidene Pastinake
ist blass, süß und sieht unspektakulär aus, aber zerstampft,
püriert oder mit Honig und Thymian geröstet ist sie großartig.

PFLANZE

Die Pastinake aus der Familie der Doldenblütler ist eng mit der Karotte verwandt,
hat aber einen kräftigeren Geschmack. Die
essbaren Pfahlwurzeln haben eine lange
Wachstumszeit und können bis zu 30 cm
lang und an der Krone 7,5 cm breit werden.
Pastinake ist eines der wenigen Gemüse, die
in nördlicheren Gefilden besser gedeihen.
Zudem wird die Rübe in kälterem Klima
größer und entwickelt einen reiferen, holzigen Geschmack. Die Schale ist immer hell,
variiert zwischen Hellweiß und Beigegelb.
Pastinaken enthalten viel Vitamin C, Folsäure und Kalium sowie reichlich Ballaststoffe, was der Verdauung zugutekommt.

KOCHTIPPS

In der Regel ist die Pastinake weniger
stärkehaltig als Kartoffel oder Karotte. Sie
ist eine gute Grundlage für Suppen, schenkt
Eintöpfen erdige Süße und lässt sich gut
stampfen oder rösten. Die Abschnitte sind
eine gute Basis für Brühen. Wegen ihrer
Süße wird die Pastinake oft mit Honig,
Ahornsirup, Estragon und Thymian kombiniert. Ich reibe sie sogar zu Kuchenteigen
oder in weiße Brownies. Babypastinaken roh
reiben, mit Zitronensaft, Schnittlauchröllchen und weißem Trüffelöl anmachen und
mit Radicchio sowie gerösteten Walnusskern-
nen mischen. Die rohe Pastinake sorgt für
eine schöne Textur und eine überraschend
süße Geschmacksnote.

ZUBEREITUNG

Feste, glatte Exemplare wählen und jene mit
vielen Fäden, weichen und schrumpeligen
Spitzen und weichen oder dunkelbraunen
Stellen meiden. Geschnitten verfärbt sich
die Pastinake rasch. Am besten in kaltes
Zitronenwasser legen, wenn sie nicht direkt
verwendet wird. Eventuell schälen, obwohl
ich sie lieber abschrubbe, um nichts wegwerfen zu müssen. Längs schneiden oder
quer zu Faser würfeln. Die Mitte ist oft holzig und härter als das zarte Wurzelfleisch.
Für einen Stampf diesen Teil zuerst und
länger kochen. Oder die Mitte herausschneiden, blanchieren und dann separat rösten –
sie ist immer noch schmackhaft.

ZERO WASTE

Pastinaken kühl, dunkel und gut belüftet in
der Vorratskammer, in der Garage oder im
Erdkeller lagern. Bei unter 10 °C halten sie
sich so gut und gern 4–6 Monate. Nicht mit
Äpfeln lagern, denn diese sondern ein Gas
ab, das die Pastinaken bitter macht. Kleinere Pastinaken vor dem Kochen abbürsten,
größere Wurzeln dünn schälen. Die Schale
für ein knuspriges Topping in wenig Öl
anbraten oder zu Chips dörren. Die getrocknete Schale fein zermahlen und in Brühen
und Saucen rühren. Zum Haltbarmachen
die Wurzeln würfeln, vorgaren, abtropfen
und abkühlen lassen. Dann 10–12 Monate
einfrieren (s. S. 46). Oder vor dem Einfrieren pürieren und als Suppenzutat nutzen.

SORTEN

'ALBION'

Gleichmäßig zulaufend mit brei-
ter Form und Fülle im unteren
Bereich und glatter Schale. Das
Fleisch ist weiß und verfärbt
nicht schnell. Hervorragender
süßer Geschmack.

'HOLLOW CROWN'

Alte Sorte, Blätter sinken tief am
Ansatz ein und bilden so eine
»hohle Krone« im Fleisch. Die
Wurzel kann bis zu 36 cm lang
werden. Sie wächst gut in kalten
Wintern und wird so noch süßer.
Durch das feine Fleisch lässt
sie sich gut zerstampfen, ist gut
zum Sammeln von Samen und
schmeckt butterweich mit feiner
Süße im Nachgeschmack.

'SUTTENS STUDENT'

Eine alte amerikanische Sorte
mit kleinen, dünnen Wurzeln,
glatter Haut, cremigem Fleisch
und schmaler Mitte. Mild im
Geschmack, der sich verstärkt,
wenn die Wurzel nach dem ers-
ten Frost im Boden bleibt.

'GLADIATOR'

Oben breit, verschlankt sich
stark nach unten. Ertragreiche
Sorte, die zwar weniger süß,
aber kräftig im Geschmack und
für leichte und schwere Böden
gleichermaßen geeignet ist.

BABYPASTINAKEN

Die jungen Pastinaken sind zar-
ter und süßer als große Exemp-
lare und werden im Ganzen oder
längs halbiert verwendet. Perfekt
für den Beginn der Beikost,
da auch Babys den süßlichen
Geschmack mögen.

HAUPTGERICHT

Pastinaken-Merguez

FÜR 2 PERSONEN

Der Großteil der Füllung besteht aus geraspelten Pastinaken, die konkurrierende Gewürze und leuchtende, geröstete Paprikaschoten gut im Zaum halten. Pastinake erdet das Pikante und hat eine fleischige Textur: hervorragend für diese Veggie-Würstchen. Sie können die Masse durch einen Trichter in den Wurstdarm füllen, aber mit dem Füllaufsatz eines Fleischwolfs geht es viel leichter.

ZUTATEN

1 m vegetarischer Wurstdarm
1 EL Olivenöl

Füllung
500 g Pastinake, geraspelt
1 rote Paprikaschote, geröstet und fein gehackt
4 Knoblauchzehen, gerieben
1 Schalotte, fein gewürfelt
50 g Semmelbrösel
1 EL Pesto aus gerösteter roter Paprikaschote
1 EL Harissa-Paste (nordafr. Gewürzpaste)
2 TL geräuchertes Paprikapulver
2 TL getrockneter Thymian (möglichst Wilder Thymian)
1 TL Kreuzkümmelsamen
1 TL Fenchelsamen
½ TL Chiliflocken
½ TL geräuchertes Meersalz

Zubereitung

01 Sämtliche Zutaten für die Wurstfüllung in einer großen Schüssel vermischen und anschließend 1–2 Stunden durchziehen lassen. Inzwischen sämtliche Utensilien zur Herstellung der Würste vorbereiten.

02 Den Darm 5 Minuten in kaltem Wasser einweichen. Wenn Sie mit Fleischwolf und Füllaufsatz arbeiten, den Darm vorsichtig über den Füllaufsatz ziehen und eine grobe Lochscheibe (8 mm) wählen. Alternativ die Füllmasse im Mixer stückig zerkleinern.

03 Den Backofen auf 200 °C vorheizen. Die Masse gleichmäßig in den Darm füllen (oder durch den Trichter in den Darm pressen). Auf halber Länge eine Lücke lassen. Diese Stelle verdrehen, sodass zwei Würste entstehen. Die Enden mit Küchengarn verknoten und den Darm in der Mitte durchschneiden. Die Würste zu Spiralen rollen und mit einem langen Holzstab so fixieren.

04 Die Wurstspiralen auf einem Backblech mit Olivenöl bestreichen und im Backofen in 20–25 Minuten goldbraun braten. Dazu passen eingelegte Chilischoten, Harissa-Mayonnaise und Pommes frites.

Pastinakensuppe mit Knusperschale

FÜR 4 PERSONEN

Eine solche bescheidene Curry-Pastinaken-Suppe durfte in meinem Buch nicht fehlen. Wie Kartoffel-Lauch-, Karotten-Kreuzkümmel- oder französische Zwiebelsuppe ist sie ein saisonaler Trumpf auf der Rezepthand. Meine Version ist seidig glatt, mit vielen Gewürzen für Wärme ohne zu viel Schärfe. Das Knuspernest aus Pastinakenschale und Chilischote bringt Schwung und zusätzlich Textur in die Bowl, ohne die würzige Suppe zu beherrschen.

ZUTATEN

2 EL Olivenöl

750 g Pastinaken, geschält, 1 Handvoll Schalen bei-seitegelegt und die Rüben gewürfelt

1 große Zwiebel, grob gehackt

2 Knoblauchzehen, fein gehackt

1 EL frisch geriebener Ingwer

1 TL Garam masala (ind. Gewürzmischung)

1 TL Currypulver

1 TL gemahlener Koriander

1 TL gemahlener Kreuzkümmel

½ TL gemahlene Kurkuma

½ TL mittelscharfes Chilipulver (am besten Kashmiri-Chilipulver)

1,5 l Gemüsebrühe

100 g Sahne (nach Belieben)

Meersalz

Knuspernest

1 EL Olivenöl

1 Handvoll Pastinakenschalen

½ TL Chiliflocken

Meersalz

1 rote Chilischote, entkernt und längs in feine Streifen geschnitten

Zubereitung

01 Olivenöl in einem Topf erhitzen und Pastinakenwürfel, Zwiebel- und Knoblauchstücke, Ingwer und weitere Gewürze hinzufügen. Alles gemeinsam 4–5 Minuten bei geschlossenem Deckel anbraten, dabei gelegentlich durchrühren.

02 Die Brühe hinzugießen, die Hitze reduzieren und die Suppe 20–25 Minuten köcheln lassen. Inzwischen für das Knuspernest das Olivenöl in einer Pfanne erhitzen und die Schalen in 4–5 Minuten darin knusprig braten. Die goldbraunen Knusperschalen mit Chiliflocken und Meersalz bestreuen, die Chilistreifen untermischen. Die Schalen in ein Sieb schütten, damit sie nicht weich werden, so abkühlen lassen.

03 Die gegarten Pastinaken zur Garprobe mit einem Messer einstechen. Mit dem Stabmixer glatt pürieren. Sämiger wird es mit Sahne. Die Suppe mit Meersalz abschmecken und in einer Suppenschale mit den gebratenen Pastina-kenschalen als Topping servieren.

BEILAGE

Pastinaken-Pommes mit Camembert

FÜR 2 PERSONEN

Pastinaken sind die ultimative Gemüsekombi zu sauren Cranberrys und cremig gebackenem Camembert. Das Rezept bringt mich wahrscheinlich auf die Böse-Buben-Liste – ich bin mir sicher, dass einige Puristen es als Sakrileg sehen, die Pastinake so zuzubereiten –, aber probieren Sie es selbst. Die Babypastinaken werden wie klassische Backofen-Pommes und dann mit kräftigem Schimmelkäse gebacken, der mit Rosmarin dekadent wird – manchmal ist solcher Luxus wohlverdient.

ZUTATEN

- *10–12 Babypastinaken*
- *1 TL Meersalz*
- *2 EL hoch erhitzbares Olivenöl*
- *250 g würziger Camembert*
- *2 Zweige Rosmarin*
- *2 EL getrocknete Cran-berrys, eingeweicht (oder, wenn erhältlich, frische)*

Zubereitung

01 Den Backofen auf 220 °C vorheizen. Die Pastinaken längs in Streifen schneiden. Im Salzwasser (½ TL) 8–10 Minuten halb vorkochen, damit sie weich werden, abtropfen lassen und das Wasser für eine Brühe oder Sauce auffangen.

02 Auf einem Backblech das Olivenöl erhitzen. Sobald es siedend heiß ist, die Pastinaken auflegen und wenden, damit sie ganz vom Öl überzogen sind. Mit dem restlichen Meersalz (½ TL) bestreuen und 20–25 Minuten im Ofen rösten.

03 Den Camembert mit Rosmarinzweigen spicken, dann auf dem Backblech Platz für ihn machen (er sollte seine Form behalten, kann aber in die Pastinaken laufen). Die Pastinaken mit Cranberrys bestreuen und das Blech zurück in den Backofen schieben. Weitere 20 Minuten backen, bis der Käse leicht zerlaufen ist, die Cranberrys weich und die Pastinaken perfekt geröstet sind. Sofort servieren.

Steckrübe

GEBUTTERT UND GEWÜRZT GANZ GRANDIOS

ESSBARE TEILE

01 BLÄTTER

Das wächserne wellige Blattwerk ist nährstoffreich. Einige Arten werden auch als Futterrübe verwertet. Das jüngere Blattgrün ist zart und schmeckt in Butter oder Öl gebraten überaus köstlich. Mit zunehmender Reife wird es kräftiger im Geschmack.

02 SCHALE

Die violette bis grüne oder gelbe Schale ist an einigen Stellen geriffelt und lässt sich gut schälen, ist aber holzig im Geschmack. Ich persönlich entferne sie immer und kompostiere sie, wenn ich das Gemüse zubereite – ich habe die Schale zwar mal probiert, fand sie aber bitter und unangenehm zu essen.

FLEISCH

Das feste gelbliche Fleisch ist feinkörnig und hat süße wie herzhafte Noten. Gekocht zeigt es nur einen leicht schwefeligen Geschmack, der typisch ist für alle Kreuzblütler.

In meiner Sprache gibt es sogar mehrere Wörter für sie (kornisch = neeps). Übersetzungen sind hier aber nebensächlich, denn im Endeffekt ist eine Steckrübe aber immer süß und köstlich. Sie kann eine ganze Familie satt machen.

PFLANZE

Die Steckrübe stammt ursprünglich aus Schweden, wo ein Botaniker die wild wachsende Pflanze entdeckte. Daher auch die Bezeichnung »Schwedische Rübe«. Die Steckrübe ist winterhart und wächst gut im kühlen, feuchten Klima. Sie hat blaugrüne Blätter, die jüngeren sind essbar und schmecken gekocht ähnlich wie Kohl. Steckrüben sind größer, kompakter und süßer als Pastinaken und meist gelb-braun an der Spitze mit grün-violettem Ansatz. Sie sind mild und leicht bitter und enthalten Eisen, Vitamin C und A. Sie liefern komplexe Kohlenhydrate, daher der im Vergleich zur Pastinake süßere Geschmack.

KOCHTIPPS

Ich dünste, gare oder schmore die Steckrübe lieber, als sie zu rösten. Das Fleisch lässt sich sämig zubereiten, während es gewürfelt Suppen oder Eintöpfe aromatisiert. Geraspelte rohe Steckrübe ist ideal als Garnitur oder in Streifen geschnitten für einen Salat. Ein Dressing aus Senf, Apfelessig, Honig und Olivenöl verstärkt die Umaminoten. Die Steckrübe passt zu Lorbeer, Gewürznelke und grünen Pfefferkörnern. In Schottland werden *neeps and tatties* als Rüben-Kartoffel-Püree zum traditionellen Burns Supper zu Ehren des gleichnamigen Dichters serviert. Auf den Orkneys gibt man Zwiebel dazu; ich püriere sie mit Karotten als Beilage zum Sonntagsbraten.

ZUBEREITUNG

Steckrüben sollten sich für ihre Größe schwer anfühlen und eine glatte, unbeschädigte Haut haben, sodass sie sich länger lagern lassen. Die größeren Exemplare, die länger unter der Erde waren, schmecken süßer, während die jungen Rübchen zarter in der Textur und bitterer sein können. Die Schale der jungen Steckrüben kann man essen, bei ausgewachsenen Pflanzen ist sie ungenießbar. Das Schälen geht leicht von der Hand, aber sie sind schwer zu würfeln, deshalb empfehle ich ein Koch- oder Hackmesser. Das feste Fleisch für einen Eintopf klein würfeln oder grob zerkleinern und garen, dann zerstampfen oder pürieren.

ZERO WASTE

Steckrüben dunkel und kühl lagern, möglichst etwas feucht, dann sind sie einige Monate haltbar. Vor dem Einlagern die Blätter entfernen, damit sie nicht trocken werden. Sie halten sich ein paar Tage im Kühlschrank. Bei reicher Ernte Steckrüben würfeln, 5–10 Minuten blanchieren und einfrieren (s. S. 46). Bei Bedarf können sie aufgetaut zu Suppen, Kartoffelstampf oder Karotten gegeben werden. Püree: Steckrübe würfeln und 20–30 Minuten garen, mit Butter zu einem sämigen Püree verarbeiten und einfrieren. Blätter und Spitzen werden, mit Öl und schwarzem Pfeffer und Muskatnuss gebraten, zur Beilage. Oder wie Selleriegrün zu Suppen oder Brühen hinzufügen.

SORTEN

VIOLETTKÖPFIGE

Am weitesten verbreitet, sehr ertragreich und mit nussigem Geschmack, schöner Süße und einem dunkelvioletteren Kopf im Vergleich zu anderen Steckrüben.

GRÜNKÖPFIGE

Reift langsamer und ist nicht so häufig anzutreffen wie die Hauptsorte, mit cremefarbenem Fleisch. Sie hat einen grünen Kopf und einen erdigen Geschmack, der gut zu Eintöpfen und Schmorgerichten passt.

BRONZEKÖPFIGE

Die Farbe der Krone ist dunkelgelb, und geschmacklich liegt diese Steckrübe irgendwo zwischen violett- und grünköpfiger Sorte. Sie hat eine kleinere Wurzelknolle als die violettköpfige Steckrübe und kann gut mit Gewürzen zerstampft werden – eine schöne Balance zwischen süß und würzig.

HAUPTGERICHT

Glasierter Steckrüben-Schinken mit Senf und Gewürznelken
FÜR 4 PERSONEN

Ein echtes Vergnügen: die Steckrübe wie einen Schinken im Gan-
zen kochen, dann braten. Passt gut zu ihrer fleischigen Textur.
Der intensive Geschmack ist perfekt zur süßen Senfglasur. Zudem
bekommt die Steckrübe ein Rautenmuster und wird mit Gewürz-
nelken gespickt, sodass das Innere eine opulente Würze erhält.
Als Neuinterpretation des Ploughman's Lunch mit einem pikanten
Relish, säuerlichen Pickles und einem alten Cheddar servieren.

ZUTATEN

1 Steckrübe, geschält
1 Karotte, grob gehackt
1 Stange Staudensellerie,
  grob gehackt
½ Zwiebel, grob gehackt
2 Lorbeerblätter
1 TL Senfsamen
1 Kardamomkapsel
1 Sternanis
½ TL schwarze Pfefferkörner
½ TL Meersalz
1 EL Gewürznelken

Senfglasur
50 ml Orangensaft
2 EL Ahornsirup
1 TL Dijonsenf
1 TL grobkörniger Senf
½ TL Meersalz

Zubereitung

01 In einem großen Suppentopf die Steckrübe mit Wasser bedecken und sämtliche restliche Zutaten, außer
Gewürznelken, hinzufügen. Aufkochen und dann
30–40 Minuten köcheln lassen.

02 Lässt sich ein Stäbchen leicht in die Mitte der Steckrübe
stecken, die Steckrübe aus dem Topf heben und die würzige Flüssigkeit für eine Gemüsebrühe aufbewahren.

03 Mit einem scharfen Messer ein Rautenmuster 5–10 mm
tief in die Oberseite der Steckrübe schneiden, dabei in
jeden Kreuzpunkt 1 Gewürznelke stecken.

04 Für die Senfglasur sämtliche Zutaten in einem kleinen
Topf erhitzen. Alles 5–10 Minuten dick und klebrig einkochen. Dann die Steckrübe mit der Glasur bestreichen.

05 Den Backofen auf 200 °C vorheizen. Die glasierte Steckrübe auf ein Backblech setzen und im Ofen 15–20 Minuten rösten, dabei nach der Hälfte der Zeit noch einmal
mit der Glasur bestreichen.

06 Die klebrige und goldgelbe Steckrübe aus dem Backofen
nehmen und kurz abkühlen lassen. In dünne Scheiben
schneiden und mit Relish, Käse und Pickles nach Wahl
servieren.

Steckrüben-Graupen-Eintopf mit Salbeiklößen

FÜR 4 PERSONEN

Steckrüben mit Klößen ist ein geliebtes Gericht aus Kindertagen. Hier habe ich die Klößchen mit Mehl, geriebenem Meerrettich und Salbei statt mit Rindernierenfett zubereitet. Der Eintopf strotzt nur so von süßen Aromen, was ich mit viel Pfeffer für eine herzhafte Wärme ausgleiche. Selleriegrün ist die Geheimzutat für eine bittere und mineralisch-herbe Note.

Zubereitung

01 Für den Eintopf das Olivenöl in einem Topf erhitzen. Zwiebelwürfel und Knoblauch darin andünsten. Graupen und Brühe hinzufügen.

02 Aufkochen, nach 10 Minuten Steckrübe, Karotten und Lorbeer hinzufügen und alles ca. 45–60 Minuten köcheln lassen. Mit Salz, weißem Pfeffer und grünen Pfefferkörnern abschmecken. Kurz vor dem Ende der Garzeit Selleriegrün, Schnittlauch und Petersilie hinzugeben.

03 Inzwischen den Backofen auf 200 °C vorheizen und für die Klöße die kalte Butter mit Mehl und Backpulver in einer Schüssel krümelig verreiben. Kräuter und geriebenen Meerrettich (oder Meerrettichsauce) untermischen. Nach und nach 4 EL Wasser hinzufügen oder so viel, dass die Masse bindet. Die Masse in 12 Stücke teilen und diese zu runden Klößen formen. Auf ein Backblech legen und im Ofen in 25 Minuten goldbraun backen.

04 Den Lorbeer aus dem Eintopf entfernen und den Eintopf mit den gebratenen Klößen, 1 extra Prise Salz, bestreut mit Schnittlauchröllchen und gehackter Petersilie servieren.

ZUTATEN

2 EL Olivenöl

1 Zwiebel (Sorte nach Belieben), fein gewürfelt

2 Knoblauchzehen, in Scheiben geschnitten

150 g Graupen, gewaschen

1,5 l Gemüsebrühe

1 Steckrübe, geschält und gewürfelt

2 Karotten, in Scheiben geschnitten

3 Lorbeerblätter

Meersalz

½ TL frisch gemahlener weißer Pfeffer

1 TL grüne Pfefferkörner, zerdrückt

1 Handvoll Selleriegrün, fein gehackt

1 EL Schnittlauchröllchen, plus mehr zum Garnieren

1 EL gehackte Petersilie, plus mehr zum Garnieren

Salbeiklöße

125 g gekühlte Butter, gewürfelt

250 g Mehl

2 TL Backpulver

1 TL gehackter Salbei

1 TL gehackte Rosmarinnadeln

1 TL geriebener Meerrettich (oder 1 EL Meerrettichsauce)

HAUPTGERICHT

Nussbraten mit Steckrübenpüree

FÜR 4 PERSONEN

Steckrübenpüree ist wie ein Magnet, der mich in die Küche meiner Mum zieht – zu Familienessen am Wochenende. Das Gericht ist echte Hausmannskost, die niemals enttäuscht – die butterweiche, süße, dampfende Steckrübe mit ihren feinen, wärmenden Gewürzen, die sich wunderbar mit dem knackigen Nussbraten und dem zitronigen Grün vereint.

Zubereitung

01 Den Backofen auf 200 °C vorheizen. Die Steckrüben- und Karottenwürfel 20 Minuten in Salzwasser garen, abtropfen lassen.

02 In einer Pfanne das Olivenöl erhitzen. Pilze, Zwiebeln und Knoblauch 5 Minuten darin anbraten. Rosmarin und Paprikapulver unterrühren. Pfanne vom Herd nehmen.

03 Maronen und Walnusskerne im Mixer zu groben Bröseln verarbeiten und in einer Schüssel mit Steckrüben-Karotten-Mischung und Pilzmasse vermischen. Bulgur unterheben und mit ½ TL Salz vermengen. Die Masse in eine gefettete Kastenform drücken.

04 Mit Kürbiskernen, Semmelbröseln, restlichem Salz (½ TL) und Pfefferbeeren bestreuen. Den Nussbraten 45 Minuten im Ofen backen.

05 Inzwischen für das Püree die Steckrübe 20–25 Minuten in Salzwasser weich garen. Vom Herd nehmen und abtropfen lassen.

06 Butter in einem Topf zerlassen und die Hälfte mit der gegarten Steckrübe zerstampfen. Mit Pfeffer, Salz und Muskat abschmecken. Die Sahne unterrühren.

07 Für das Steckrübengrün dieses in restlicher Butter (50 g) 4–5 Minuten dünsten. Salzen, Zitronensaft hinzufügen. Mit Nussbraten und Püree servieren.

ZUTATEN

½ Steckrübe, geschält und gewürfelt

1 Karotte, gewürfelt

1 TL Meersalz, plus mehr zum Garen

2 EL Olivenöl, plus mehr zum Einfetten

100 g Pilze, fein gehackt

1 kleine Zwiebel, fein gehackt

2 Knoblauchzehen, fein gehackt

1 TL gehackte Rosmarinnadeln

1 TL Paprikapulver edelsüß

50 g Maronen, gegart und geschält

50 g Walnusskerne

100 g Bulgur, gegart

1 EL Kürbiskerne

50 g Semmelbrösel

1 TL rosa Pfefferbeeren, zerdrückt

Steckrübenpüree und -grün

1 kleine Steckrübe, geschält

1 TL Meersalz, plus mehr zum Garen und Abschmecken

100 g Butter

½ TL frisch gemahlener weißer Pfeffer

½ TL frisch geriebene Muskatnuss

50 g Sahne

1 großes Bund Steckrübengrün, grob gehackt

1 EL Zitronensaft

»

Saisonales Gemüse kann schnell verderben und ist kostbar – es sollte behütet und wertgeschätzt werden. Sorgen Sie dafür, dass Sie es gut lagern, lange haltbar machen und exzellent zubereiten.

«

RAN ANS GEMÜSE

Müll und Michelin-Küche

Meine kulinarische Mission: Verschwendung vermeiden, neue Ideen in die Gemüseküche einbringen und Menschen inspirieren, wunderbare Gerichte selber zuzubereiten. Wenn wir weiterhin große Mengen an Lebensmitteln wegwerfen, hat das negative Folgen für uns alle. Es schadet unserem Planeten und fördert die globale Lebensmittelknappheit. Das Problem kommt nicht nur die Erde teuer zu stehen; wir könnten die Kosten für unseren Wocheneinkauf reduzieren, wenn wir unsere Lebensmittel besser im Griff hätten und möglichst keine Reste produzierten. Ich möchte hier kein Manifest schreiben oder Regeln aufstellen. Im Grunde bin ich ein Küchenrebell und hasse es, wenn man mir vorschreibt, was ich tun muss – vor allem in meiner eigenen Küche. Statt den Status quo zu kritisieren, möchte ich Sie lieber in diesem Kapitel ermutigen, Gemüse mit einem frischen Blick und neuem Schwung zuzubereiten. Wenn wir die Herausforderung annehmen, weniger Reste zu produzieren und mehr zu sparen, müssen wir das alte Regelwerk zerreißen und auf neue Weise kochen.

Eine bessere Lagerung, ein besseres Verständnis der grundlegenden Kochtechniken und das Wissen um das Haltbarmachen von Gemüse sind wichtig, um der Lebensmittelknappheit vorzubeugen. Behandeln Sie Lebensmittel mit Respekt, durchbrechen Sie Grenzen und sehen Sie Selbstverständliches in neuem Licht.

Eines unserer größten Probleme ist immer noch die begrenzte Haltbarkeit frischer Produkte. Eine saisonale Ernährung wird immer beliebter, aber oftmals wächst uns bei einigen Gemüsesorten die Ernte über den Kopf. Wir müssen lernen, Lebensmittel richtig bei entsprechenden Temperaturen zu lagern, und wissen, welche Teile wir verwerten können. Eine gute Speiseplanung ist das A und O, um einen besseren Überblick zu behalten. Ich kaufe mein Gemüse anhand eines Wochenplans, aber es kommt immer vor, dass in unserer Gemüsekiste unerwartet noch 4 Zucchini und 1 frisches Bund Mangold liegen. Dann wird es Zeit, umzuplanen und sicherzustellen, dass alles da liegt, wo es hingehört – um es direkt zu verarbeiten oder haltbar zu machen.

Die in diesem Kapitel gezeigten Grundtechniken kamen bereits in den Rezepten im Buch zum Einsatz, aber ich möchte sie etwas ausführlicher vorstellen, damit Sie fortan Gerichte auch ohne Rezepte zubereiten können. Eigene Mahlzeiten auszuarbeiten macht Spaß, wenn Sie die grundlegenden Techniken verstanden haben, und es hilft Ihnen beim Zero-Waste-Ansatz. Wenn Sie erst einmal die Grundlagen des Schmorens, Dämpfens, Grillens und Röstens beherrschen, verlieren Sie die Angst vor dem Kochen. Und durch das Haltbarmachen können Sie einen Überfluss an Gemüse verwerten und Ihren Vorratsschrank mit köstlichen Knabbereien, Gewürzmischungen und Würzmitteln auffüllen.

Wenn Sie zu Hause, genau wie ich, ohne Reste kochen möchten, werden Sie schnell zum Fan des Einfrierens. Die Reste, die früher auf dem Kompost landeten, werden zu neuen Kreationen. Ein neuer Ansatz, um die Zukunft zu verändern! Abschnitte, Wurzeln, Schalen und Kerne müssen fortan nicht mehr entsorgt werden. Stattdessen werden sie zu den Stars der Zutaten – vom Müll zur Michelin-Küche.

Grundlagen
AUFBEWAHREN

Damit Gemüse länger haltbar bleibt, ist der richtige Aufbewahrungsort ganz wesentlich. Es gibt Gemüse, das sich im Kühlschrank wohlfühlt, anderes bevorzugt die andernorts kalt gelagerte, dunkle Papiertüte. Wenn Sie jedes Gemüse individuell behandeln, bleibt es länger frisch.

TIPPS ZUR LAGERUNG

Sobald das Gemüse ins Haus kommt, sollten Sie es gewohnheitsmäßig sofort schneiden, einwickeln oder anders passend aufbewahren. Wurzelgemüse kommt immer in dieselbe Kiste, Salat immer ins selbe Kühlschrankfach.

KÜHLSCHRANK

Ein gut gepackter Kühlschrank braucht weniger Energie zum Kühlen. Allerdings muss Platz für die Luftzirkulation bleiben, vor allem bei Produkten wie Pilzen, Blumenkohl und Aubergine. Das meiste Gemüse mag etwas Feuchtigkeit, deshalb wickle ich es in feuchtes Küchenpapier und lege es in einen luftdichten Behälter, damit es nicht austrocknet. Kaufen Sie Bienenwachspapier (ohne Jojobaöl) und Frischeboxen. Verwenden Sie Papier- und Plastiktüten wieder für schon gefrorenes Gemüse.

Reinigen Sie den Kühlschrank einmal in der Woche und vergessen Sie nichts hinten im Kühlschrank. Nach dem Einkaufen

kommt Frisches erst nach hinten, Älteres nach vorn. Salatblätter nicht quetschen.

PAPIERTÜTE

Altmodisch, aber praktisch: In der Papiertüte kann die Luft zirkulieren, sie schützt vor Sonnenlicht und lässt sich leicht etikettieren.

MIETE (FÜR GEMÜSE)

Wurzel- und Knollengemüse mit etwas feuchter Erde in einem Behälter mit Löchern und etwas feuchter Erde verteilen. Einen Deckel auflegen und in Garage, Schuppen oder Keller lagern. So geht weniger Zucker verloren, und das Gemüse liegt dunkel.

REGAL

Regale im Vorratsraum sind praktisch für Gemüse. Die Luft muss zirkulieren, und der Raum sollte wegen stabiler Temperaturen nach Norden liegen.

GEMÜSE	LAGERUNG	HALTBARKEIT	TIPPS ZUR BESSEREN LAGERUNG
Artischocke	Kühlschrank	4–5 Tage	In einer durchlässigen Papiertüte aufbewahren.
Aubergine	Kühlschrank	1 Woche	Gut belüftet aufbewahren. Die Schale nicht zerdrücken.
Blattsalat	Kühlschrank	1 Woche	In einem feuchten Beutel im kühlsten Kühlschrankfach aufbewahren.
Blumenkohl	Kühlschrank	1 Woche	Zum Aufbewahren nicht waschen.
Bohnen	Kühlschrank	1 Woche	Eventuell blanchieren und einfrieren.
Brokkoli	Kühlschrank	1 Woche	In einem verschließbaren Behälter bleibt er länger haltbar.
Brunnenkresse	Kühlschrank	2–3 Tage	Mit Wurzeln in einem Glas Wasser in den Kühlschrank stellen.
Chili	Kühlschrank	2 Wochen	Im luftdichten Behälter aufbewahren. Gut an der Luft zu trocknen.
Dicke Bohnen	Kühlschrank	1 Woche	Vor dem Lagern palen, blanchieren und häuten (spart Platz).
Erbsen	Kühlschrank	1 Woche	Für ausreichend Luft im durchlässigen Beutel/Behälter aufbewahren.
Fenchel	Kühlschrank	1 Woche	Fenchelgrün abschneiden und separat aufbewahren.
Frühkohl	Kühlschrank	1 Woche	Hält sich gut im Plastikbeutel.
Grünkohl	Kühlschrank	5–7 Tage	In ein feuchtes Tuch eingewickelt behält er seine Feuchtigkeit.
Karotten	Kühlschrank	1 Monat	Grün abschneiden und mit Blattsalat im Kühlschrank aufbewahren.
Kartoffeln	kühle Vorratskammer	2–3 Monate	Nicht mit Zwiebeln lagern. In der Papiertüte kühl, dunkel lagern.
Knoblauch	kühle Vorratskammer	2–3 Monate	In brauner Papiertüte dunkel lagern.
Knollensellerie	kühle Vorratskammer	1–2 Monate	Blattgrün entfernen und separat im Kühlschrank aufbewahren.
Kohl	Kühlschrank	1 Woche	Äußere Blätter zum Schutz nicht entfernen.
Lauch	kühle Vorratskammer	2 Wochen	Vor dem Lagern nicht schneiden oder waschen.
Mangold	Kühlschrank	5–7 Tage	Blätter an Stielen abschneiden. Separat verschlossen aufbewahren.
Pastinaken	kühle Vorratskammer	2–3 Monate	Kühl und dunkel lagern – am besten im Keller oder in der Garage.
Pilze	Kühlschrank	1 Woche	In einer durchlässigen Papiertüte aufbewahren.
Rosenkohl	Kühlschrank	1 Woche	Von den Stielen trennen und äußere Blätter nicht entfernen.
Rote Bete	kühle Vorratskammer	1–2 Monate	Blätter abschneiden und im Kühlschrank aufbewahren.
Salatgurke	Kühlschrank	1 Woche	Feucht einwickeln und in verschlossenem Behälter aufbewahren.
Spargel	Kühlschrank	5–7 Tage	In feuchtes Küchenpapier wickeln.
Spinat	Kühlschrank	1 Woche	Mit trockenem Küchenpapier in einem Behälter aufbewahren.
Steckrübe	kühle Vorratskammer	2–3 Monate	Vor dem Lagern das Grün abschneiden und feuchte Erde entfernen.
Tomaten	Kühlschrank	1 Woche	Unreif auf sonnige Fensterbank legen und dann in den Kühlschrank.
Zucchini	Kühlschrank	1 Woche	Blüten 1–2 Tage in feuchtem Küchenpapier aufbewahren.
Zuckermais	Kühlschrank	2–3 Tage	Mit Hüllblatt im Kühlschrank oder zusätzlich in einem Beutel lagern.
Zwiebeln	kühle Vorratskammer	2–3 Monate	Im Netz an einem kühlen, dunklen und trocknen Ort aufhängen.

GRUNDSÄTZLICHES

Bevor es die Kühltechnik gab, lagerte man verderbliche Lebensmittel im Erdkeller. Die meisten Häuser haben einen solchen Raum nicht mehr. Doch lernen Sie, wie Sie ihren Platz am besten nutzen.

Belüftung: Ein Luftstrom sollte für eine ausgeglichene Feuchtigkeit sorgen. Packen Sie das Gemüse nicht zu dicht aneinander.

Temperatur: Gleichbleibend kühl, denn Gemüse sprießt oder fault bei Wärme. Wenn es keinen kühlen Vorratsraum gibt, sollte Gemüse in einem kleinen Schrank an der kühlsten Stelle im Haus lagern – idealerweise in einem dunklen, gut belüfteten Zimmer. Vermeiden Sie Gefrierbrand – friert Gemüse, ist der Kühlschrank zu kalt. Er sollte gute 5 °C haben.

Lagerfähig machen: Erde nicht vom Wurzelgemüse entfernen, da sie die Schale schützt. Blattgrün vor dem Lagern abschneiden, denn es entzieht der Wurzel Feuchtigkeit. Zarte Blattstängel und Blüten im Kühlschrank aufbewahren. Behälter und Beutel etikettieren und verfaultes oder schimmeliges Essen immer wegwerfen, damit es andere Lebensmittel nicht in Mitleidenschaft zieht.

Zubereiten

BRÜHEN

Eine selbst gekochte Brühe ist eine solide Grundlage für viele Gerichte. Ideal zur Gemüseverwertung, und heraus kommt eine schmackhafte und nahrhafte Basis für Suppen, Eintöpfe und Saucen. Sie können jede Menge Geschmack herauskitzeln, wenn Sie diese Grundfertigkeiten beherrschen.

GRUNDSÄTZLICHES

Zerkleinertes Gemüse andünsten, in Wasser mit Gewürzen und Kräutern garen und dann die Brühe passieren. So entstehen je nach verwendeten Zutaten vielfältige, komplexe Geschmacksnoten und auch kräftige Farben.

Utensilien: Diese Investitionen lohnen, wenn Sie Brühen selbst herstellen: großer Edelstahltopf, Schaumlöffel und Spitzsieb.

Anschwitzen: Für jede Gemüsebrühe wird zuerst gewürfeltes Gemüse gedünstet, bevor es in Wasser weitergart.

Köcheln: Gemüsebrühe muss nicht so lange wie Fleischbrühe köcheln – weniger als 1 Stunde –, da die Zellulose schneller zerfällt. Langsam und sanft bei 82 °C ist ideal, denn bei starkem Kochen gehen Vitamine verloren.

Kräuter: Ein Bouquet garni verleiht Brühen mehr Tiefe. Ein Bund aus Lorbeer, Thymian und Peter-silie passt zu den allermeisten Brühen. Aromatische Gewürze sorgen für komplexere Hintergrundnoten.

Abschäumen: Regelmäßig den Schaum an der Oberfläche abschöpfen. Mit einer Schaumkelle Schweb- und Trübstoffe entfernen. So wird die Brühe klar.

Passieren: Die Brühe durch ein Spitzsieb oder ein feines Sieb gießen. Für starkes Filtern das Sieb mit einem Musselintuch auslegen. Die glatte, klare Brühe behält 2–3 Tage maximalen Geschmack.

Salz: Braucht jede Brühe. Meersalz statt Tafelsalz verwenden, denn es ist natriumärmer und enthält mehr als 60 Meeresmineralien.

Andicken: Die Gemüsebrühe enthält keine Proteine, um Moleküle zu binden. Deshalb bleibt sie dünnflüssig. Durch vegetarische Gelatine wird sie dicksämiger, mit Algen texturreicher.

Abb. a

Abb. b

VARIATIONEN

Bereiten Sie Brühen mit unterschiedlichem Gemüse und passenden Aromen zu.

Mirepoix: Scharfe Zwiebel, bitterer Sellerie und süße Karotte verbinden sich zu einer hellen Brühe, die Risottos Gehalt gibt oder zur idealen Pochier- oder Schmorflüssigkeit wird. Das Gemüse nicht rösten! Zerkleinertes Gemüse bei mittlerer bis leichter Hitze 25–30 Minuten weich dünsten. Dann so viel Wasser zugießen, dass das Gemüse bedeckt ist. Pro Liter 1 TL Salz und Kräuter wie Lorbeer, Petersilie und Thymian hinzugeben. Alles 15–20 Minuten köcheln lassen, regelmäßig abschäumen, bis die Farbe vom Gemüse in die Brühe übergeht. Passieren (s. S. 266) und gleich verwenden, im Kühlschrank 2–3 Tage lagern oder einfrieren.

Braune Brühe: Butternusskürbis-, Knollensellerieschale und Zwiebeln in wenig Öl bei 200 °C 15–20 Minuten rösten (**Abb. a**).

Das Röstgemüse und ein Mirepoix mit Wasser übergießen, 15–20 Minuten köcheln lassen. Abschäumen und passieren. Die Röstaromen verleihen der dunklen, seidigen Brühe einen intensiven Umamigeschmack und eine karamellisierte Note. Perfekt, um Suppen anzureichern, Gemüse abzulöschen und zum Schmoren.

Grüne Brühe: Feine Komplexität und mit Grasnote. Zwiebelwürfel, Brokkolistiele, Sellerie, Lauch und anderes grünes Gemüse in Öl weich dünsten. Mit Fenchelsamen, gelben Senfsamen, grünen Pfefferkörnern und Kräutern am Stiel 30–45 Minuten köcheln lassen. In den letzten 5–10 Minuten Blumenkohlstiele und Kohlstrünke hinzufügen, dann passieren.

Dashi: Ein Kraftpaket voller Umami, das durch Algen und getrocknete Pilze zum vegetarischen Dashi wird (**Abb. b**). Ich nehme je 1 EL Kelp, Dulse, Meeresspaghetti und Meersalat. Sie

sorgen für salzige Würze, pikante Tiefe und samtige Sämigkeit. Dashi zur Mirepoix-Basis mischen oder als Algenbrühe verwenden. Mit Soja- oder Tamarisauce wird der Geschmack intensiver. Noch 15 Minuten köcheln lassen.

Pilzbrühe: Pilze sind frisch oder getrocknet ideal für eine Brühe. Zur kräftigen, dunklen Brühe kochen, die zu weißem Miso passt.

Maisbrühe: Exzellente Grundlage für Chowder oder eingekocht zum Glasieren von Kürbis und Karotten. Wie Mirepoix zubereiten, aber Reste von Maiskolben und Körnern für eine milchige, kräftig gelbe Brühe von schöner Süße hinzufügen.

Tomatenbrühe: Über dem Feuer geröstete Tomaten schenken Mirepoix erdige Noten. Für klare Tomatenbrühe den Saft roher Tomaten passieren. Grüne Tomaten passen zu Knoblauch und grüner Chili für eine herbe, fein gewürzte Brühe.

Zubereiten
DÄMPFEN UND GAREN

Dämpfen ist perfekt für junges Frühlingsgemüse. So wird es nicht zerkocht, sondern behält Nährstoffe, knackigen Biss und zarte Frische. Garen in Wasser ist dagegen eine gute Möglichkeit, härteres Wurzelgemüse weich fürs Rösten oder zum Pürieren zu machen.

DÄMPFEN

Zartes Gemüse von gleicher Größe einige Minuten über brodelndes Wasser legen und abdecken, sodass es durch den Dampf gart. So nimmt es einen reinen, intensiven Geschmack an, während es Biss und Nährstoffe behält. Am liebsten dämpfe ich (grünen oder dünnen) Spargel, Bohnen, und Spinat 3–5 Minuten; Frühkohl, Grünkohl und Mangold 5–7 Minuten; und Babykarotten und Blumenkohl 8–10 Minuten. Mit einem Messer die Garprobe machen. Als Dämpfeinsatz ein Sieb oder einen klassischen Edelstahl-Dampfeinsatz verwenden, oder Bambusdämpfer, die traditionell im Wok genutzt und übereinandergesetzt werden können, um mehrere Dinge gleichzeitig zu dämpfen.

Beim Garen im Päckchen (*en papillote*) wird das Dämpfgut in Pergamentpapier oder Aluminiumfolie verpackt – oder Sie nutzen dazu Bananen-, Weinblätter oder Lieschen vom Mais. Das Päckchen wird gebacken, um den Inhalt zu dämpfen oder zu dünsten. Ich gebe gern noch Kräuter, Butter oder Öl hinzu oder 1 Schuss Wein sowie Bio-Zitronenspalten für extra Geschmack. Fenchel, dünne Kartoffelscheiben und Spargel lassen sich so perfekt zubereiten.

GAREN

Es ist wichtig, die Unterschiede der Garmethoden zu kennen. Beim sanften langsamen Garen bleibt das Gemüse *al dente*, beim sprudelnden Kochen zerfällt es und lässt sich stampfen. Ich gebe Salz ins Wasser; es beschleunigt den Zerfall der faserigen Gemüsestruktur, erhöht die Siedetemperatur des Wassers und erhält die Farbe, vor allem von grünem Gemüse. Gemüse mit kaltem Wasser bedeckt aufkochen. Wurzelgemüse wie Knollensellerie, Pastinake, Kartoffel oder Steckrübe 15–20 Minuten garen. Kohlgemüse wie Rosenkohl, Brokkoli und Blumenkohl nicht länger als 8–10 Minuten garen.

Zubereiten

GRILLEN

Beim Kochen mit Feuer oder starker direkter Hitze geht es vor allem um Kontrolle. Das Grillen auf dem Grill oder in der Grillpfanne schließt rasch die Frische und Nährstoffe ein und beeinflusst den Geschmack erheblich. Nichts geht über die rauchige Süße von karamellisiertem Gemüse.

AUF DEM GRILL

Auf dem Grill oder unter dem Backofengrill ist das Grillgut direkter Hitze ausgesetzt, sodass es schnell gart und schön karamellisiert. Gemüsespieße lassen sich am besten bei starker Hitze grillen – allerdings immer wieder wenden, damit sie gleichmäßig bräunen. Eine Marinade kann einiges bewirken. Dazu Öl mit frisch gehackten Kräutern, Knoblauch und Gewürzen verrühren. Die Marinade schützt das Gemüse vor der Hitze, und das Öl verbindet die einzelnen Zwiebelschichten, Maiskörner und überzieht Paprikafleisch. Den Holzspieß für ein Gemüsekebab vor dem Grillen in Wasser einweichen, damit er nicht verbrennt. Sehr beliebt zum Grillen sind Paprikaschoten, Pilze, Zwiebeln, Aubergine und Zucchini.

IN DER GRILLPFANNE

Ich liebe meine geriffelte Grillpfanne. Für mich ist das Grillen in der Pfanne eine einfache Art, unterschiedliches Gemüse zuzubereiten. Die Pfanne vorher unbedingt erhitzen. Ansonsten dünsten Sie das Gemüse, statt es scharf anzubraten, und es wird matschig. Zur Kontrolle etwas Wasser in die Pfanne spritzen – es sollte sofort zischend verdampfen.

Die Pfanne vor und zwischen Verwendung mit Öl einreiben und bei 170 °C im Backofen 20 Minuten einbacken. Beim Braten oder Grillen die Pfanne jedoch niemals einölen, nur das Grillgut mit Öl einpinseln. Ich grille oft ohne Fett, um das Gemüse pur anzubraten, und gebe Marinade oder Dressing erst hinterher hinzu. Dünne Gemüsescheiben 3–4 Minuten von jeder Seite grillen, bis es weich und angekohlt ist. Ideal dafür geeignet sind Zucchini, Zuckermais, Aubergine, Erbsen in Schoten, Paprikaschoten, Pilze, Salatherzen, Fenchel und Spargel.

Zubereiten

BRATEN UND SCHMOREN

Das Braten sorgt für Dramatik in der Küche. Wird Gemüse kurz ange-braten, pfannengerührt oder geschmort, verändert es sofort Textur und Geschmack, kann aber auch anbrennen. Der entscheidende Moment! Deshalb lassen Sie das Essen besser nicht aus dem Blick.

SAUTIEREN

Sautieren bezeichnet das kurze Anbraten in wenig Fett bei recht starker Hitze. Der Begriff kommt aus dem Französischen (*sauter* = springen, hüpfen) und bezieht sich auf das Hin- und Herrütteln des Pfanneninhalts bei der Zubereitung. Durch die Bewegung können die Lebensmittel bei starker Hitze gebraten werden, ohne anzubrennen. Gemüse wird dazu meist in dünne Streifen geschnitten oder gewürfelt, damit es eine größere Oberfläche hat und so gleichmäßiger brät und saftig bleibt. Zwiebeln, Knoblauch, Paprikaschoten und Pilze sind ideal für diese Zubereitungsart, aber auch Wurzelgemüse lässt sich gut sautieren.

Ich verwende bei mittlerer bis starker Hitze wenig Olivenöl. Wenn Sie die Hitze reduzieren und einen Deckel auflegen, können Sie das Gemüse anschwitzen, das beim Anbraten dann fast gedämpft wird. Das verhindert das Karamellisieren und Bräunen.

Küchenutensilien: Eine Sautierpfanne ist extrem vielseitig, sehr robust mit dickem Boden, geradem Rand und Deckel. Sie sollte mindestens Ø 30 cm haben und tiefer als eine Pfanne sein. Gute Pfannen verteilen die Hitze gleichmäßig.

Ablöschen: Nach dem Sautieren lösche ich die Pfanne ab, um die aromatischen Röststoffe am Pfannenboden zu lösen und daraus eine runde Sauce zuzubereiten. Dazu eignen sich Wein, Cidre, Brühe oder Zitronensaft.

Flambieren: Richtig effektvoll wird das Ablöschen, wenn der zugegebene Alkohol anschließend angezündet wird, um das sautierte Gemüse intensiv zu aromatisieren. Geben Sie Brandy, Rum oder Whiskey in die Pfanne und entzünden Sie den Alkohol mit einem Streichholz oder Küchenbunsenbrenner. Sind Sie mutiger und kochen mit Gas, neigen Sie die Pfanne langsam, bis die Flamme den Alkohol entzündet.

Abb. a

Abb. b

BRATEN

Gebratene und frittierte Speisen leiden unter einem schlechten Ruf, doch Gemüse lässt sich durchaus braten, ohne fettig zu schmecken. Variieren Sie die Öle für etwas Abwechslung. Sesamöl ist großartig zum Pfannenrühren, Sonnenblumenöl ideal zum Frittieren und Rapsöl hat eine hohe Rauchtemperatur, sodass es sich zum Braten in wenig Öl und Ausbacken eignet. Beim Konfieren (s. unten) geht für mich nichts über Olivenöl, doch experimentieren Sie selbst.

Ausbacken: Portionsgroßes Gemüse, Pattys oder Bratlinge in wenig Öl braun braten. Überschüssiges Fett abtropfen lassen.

Pfannenrühren: Fantastisch, um Gemüse mit wenig Öl bei starker Hitze zuzubereiten. Es bleibt ständig in Bewegung, sodass die Ränder schön bräunen, das Gemüse aber nicht anbrennt. So behält es Biss und nimmt den Geschmack des Öls auf. In einem gewölbten Wok kann das Gemüse leicht bewegt werden, und dieser leitet die Hitze durch das Metall in das Gemüse.

Frittieren: Ideal für Pommes frites, Tempura, Bhajis, Chips und Kroketten. Diese Kochtechnik ähnelt dem Braten in wenig Öl, benötigt allerdings mehr Öl. Das Gemüse wird in mindestens 180 °C heißes Öl getaucht (**Abb. a**) und wird meist durch einen Teig oder eine Panade geschützt. Die Oberfläche wird knusprig und goldbraun, das Innere bleibt saftig. Am besten in kleinen Portionen frittieren, damit die Temperatur nicht sinkt, und anschließend überschüssiges Öl abtropfen lassen.

Konfieren: Das Gemüse komplett mit Öl bedecken und bei 93–99 °C langsam 1–2 Stunden garen. Durch ein Sieb passieren und abgekühlt entweder im Öl aufbewahren oder das Öl für Dressings oder zum Kochen aufbewahren. Ideal, um Gemüse wie Knoblauch, Chili und Zwiebeln haltbar zu machen.

SCHMOREN

Beim Schmoren wird mit trockener Hitze und feuchtem Dampf gearbeitet, um Geschmack aufzubauen und die Saftigkeit zu erhalten. Für die zweistufige Zubereitung das Gemüse in heißem Öl anbraten, sodass es eine Schutzschicht erhält. Dabei entsteht eine Umamibasis mit Karamellnoten. Dann Flüssigkeit hinzugießen und bei geschlossenem Deckel das Gemüse weich und saftig schmoren. Sie können das Gemüse auf dem Herd scharf anbraten und im Backofen schmoren: 20–40 Minuten. Als Schmorflüssigkeit Brühe, Saft oder Alkohol wie Wein, Cidre, Wermut oder Bier verwenden – so erhält das Gemüse einen konzentrierten Geschmack. Probieren Sie das Schmoren von Kohlherzen (**Abb. b**), Frühkohl, Steckrübe, Beten oder Karotten. Zu Schmorgemüse passen Gewürze wie Sternanis, Wacholderbeere, Zimt oder Pfefferkörner und Trockenfrüchte wie Datteln oder Aprikosen.

Zubereiten
RÖSTEN UND BACKEN

Der Backofen ist die beste kulinarische Erfindung aller Zeiten. Garen im Backofen ist langsamer als Braten oder Grillen, doch perfekt, um die natürliche Süße des Gemüses zu betonen. Ich mag geröstetes Wurzelgemüse und umhüllt Gegartes – von Teig bis Salzkruste.

RÖSTEN

Ich nutze immer Umluft – hier im Buch gebe ich aber die Temperaturen als Ober-/Unterhitze an. Meine Standards: 150 °C (170 °C Ober-/Unterhitze) für langsames Rösten – etwa Gemüse im Bräter oder Gemüsemix auf einem tiefen Backblech. Ich gieße bei niedrigen Temperaturen meist Brühe oder Flüssigkeit hinzu, damit das Gemüse zusätzlich gedämpft wird. Bei 200 °C wird alles auf einem Blech geschmort und bei 220–240 °C (200–220 °C Umluft) entsteht genug Hitze, dass die Gemüsestücke knusprig werden und alles zusätzlich anbrät.

AUF DEM BLECH

Meist reicht es aus, wenn das Gemüse in Öl gewendet wird. So trocknet es nicht aus, während die Schale bräunt. Ich erhitze das trockene Blech vorher, damit das Rösten schneller geht – so muss der Ofen zu Beginn nicht die ganze Hitze aufs Blech aufwenden. Ich schneide das Gemüse stets in gleich große Stücke. Thymian, Rosmarin und Knoblauch sorgen für Geschmack und Bio-Zitronenscheiben, Feigen oder Trockenfrüchte für frische Süße. Mit Salz bestreuen. Wurzelgemüse vor dem Rösten vorgaren. Meist muss es 40–45 Minuten rösten. Hasselback-Gemüse – das Röstgut wird mehrmals dünn eingeschnitten (s. S. 41, 159, 176) – ist ideal zum Rösten von Kartoffeln, Süßkartoffeln, großen Pastinaken und Roten Beten. Das Gemüse wird außen sehr knusprig und bleibt innen herrlich weich.

UNTERSATZ

Wird Gemüse im Ganzen geröstet, empfiehlt sich ein Rost oder Untersatz auf dem Blech, damit die heiße Luft auch unten zirkulieren kann. Ich verwende häufig Gemüsereste als essbaren Untersatz. Mit Kräutern und Gewürzen versehen aromatisieren sie den ganzen Kürbis oder Blumenkohl zusätzlich.

Abb. a

Abb. b

BACKEN

Ich backe Gemüse allein oder in Pies und Pastys, aber gleichzeitig liebe ich es, sie in Salzteig, Heu oder Alufolie zu wickeln. Dadurch sind sie vor direkter starker Hitze geschützt und garen innen durch die Wärme. Bei dieser Zubereitungsart bleibt alles schön saftig.

BACKEN IM OFEN

Eine Ofenkartoffel ist das perfekte Beispiel, wie Gemüse im Ganzen ganz einfach gebacken wird. Die Schale mehrfach einstechen und mit Öl einreiben. Bei 220 °C 60–70 Minuten backen, bis die Kartoffel in der Mitte luftig und die Schale knusprig ist. So lassen sich auch Süßkartoffel, Kürbis oder Rote Bete zubereiten.

Probieren Sie ein Gratin (s. S. 128), bei dem in dünne Scheiben geschnittenes Gemüse in einer flachen Auflaufform mit nicht zu viel Flüssigkeit – oft Sahne, Milch oder Brühe – gebacken und mit Käse oder Semmelbröseln bestreut wird (**Abb. a**).

Bei 200 °C 35–40 Minuten backen. Damit das Gemüse gleichmäßig backt, am besten raspeln oder mit einem Gemüsehobel in sehr feine Scheiben schneiden. Ein Gratin ist ideal, um alte Brotreste klein zu bröseln und als Topping zu verwenden. Ich bereite Brösel immer im Voraus zu, weil sie sich dann länger halten. Dazu altbackene Brotstücke bei 140 °C 20–30 Minuten goldbraun rösten und im Mixer zerbröseln. Proteinreicher wird es gemischt mit Kürbis- und Sonnenblumenkernen. Alternativ *pangrattato* – »Parmesan des armen Mannes« – herstellen: Die Brotbrösel werden in Olivenöl gewendet und mit Knoblauch geröstet – ein schönes veganes Topping für alle möglichen Gerichte.

BACKEN MIT TEIG

Denken Sie beim Backen von Pies (s. S. 152), Tartes (s. S. 61 und 245), Pastys (s. S. 189 und 246) oder Wellingtons (s. S. 183) auch an den hohen Feuchtigkeitsgehalt des Gemüses und die Konsequenzen für den Teig: entweder Löcher in den Teig bohren, damit der Dampf entweichen kann, oder den Teig vorher blindbacken – anderenfalls wird der Teigboden höchstwahrscheinlich matschig.

BACKEN MIT SALZKRUSTE

Für einen Salzteig entweder Eiweiße oder Mehl mit Salz und Wasser mischen (s. S. 235). Er sollte das Gemüse vollständig bedecken. Diese nicht essbare Kruste röstet das Gemüse darunter beim Backen, oder dämpft und aromatisiert es (**Abb. b**). Optimale Kandidaten für diese Zubereitung sind Knollensellerie, Karotten, Rote Beten und Kürbis. Für ein besonders aromatisches Röstaroma Kräuter oder Heu unter den Salzteig mischen. Die Salzkruste mindestens 1 Stunde bei 200 °C backen oder 2–3 Stunden bei 180 °C für einen zarten ganzen Kürbis oder größeres Gemüse.

Zubereiten

KOCHEN IM FREIEN

Beim Kochen im Freien wird selbst das bescheidenste Gemüse mutig und tritt aus seiner Schale heraus – ein glanzvoller Moment. Glut, heiße Kohlen und Holzrauch verleihen dem Gemüse eine erdige Süße und eine rauchige Umaminote. Das bekommen Sie im Leben nie in der Küche gebacken.

HOLZOFEN

Holzöfen werden in allen Formen und Größen angeboten, doch die besten Modelle zeichnen sich durch eine gute Thermodynamik aus. Sie sollten isoliert sein, die vom Holzfeuer ausgestrahlte Hitze lange halten können und diese durch den Steinofenboden in das Grillgut leiten, während die heiße Luft das Grillgut gleichmäßig gart.

Pizzaofen: Die Temperatur in einem klassischen italienischen, kuppelförmigen Pizzaofen liegt für ein schnelles und intensives Backen viel höher als in einem normalen Backofen. Ich backe meine Pizza bei 450 °C nur 4–5 Minuten. So bekommt sie eine schöne Kruste und eine knusprige Textur, die nicht keksig-trocken ist. Zudem kann der Käse perfekt schmelzen. Ein solcher Ofen kann mehr, als nur Pizza zu backen. Ich nutze ihn zum Rösten, Garen in der Glut und zum Brotbacken.

Grillofen: Ein Kugelgrill kann bei geschlossenem Deckel zum Backofen werden, wenn er innen richtig heiß wird. Nutzen Sie einen trommelförmigen oder Keramik-Kugelgrill zum Grillen, Braten und Heißräuchern.

Erdofen: Für einen Erdofen ein Loch in die Erde graben und den Boden mit Steinen auslegen. Darauf Holzscheite für ein Feuer schichten. Das Feuer entzünden und zu heißer Glut herunterbrennen lassen, diese etwas verteilen und das in Aluminiumfolie, Backpapier oder Heu gewickelte Gemüse hineinlegen. Mit mindestens 30 cm Erde bedecken und 2–3 Stunden langsam rösten. Die in den heißen Steinen gespeicherte Hitze strahlt zurück und gart das Gemüse perfekt.

Abb. a

Abb. b

LAGERFEUER

Ich habe an Lagerfeuern überall auf der Welt gekocht. Es ist wunderbar, so naturverbunden und auf stressfreie Art zu kochen. Suchen Sie Brennholz im Wald oder sammeln Sie Treibholz am Strand. Schichten Sie alles für ein kleines Feuer auf (an erlaubter Stelle), zünden es an und lassen Sie Ihre Gedanken schweifen.

Emaillekessel: An einem Dreifuß über dem offenen Feuer aufhängen. Perfekt zum Kochen von Suppen, Gemüseeintöpfen, Graupen-Risottos oder Currys. Der Kauf lohnt sich, wenn Sie viel draußen kochen.

Raketenofen: Für einen Raketenofen müssen Sie eine Art Kamineffekt schaffen, damit die Luft abziehen kann. Er ist als Kocher im Freien äußerst effizient. Sie können auf die kleinen Kocher auch Pfannen setzen und im Garten oder beim Campen schnell etwas zu essen vorbereiten.

GRILL

Ich bin ein Fan von Barbecues, hatte aber immer Probleme mit der damit verbundenen exzessiven Fleischkultur. Auch Gemüse ist gegrillt, geräuchert oder direkt in heißen Kohlen gegart großartig. Einfach mit Salsa oder Kräuterbutter reichen.

Grillen über Holzkohle: Ich grille gern Kebabs, Maiskolben, ganze Paprikaschoten oder Auberginen über Holzkohle. Das Grillgut regelmäßig mit Fett einpinseln, damit es saftig bleibt. Es sollte aber nicht in die Flamme geraten.

Grillen im Päckchen: Gemüse in Alufolie einzuwickeln und in der Glut zu garen, ist perfekt und einfach gekocht. Ich liebe es, Lauch und Butter mit Zitrone in Folie zu wickeln, ins Feuer zu legen (**Abb. a**) und in 15–20 Minuten zart und dampfend zu garen. Probieren Sie Fenchelstreifen, Frühkartoffeln in Butter, Süßkartoffelwürfel – es geht sogar mit Babyrosenkohl.

Räuchern: Sie können einen Kugel- oder Trommelgrill als Heißräuchergerät nutzen, wenn Sie Holzchips oder Eichenspäne unter die Kohlen mischen. Räuchern Sie Gemüse wie Zwiebeln, Tomaten, Pilze und Kartoffeln mit Hart- und Obstbaumholz. Ich mag besonders Apfel, Kirsche, Eiche und Ahorn. Mit Kräutern wird der Rauch äußerst aromatisch, deshalb gern auch Rosmarin, Thymian oder Salbei in die Glut mischen.

Grillen in der Kohle: Diese Art des Kochens ist unglaublich einfach. Das Gemüse einfach direkt auf die heiße Kohle oder in die Glut legen und nach 15 Minuten mit der Zange wenden. Sobald die Schale schwarz wird und das Gemüse sich in der Mitte weich anfühlt, ist es fertig. Garen Sie auf diese Weise Zwiebeln, Kartoffeln, Süßkartoffeln und Rote Bete (**Abb. b**). Die schwarze Schale entfernen und das durch das Holz aromatisierte, weiche Fleisch innen mit Butter und 1 Prise Meersalz genießen.

Haltbar machen

EINFRIEREN

Das Tiefkühlgerät ist die beste Waffe gegen Lebensmittelverschwendung. Gemüse lässt sich, genau wie Suppen, Eintöpfe und Pürees, problemlos einfrieren und behält dabei den Großteil seines Geschmacks und seiner Nährstoffe, wenn es richtig eingefroren wird.

BLANCHIEREN

Gemüse vor dem Einfrieren (vor-) garen und in Eiswasser abschrecken (für Farbe und Textur).

Enzyme: Das Blanchieren hemmt oder zerstört Enzyme, durch die das Gemüse Geschmack und Farbe verliert. Nicht lange genug blanchiertes Gemüse fault, da Enzyme den Gefrierprozess überleben können. Das Blanchieren tötet unerwünschte Bakterien ab. Gefrorenes Gemüse ist bis zu 12 Monate haltbar.

Blanchierzeit: Zwischen 2–3 und 6–8 Minuten, selten länger. Das Gemüse nicht vollständig garen, es soll beim Einfrieren nur nicht verderben. Das Wasser fast bis zum Siedepunkt aufkochen, dann das saubere, zerkleinerte Gemüse (Zeiten s. unten) ins Wasser geben. Den Topf nicht überfüllen, da sonst die Temperatur zu stark sinkt. Die Zeit ab dem erneuten Siedepunkt messen. Das Gemüse anschließend in kaltem Wasser oder Eiswasser abschrecken (s. rechts).

GEMÜSE	ZEIT	TIPP
Spinat/Blattgemüse/Schälerbsen	*1–2 Minuten*	*Nach dem Abschrecken und vor dem Einfrieren überschüssiges Wasser aus Spinat und Blattgemüse herausdrücken.*
Spargel/Bohnen/Erbsen-/ Paprikaschoten/Brokkoli	*2–3 Minuten*	*Im verschlossenen Beutel oder Behälter aufbewahren.*
Rosenkohl/Blumenkohl/Zwiebeln	*3–5 Minuten*	*Zum Einfrieren auf einem Tablett verteilen, damit nichts verklumpt, wenn es später verpackt wird.*
Artischocke/Karotte/Mais/ Steckrübe/Kürbis	*5–8 Minuten*	*Vor dem Einfrieren zum Abschrecken in Eiswasser legen.*
Pilze	*nicht blanchieren*	*Vor dem Einfrieren kurz in Eiswasser abschrecken. Pfifferlinge kurz dämpfen.*

Abb. a

Abb. b

ABSCHRECKEN

Der Garvorgang wird nach dem Blanchieren schlagartig gestoppt, wenn das vorgegarte Gemüse in eine große Schüssel mit Eiswasser getaucht oder unter fließendes kaltes Wasser gehalten wird, um es herunterzukühlen. Diese schnelle Kühltechnik wird als »Abschrecken« bezeichnet. In der Regel sollten Sie das Gemüse genauso lange abschrecken – wenn nicht sogar etwas länger –, wie Sie es blanchiert haben, allerdings gibt es auch hier Ausnahmen. Maiskolben sollten doppelt so lange abgeschreckt wie blanchiert werden. Abgetropft und getrocknet kann das Gemüse nun gelagert oder eingefroren werden.

LAGERN

Es gibt zahlreiche Tipps und Tricks zum Einfrieren. Gefrierbeutel mit Zipper lassen sich teilweise auch wiederverwenden, um Gemüse einzufrieren. Ich nutze zudem Tiefkühlboxen, die ich immer wieder reinige.

Einfrieren auf dem Tablett: Ich friere blanchiertes und abgeschrecktes Gemüse wie Erbsen, Paprikastreifen, Blumenkohlröschen oder Dicke Bohnen meist auf einem Tablett ein, damit sie beim Einfrieren nicht verklumpen. Nebeneinander ausbreiten und dann die gefrorenen Stücke zusammen verpacken. So können Sie immer die gewünschte Menge entnehmen.

Etikettieren: Tiefgekühltes Gemüse unbedingt etikettieren, damit es nicht irgendwo in den Tiefen des Gefrierschranks verloren geht. Schubfächer sind praktischer als eine tiefe Gefriertruhe, denn so behalten Sie besser den Überblick.

Eiswürfelformen: Sie sind zum Einfrieren portionsgroßer Mengen Brühe, Pesto oder Püree sehr sinnvoll (**Abb. a**). Die gefrorenen Würfel können in Eintöpfe, Currys oder Suppen gerührt werden, ohne sie vorher aufzutauen.

Pürees: Es spart viel Platz, wenn Gemüse als Püree eingefroren wird. Ein Karottenpüree (**Abb. b**) lässt sich auftauen und als Geschmacksverstärker unter Suppen oder Currysaucen rühren. Pürees aus Karotte, Tomate, Kürbis oder Knoblauch in einer Eiswürfelform einfrieren. Für ein Püree Butter zerlassen und fein gewürfelte Schalotte und Knoblauch hinzufügen. Das gewürfelte Gemüse im Topf unter Rühren 5–10 Minuten andünsten, dabei sollte es keine Farbe nehmen. Gerade so viel Brühe dazugießen, dass das Gemüse knapp bedeckt ist, alles 5 Minuten köcheln lassen. Glatt pürieren, etwas Sahne einrühren und alles sämig pürieren. Salzen und pfeffern.

Haltbar machen

IN ÖL EINLEGEN

Kochprofis können Gerichte komplizierter erscheinen lassen als sie sind. Einige Techniken sind wirklich einfach, und mit ihnen gelingt alles in nahezu zenartiger Ruhe. Beim Einlegen erledigt das Öl die Arbeit, während das Gemüse unter einer goldenen Schicht auf seinen Einsatz wartet.

PESTO

Ein klassisches Pesto besteht aus Basilikum, Pinienkernen und Parmesan, aber es lässt sich mit anderen Kräutern vielfältig variieren. Salbei, Rucola, Koriander oder junge Erbsentriebe sind ideal, und ich persönlich mag Gemüsepestos; sie sind kräftig und aromatisch im Geschmack und toll für Dressings oder als Grundlage für Saucen. Für ein Pesto püriere ich meist 1 Teil (Nuss-)Kerne (Pinien-, Haselnuss- oder Kürbiskerne), 2 Teile Olivenöl, 2 Teile geriebenen Käse (Parmesan, alten Gouda oder Pecorino) und 6 Teile frische Kräuter oder Gemüse. Für ein veganes Pesto ohne Käse einfach mehr (Nuss-)Kerne verwenden. Das Pesto ohne Lufteinschluss in einen sterilisierten, luftdichten Behälter füllen. Vor dem Verschließen mit einer Schicht Öl bedecken. Das frische Pesto im Kühlschrank aufbewahren und innerhalb 1 Woche verbrauchen.

Grünkohlpesto: Auch aus Schwarzkohl (Cavolo nero) entsteht ein wunderbares Pesto: mit Walnusskernen, Zitronenabrieb und Walnussöl. Mit Meersalz abschmecken und alles zu einem groben Pesto verarbeiten. Ich verwende hier den Kohl roh. Deshalb ist das Pesto auch blitzschnell zubereitet und enthält noch alle Nährstoffe des Gemüses.

Karottengrünpesto: Statt das Grün einfach wegzuwerfen, pürieren Sie es zum Pesto oder zur Zero-Waste-Sauce. Karottengrün schmeckt köstlich mit Knoblauch, Zitrone und Olivenöl, ein bisschen wie Petersilie, und hat daher eine krautige Note.

Rucolapesto: Für eine pfeffrige Variante probieren Sie ein Pesto aus Wilder Rauke oder Rucola mit Kürbiskernen, Zitronensaft, Knoblauch und Olivenöl. Ich mag die Wärme; es schmeckt köstlich auf einem Pizzaboden oder im gegrillten Sandwich mit Ziegenkäse.

Abb. a

Abb. b

IN ÖL EINLEGEN

Das Öl dient hier als Schutzbarriere, die verhindert, dass schädliche Bakterien und der von ihnen benötigte Sauerstoff zum Gemüse gelangen. Gegartes oder getrocknetes Gemüse in ein sterilisiertes Glas füllen und mit Olivenöl bedecken. Dann hält es sich im Vorratsschrank 2–3 Wochen, im Kühlschrank noch länger.

Grillgemüse: Zucchini, Knoblauch und Paprikaschote in einer Grillpfanne oder unter dem Grill (s. S. 269) schmoren und mit eingelegten Zitronen, Kapern, Oregano und Meersalz mischen. In Öl einlegen (**Abb. a**) und auf Bruschetta oder mit Röstgemüse in einem Salat verwenden.

Getrocknetes Gemüse: Es hält sich noch länger, wird es zusätzlich in Öl eingelegt. Es ist ideal zum Kochen, denn es ist bereits von aromatischem Öl überzogen –

sonnengetrocknete Tomaten sind dafür ein gutes Beispiel. Halbgetrocknetes Gemüse ist in Öl eingelegt ganz wunderbar – durch das Halbtrocknen werden die natürlichen Zucker konzentriert und die Aromen intensiviert. Dazu nur die Hälfte der angegebenen Zeit im Backofen oder im Dörrgerät (s. S. 281) trocknen. Anschließend abgekühlt in ein sterilisiertes Glas füllen und mit Öl bedecken. So nimmt das Gemüse beim Kochen schneller wieder Wasser auf und behält seine schöne weiche Textur.

KONFIEREN

Bei dieser Technik wird klein geschnittenes Gemüse in Fett oder Öl in ein ofenfestes Gefäß eingelegt und im Ofen bei sanfter Hitze langsam gegart. Ich verwende meist Olivenöl, doch Kokosöl oder geklärte Butter passen ebenso gut.

Knoblauch-Chili-Konfit: Mein liebstes Konfit (**Abb. b**): Die Knoblauchzehen schälen und mit Olivenöl bedecken. Dann bei 95–99 °C 2–3 Stunden garen, bis der Knoblauch weich und leicht gebräunt ist. Abkühlen lassen und in ein sterilisiertes Glas füllen – dann ist das Konfit 1–2 Wochen haltbar. Öl und Knoblauch sind wunderbar in Hummus oder Pesto oder als Aufstrich auf geröstetem Brot mit frischen Tomaten.

Wurzelgemüsekonfit: Konfieren ist ideal für Gemüse mit viel Stärke oder Zucker wie Kartoffeln, Zwiebeln, Kürbis oder Karotten, doch für Frühlingsgemüse oder Blattsalat weniger gut geeignet. Ein echter Knaller ist ein Konfit mit Kirschtomaten für eine langsam gegarte, aromatische Garnitur oder als Grundlage für eine Sauce.

Haltbar machen

TROCKNEN

Trocknen ist perfekt, um Gemüse haltbar zu machen und Reste zu verwerten. Es intensiviert den Geschmack und erhält viele wertvolle Nährstoffe. Getrocknetes Gemüse lässt sich platzsparender verstauen und vielseitig verwenden. Für mich die ideale Lösung für einen Ernteüberschuss.

GRUNDSÄTZLICHES

Gemüse wird länger geringer Hitze oder frischer Luft ausgesetzt, um Feuchtigkeit zu entziehen. Verwenden Sie nur beste Exemplare.

Temperatur und Zeit: Gemüse lässt sich bei 95 °C im Backofen trocknen, aber ich bevorzuge 75 °C. Dann dauert es etwas länger, aber so behält das Gemüse seinen Geschmack. Alles 4–6 Stunden trocknen, es sollte sich lederartig und leicht anfühlen.

Oberfläche: Größeres Gemüse vor dem Trocknen in gleich große Stücke schneiden. Je dünner die Stücke, desto größer die Oberfläche und desto kürzer die Trockenzeit. Kirschtomaten am besten halbieren und Pilze im Ganzen trocknen.

Blanchieren: Bei vielen Gemüsearten ist es sinnvoll, sie zuerst zu blanchieren (s. S. 276). Karotten, Erbsen, Grünkohl und Blattgemüse behalten so ihre Farbe. Trocken tupfen und dann trocknen.

Aufbewahren: An einem kühlen, dunklen Ort im luftdichten Behälter bis zu 1 Jahr haltbar. Vor Verwendung 15–20 Minuten in warmem Wasser quellen lassen.

LUFTTROCKNEN

Das ist die einfachste Art des Trocknens. Gemüse an einem sonnigen, belüfteten und trocknen Ort aufhängen. Die Stücke sollten sich nicht berühren, damit die Luft von allen Seiten zirkulieren kann.

Ich trockne Chilischoten oft im Gewächshaus, doch auch im Haus geht das gut. Die Stiele zum Strang oder als Kette (Ristra) binden und flechten, dann je nach Klima 2–3 Wochen trocknen lassen. Trocknen Sie auch Rosmarin, Lorbeer, Thymian und Salbei, allerdings keine Kräuter wie Petersilie, Koriander und Basilikum – diese besser im Dörrgerät trocknen und für Pestos oder tiefgefroren verwenden.

Abb. a

Abb. b

DÖRREN

Der Kauf eines Dörrgeräts lohnt sich, wenn Sie regelmäßig Gemüse haltbar machen möchten. Es ist ein einfaches und äußerst effizientes Gerät. In den Fächern können verschiedene Lebensmittel gleichzeitig getrocknet werden. Die Temperatur kann mit dem Thermostat auf 30–75 °C eingestellt werden. Viele Gemüsearten lassen sich besonders gut dörren, darunter Pilze und Tomaten. Beim Dörren bleiben viele Nährstoffe erhalten, fast so, als sei das Gemüse roh – also ist Dörren besonders gesund.

IM OFEN TROCKNEN

Zum Trocknen ist die Ofenhitze ideal. Die Tür sollte dabei einen Spaltbreit geöffnet bleiben (einen Kochlöffel einklemmen) oder zwischendurch geöffnet werden, damit die Feuchtigkeit entweicht. Am besten bei 85–100 °C trocknen. In den letzten 30 Minuten den Ofen ausstellen und die Restwärme nutzen.

VARIATIONEN

Das Trocknen von Gemüse ist eine gute Art, um den frischen Geschmack für leichte Snacks und vielseitige Zutaten aus dem Vorrat zu konservieren.

Pulver: Gehackte Pilze (kleine Pilze im Ganzen) auf ein Gitter legen und bei 55 °C rund 8 Stunden oder länger trocknen. Anschließend zu Pulver zermahlen (**Abb. a**), für Risottos, eine Umaminote in Veggie-Burgern oder zum Aromatisieren von Buchweizenpfannkuchenteig. Getrocknetes Gemüse ist ideal für Brühen, kommt als Pulver in eine Bouillon oder ersetzt das Salz beim Abschmecken. Probieren Sie fermentiertes Pulver nach der Zubereitung von Kimchi oder Sauerkraut als süßsaures Topping von Salaten, Pommes frites oder Röstgemüse.

Wurzelgemüsechips: Probieren Sie bunte Wurzelgemüsechips (**Abb. b**) aus dem Backofen: Gemüse wie Karotten, Rote Bete und Süßkartoffeln mit dem Gemüsehobel in dünne Scheiben schneiden. Nebeneinander auf einem Backblech verteilen und 2–3 Stunden bei 120 °C knusprig backen. Mit Meersalz und Paprikapulver bestreuen.

Ofengetrocknete Tomaten: Ich bereite gern meine eigenen getrockneten Tomaten zu. Dazu die Tomaten in Scheiben oder Stücke schneiden und in Zitronensaft tauchen, damit sie ihre leuchtende Farbe behalten. Nebeneinander auf einem Backblech oder auf dem Gitter im Dörrgerät verteilen. Etwa 6–8 Stunden bei 55 °C trocknen. Anschließend in Öl einlegen (s. S. 279) oder in einem luftdichten Behälter im Kühlschrank aufbewahren.

Haltbar machen

FERMENTIEREN

Durch das Fermentieren bekommt das Gemüse noch mehr Geschmack und wird länger haltbar. Unter guten Bedingungen sorgen die Milchsäurebakterien im Gemüse für eine komplexe Mischung aus herber Säure mit ausgeprägter bittersüßer Note voller guter Probiotika.

GRUNDSÄTZLICHES

Die Lacto-Fermentation (Milchsäuregärung) ist ein anaerober Prozess, bei dem die vorteilhaften Milchsäurebakterien im Gemüse ohne Sauerstoffzufuhr abgebaut und in Milchsäure und Gase umgewandelt werden. So entstehen fermentierte Lebensmittel von kräftigem, pikantem Geschmack. Die Lacto-Fermentation ist unberechenbar, doch mit etwas Geduld und Übung können Sie diesen lebenden Prozess in den Griff bekommen: Es eröffnet sich Ihnen eine ganz neue Welt der Gemüsearomen!

Milchsäurebakterien: Diese darmfreundlichen Mikroben kommen auf der Oberfläche von vielerlei Gemüse vor und gedeihen in einer anaeroben (sauerstofffreien) Umgebung. Milchsäurebakterien hemmen das Wachstum anderer »schlechter« Bakterien und Schimmelpilze. Sie verleihen Fermentiertem eine köstliche Säure, wenn sie sich vermehren. Sie bilden ein saures Milieu, das Gemüse mona-

telang haltbar macht. Der Verzehr von so fermentierten Lebensmitteln fördert Darmflora, Gesundheit und Wohlgefühl.

Salz: Einer der Kernprozesse für die Aktivierung einer Fermentation ist Osmose. Dafür wird Salz entweder in das Gemüse einmassiert, sodass es die Zellulose aufschließt und Wasser aus der durchlässigen Zellbarriere zieht, um so eine eigene Lake zu produzieren. Oder das Gemüse wird in eine vorher hergestellte Lake eingelegt, wenn es selbst nicht genug Flüssigkeit erzeugt, etwa bei ganzen Karotten (s. links). Das Salz hilft, gefährliche Bakterien abzutöten, zieht ein ins Gemüse und wirkt als geschmacksverstärkend. Ich verwende für meine Fermentation Meersalz; es enthält keine Zusatzstoffe oder Trennmittel und verstärkt den Geschmack durch die enthaltenen Meeresmineralien.

Abb. a

Abb. b

Temperatur: Eine warme Umgebungstemperatur beschleunigt den Prozess der Fermentation innerhalb von 7–10 Tagen. Wenn die Fermentation bei etwas niedrigeren Temperaturen 10–14 Tage dauert, sind die Aromen intensiver und weniger säuerlich. Ich persönlich mag den Geschmack einer guten Winterfermentation, auch wenn das Fermentieren länger dauert als im Sommer. Zur Belohnung schmeckt es erdiger, bitterer und gehaltvoller.

Anaerobe Umgebung: Bei der Fermentation ist es wichtig, dass keine Luft an das Gemüse gelangt. Deshalb wird das Gemüse dicht in ein sterilisiertes Glas geschichtet, sodass Luftbläschen entweichen können. Die Lake bildet die flüssige Abdeckung, sodass eine anaerobe Umgebung für das Gemüse entsteht. Ein Fermentationsgewicht ist ein äußerst praktisches Utensil zum Beschweren des Gemüses, damit dieses nicht mit Luft in Kontakt kommt. Sie

können es leicht selbst herstellen: Wasser in einen kleinen Beutel mit Zipper füllen, damit das Fermentiergut in die Lake getaucht bleibt. Die Anschaffung spezieller Fermentationsgewichte (**Abb. a**), passend zu den Einmachgläsern, lohnt ebenfalls, da sie praktisch sind und ein Leben lang halten.

Zeit: Es braucht etwas Übung und eine genaue Zeitmessung, um zu bestimmen, ob das Fermentierte die ideale Säure erreicht hat – bei mir sind es 7–14 Tage. Manchmal fermentiere ich Gemüse nur einige Tage, damit die Umwandlung des Geschmacks vor dem Kochen einsetzt. Die Säure sollte den Geschmack des Gemüses verbessern und nicht dominieren.

Würzen: Ich füge meinem Fermentiergut oftmals Gewürze für mehr Komplexität und Farbe hinzu. So reibe ich beispielsweise Kurkuma in mein Sauerkraut und verwende eine Kombination aus milder Chilischote, Ingwer und Knoblauch,

damit mein selbst gemachtes Kimchi eine koreanische Chilinote bekommt (**Abb. b**). Selbst fermentierte Gurke profitiert von Aromen wie Dill, Senfsamen, Chilischoten und Pfefferkörnern im Fermentationsprozess.

Lagerung: Sie können die Fermentation unterbrechen, indem Sie das Glas samt Inhalt tiefkühlen – der Fermentationsprozess läuft dann sehr viel langsamer ab. Doch durch das Einfrieren werden die Milchsäurebakterien abgetötet. So werden die gesundheitlichen Vorteile des Fermentationsprozesses zunichte gemacht.

FERMENTIERTES

Sauerkraut

ERGIBT 1 GLAS À 1 L FASSUNGSVERMÖGEN

Wenn Sie mit einem echten Klassiker starten wollen, dann sollten Sie als Erstes Sauerkraut fermentieren. Diese einfache Technik kann auf anderes Gemüse wie Rotkohl, Fenchel, Knollensellerie und Karotte übertragen werden. Mit Wacholderbeeren, Ingwer oder Dill erzeugen Sie zusätzlich Geschmack.

ZUTATEN

1 kleiner Kopf Weißkohl,
  geraspelt
½ Salatgurke, klein
  geschnitten
feines Meersalz
1 EL Kümmelsamen

Zubereitung

01 Kohl und Salatgurke abwiegen und 3 Prozent des Gesamtgewichts in Salz abmessen. Kohl und Gurke in zwei Schüsseln füllen, beide gleichmäßig mit Salz und Kümmelsamen bedecken. Das Salz mit den Händen in den Kohl massieren, um die Cellulose aufzubrechen und die Osmose zu begünstigen. Die Gurke muss nicht massiert werden.

02 Das gesalzene Gemüse über Nacht zimmerwarm stehen lassen. Dann mit dem Stößel oder Nudelholz fest in ein sterilisiertes Glas füllen. Die Luftbläschen sollten entweichen können und Kohl und Gurken müssen vollständig von der eigenen Lake bedeckt sein. Mit einem Fermentationsgewicht beschweren oder Backpapier passend zur Glasöffnung ausschneiden und das Gemüse unter die Lake pressen.

03 Das Glas nicht fest verschließen, sodass noch genug Luft entweichen kann, während das Sauerkraut fermentiert. Zimmerwarm (wärmer für eine schnellere Fermentation, kühler für eine langsame) 10–14 Tage ziehen lassen.

04 Wenn die Fermentation sich verlangsamt, das Glas fest verschließen und bis zum Servieren stehen lassen. Geöffnet bis zu 1 Woche im Kühlschrank haltbar.

Abb. a

Abb. b

VARIATIONEN

Die Welt des fermentiertem Gemüses ist riesengroß. Wenn Sie die Basics beherrschen, können Sie mit ungewöhnlichem Gemüse und Mischungen aus Gemüse und Früchten experimentieren oder kräftige Gewürze und Kräuter hinzufügen.

Sauerkraut mal anders: Sauerkraut zur Abwechslung mit Wirsing, Rot-, Chinakohl oder anderem Kohl zubereiten. Fenchelsamen, Kreuzkümmel, Kümmel oder Dill hinzufügen.

Ganzes Gemüse: Karotten, Kürbis, Rote Bete und Kartoffeln im Ganzen sind perfekt zum Fermentieren. Für den Kontrast zwischen süßen und rauchigen Noten das Gemüse an der offenen Flamme rundum anbrennen oder grillen.

Zerkleinern: Das Gemüse vor dem Fermentieren pürieren. Die Oberfläche für die Bakterien wird größer, was einen intensiveren Geschmack und eine schnellere Fermentation bewirkt. Die grobe Paste abwiegen, mit 2–3 Prozent Salz mischen. So Knoblauch oder Chilischoten fermentieren – das spart viel Zeit, anstatt das Gemüse erst zu schnippeln. Das Püree für Kimchi oder Curry verwenden.

Saft: Der bei der Fermentation entstehende Saft ist ein tolles Salatdressing – probieren Sie Fermentationslake von Karotten für säuerlichen Pep zu Goldene-Bete-Salat mit Cashewkernen (**Abb. a**). Ideal für Smoothies am Morgen, entweder mit Karotten püriert oder anderen Zutaten gemischt.

Trocknen: Im Dörrgerät bzw. auf dem Backblech das Fermentiergut bei geringer Hitze – höchstens 50 bzw. 70 °C – trocknen. Wenn das Gemüse krümelig genug ist, in der Gemüsemühle zermahlen. Mit diesem komplexen Umamipulver Gerichte wunderbar würzen.

Extra würzig: Ein schlichtes Fermentiergut erhält durch Kräuter und Gewürze mehr Aroma. Gurken und weiches Gemüse behalten durch tanninreiche Kräuter und Gewürze wie Lorbeer, Estragon, Gewürznelke und Zimt ihren Biss – Tannine hemmen die Wirkung der zellzerstörerischen Enzyme.

Kimchi: Dies ist eine weltberühmte Fermentation. Köstlich zu Pfannengerührtem, Ramen, Grillgerichten und Eiern. Kimchi wird mit Kohl, Karotte, Ingwer und Chilischote zubereitet – ich füge zur Abwechslung Frühlingszwiebeln, Mangold oder Grünkohl hinzu. Es hat eine süße und würzige Säure.

Bunt fermentiert: Wenn das Fermentierte bunt leuchten soll, 1 Prise Safran, Kurkumawurzel oder geraspelte Rote Bete zum Gemüse geben. Schon eine kleine Menge färbt das Fermentiergut wunderbar gelb oder violett, und der säuerliche Aromenmix wird zum Hingucker (**Abb. b**).

Haltbar machen

SAUER EINLEGEN

Einlegen in einer würzigen Essiglösung ist die schnellste Art, Gemüse halt-bar zu machen. Es entsteht eine säuerliche Zutat mit viel Geschmack und schöner Farbe. Und die Haltbarkeit von Gemüse verlängert sich um min-destens einige Wochen.

GRUNDSÄTZLICHES

Das Gemüse wird in eine gewürzte Lösung aus Essig und Wasser ein-gelegt, die zusätzlich gesalzen und gezuckert werden kann. In einem verschlossenen sterilisierten Glas ist eingelegtes Gemüse bis zu 1 Monat im Kühlschrank haltbar. Die Essigsäure tötet schädliche Organismen ab, während die Lösung eine anaerobe Umgebung schafft, in der Fäulnisbakterien nicht überleben können. Gemüse mit hohem Feuchtigkeitsgehalt zuerst salzen, um ihm vor dem Einlegen Flüssigkeit zu entziehen, da diese sonst die saure Lösung verwässert. Ich gebe immer etwas Zucker in den Einlegeessig für eine süßsaure Note; das Gemüse bleibt länger haltbar. Ich verwende zum Einlegen heißen Essig, es sei denn, ich lege Blüten oder zartes Baby-gemüse ein. So wird das Gemüse weich, behält aber seinen Biss.

Einlegeessig: Für eine starke Säure empfiehlt sich ein günstiger, bei-ßender, destillierter Würzessig, der in einem Dressing unangenehm

wäre, aber eine komplexe Tiefe von Würze und Süße hat. Alterna-tiv sind Apfelessig oder Weißwein-essig eine gute Wahl. Zum Einlegen von Roter Bete oder Rotkohl ver-wende ich Rotweinessig, bei einge-legten Zwiebeln Malzessig und bei Radieschen Mirin (Reiswein).

Gewürze: Es gibt fertige Gewürz-mischungen, aber ich stelle meinen eigenen Mix her, um bestimmte Gemüsenoten zu unterstreichen. Meine Standard-mischung enthält Koriandersamen, schwarze Pfefferkörner, Gewürz-nelken, Piment, Sternanis und Senfsamen. Andere Kandidaten sind Kreuzkümmelsamen, getrock-nete Chili, Kardamomkapseln, Wacholderbeeren und Zimtstan-gen. Die Gewürze im Musselintuch zusammenbinden (rechts, **Abb. a**), in Essig aufkochen und 5 Minuten köcheln lassen. Vom Herd nehmen und abkühlen lassen, das Gewürz-säckchen vor dem Einlegen des Gemüses herausnehmen (lässt sich mehrmals verwenden).

Abb. a

Abb. b

VARIATIONEN

Wenn Sie erst einmal anfangen, Gemüse einzulegen, werden Sie wahrscheinlich schnell süchtig. Sie können so auf fantastische Weise eine Gemüsegarnitur servieren – mit überraschend wenig Aufwand.

Aromatisierter Essig: Damit das Eingelegte noch intensiver schmeckt, den Essigsud mit Himbeere, Schlehe, Erdbeere oder mit Kräutern und Blüten aromatisieren. Ich verwende gern Holunderblütenessig mit geschmorter Tomate, Estragonessig mit Erbsenpesto oder einen Essig mit schwarzem (fermentiertem) Knoblauch, wenn ich mir ein kräftiges Einlegedressing mit Umaminote wünsche. Zum Aromatisieren die Zutaten in einer Essigflasche 2 Wochen ziehen lassen. In der ersten Woche täglich schütteln und innerhalb von 1–2 Monaten verwenden.

Einlegen mit Bier: Die Kombination von Bier und Essig ist köstlich zum Einlegen und verleiht Schalotten eine hopfige Tiefe.

Die Bier-Essig-Lösung mit wenig Zucker im Verhältnis 3:2:1 sowie mit Thymianzweigen und Wacholderbeeren erhitzen (**Abb. b**). Die Schalotten halbieren, in den heißen Essig legen und abkühlen lassen. Verschließen, in den Kühlschrank stellen und innerhalb von 2–3 Wochen verwenden. Bierzwiebeln schmecken am besten nach 48 Stunden, wenn die Aromen gut durchgezogen sind.

Ganzes Gemüse: Es muss dünn genug geschnitten sein, damit der Essig gut einziehen kann. Probieren Sie gehobelte Karotten, Artischockenherzen oder Spargel (**Abb. b**) in Weißwein- oder Apfelessig mit Pfefferkörnern und Chiliringen. Kleines Gemüse meist 1–2 Tage einlegen, ganzes Gemüse meist 5–7 Tage durchziehen lassen – so kann die Einlegelösung besser in das Gemüse einziehen.

Hübsch in Pink: Rote Zwiebeln (**Abb. b**) in eine heiße Lösung aus Apfelessig, Wasser und Zucker (im Verhältnis 2:2:1) einlegen: Sie werden pink und erhalten eine herbe Süße, die perfekt mit ihrem beißenden Geschmack spielt. Der geringe Säuregehalt macht die Zwiebeln nicht lange haltbar – im Kühlschrank 1 Woche.

Wurzeln und Früchte: Frische und getrocknete Früchte mit sauer Eingelegtem verbinden erdiges Wurzelgemüse und sauren Einlegeessig. Klassische Kombinationen sind Rote Bete und Cranberry, Karotte und Rosine sowie Pastinake und Zitrusfrucht.

Resteverwertung: Zur Abwechslung Gemüsereste einlegen. Klein geschnittene Brokkoli- oder Blumenkohlstiele, Karottengrün oder Gemüseschalen, die sonst auf den Kompost kommen, erhalten durch das Einlegen in Essig eine neue Lebenschance.

Haltbar machen

CHUTNEY

Was Essig, Zucker und Zeit mit zerkleinertem Gemüse vollbringen, ist immens. Ein Chutney ist perfekt, um große Mengen Gemüse haltbar zu machen und frische Kombinationen aus Gewürzen oder Trockenfrüchten auszuprobieren, die dem pikanten Gemüse hinzugefügt werden.

GRUNDSÄTZLICHES

Beim Chutney kommt wirklich jede Geschmacksrichtung ins Glas: Salzig, süß, sauer, bitter und umami verbinden sich harmonisch. Früchte und Gemüse in Würfeln in einem Topf mit Essig, Zucker und Gewürzen erhitzen, bis der Zucker sich auflöst und der Topfinhalt einkocht. Beim langen Köcheln verdampft die meiste Feuchtigkeit der Zutaten und schafft eine saure Umgebung – beides unterstützt die Haltbarkeit. Wenn Sie die Mengenverhältnisse (die je nach Zutaten variieren; in der Regel kommen 5 Teile Frucht und Gemüse auf 2 Teile Essig und 1 Teil Zucker) und die Garmethode im Griff haben, können Sie eigene Chutneys zubereiten. Der Herstellung von Chutneys wohnt die Magie der Verwandlung inne, da sich Farbe und Textur von frischem Obst und Gemüse bis zur Unkenntlichkeit verändern und die Küche mit wunderbaren Aromen und einer intensiven Essignote erfüllen.

Haltbar machen: Damit sich im Gemüse weder Bakterien noch Schimmelorganismen bilden (und auch gar nicht erst überleben), benötigt ein Chutney einen hohen Säuregehalt. Das wird durch die Zugabe von Essig erreicht. Auch der Zucker im Chutney macht die Zutaten haltbar; als Ergebnis der Osmose denaturieren die Mikroorganismen in einer konzentrierten Zuckerlösung, sodass das Gemüse monatelang haltbar bleibt.

Extra würzig: Für ein Chutney verwende ich wegen ihres kräftigen und wärmenden Geschmacks aromatische Gewürze, die die süßsaure Basis von Zucker und Essig auffrischen. Wenn Sie ein saisonales Rezept suchen, schauen Sie sich meine Übersicht zu Frucht-Gewürz-Kombinationen an (s. S. 289). Die meisten Vorschläge sind austauschbar, bieten aber erste Chutney-Ideen bei einem Überschuss an Gemüse.

GEMÜSE	GEWÜRZE & KRÄUTER	FRÜCHTE	ANMERKUNGEN
Aubergine	*Schwarzkümmelsamen, Ingwer, Knoblauch, Chili, Gewürznelke*	*eingelegte Limette, Rosinen*	*Geräucherte Aubergine ist eine gute Grundlage für dieses Chutney.*
Brokkoli/ Blumenkohl	*Kurkuma, Senfsamen, grüne Chili, Knoblauch, Koriander, Galgant*	*Aprikose, goldene Sultaninen, Mango*	*Bereiten Sie ein Piccalilli mit grünen Bohnen und eingelegten Zwiebeln zu.*
Fenchel	*Fenchelsamen, Dill, Kerbel, rote Chilischote, Senfsamen, Minze, Kardamom, rosa Pfefferbeeren*	*eingelegte Zitrone, Apfel, Orange*	*Ein fantastisches helles Chutney mit Fruchtnoten.*
grüne Bohnen	*Knoblauch, Ingwer, Kurkuma, schwarze Pfefferkörner und Senfsamen, fermentierte rote Chilischote*	*Rosinen, Apfel*	*Grüne Bohnen, grobkörniger Senf und würziges Apfelchutney passen perfekt zusammen.*
Karotte	*Kardamom, Ingwer, Thymian, Koriander, Safran, Tamarinde*	*Mango, Feigen, Apfel*	*Geraspelte Karotte gart schneller, und das Chutney ist schneller fertig.*
Kürbis	*Ras el-Hanout, Zimt, Harissa, Koriander, Kreuzkümmel*	*Apfel, Rosine, Granatapfel*	*Den Kürbis für mehr Geschmack vorher rösten, damit die Schale weicher ist.*
Paprikaschote	*Jalapeño, Koriander, Cayennepfeffer, Paprikapulver, Ingwer*	*Pfirsich, Apfel, Aprikose, Ananas*	*Mit stark gerösteter Paprikaschote wird der Geschmack intensiver.*
Pastinake	*Kardamom, Zimt, Sternanis, Kashmiri-Chili, Kaffirlimettenblätter*	*Birne, Kirschen*	*Für extra Süße beim Kochen Cidre hinzugießen.*
Pilze	*Trüffel, Rosmarin, Gewürznelke, Lorbeer, Thymian, fermentierter Knoblauch, Wacholderbeeren*	*Kokos, Apfel, Blaubeeren, Trockenpflaume*	*Gehaltvoller wird es mit scharfer roter Zwiebel und jede Menge Knoblauch.*
Rote Bete	*Meerrettich, Dill, Wacholderbeeren, Fenchelsamen, Chili, Zimt, Sternanis*	*Datteln, Himbeeren, Cranberrys, Orangen*	*Rotweinessig unterstreicht die natürliche Süße.*
Tomate	*Knoblauch, Paprikapulver, Piment, Garam masala*	*Apfel, Rosinen, Datteln, Pflaume*	*So lange köcheln lassen, dass die Feuchtigkeit der Frucht größtenteils verdampft.*
Zucchini	*Bockshornklee, Kreuzkümmel, Koriander, rote Chili, Ingwer, Chimichurri*	*Apfel, Rosinen*	*Bereiten Sie ein Kürbischutney mit Blütenpollen zu, um große Mengen Zucchini zu verarbeiten.*
Zuckermais	*Koriander, Paprikaflocken, Chipotles (fermentierte Chilischoten)*	*Limette, Ananas*	*Für ein Maisrelish: Mais mit roter Zwiebel und Paprikaschote mischen.*
Zwiebel	*Senfsamen, schwarze Pfefferkörner, Paprikapulver, Gewürznelke, geräucherter Knoblauch*	*Apfel, Rosinen, Feigen*	*Zum Rote-Zwiebel-Chutney, süß und klebrig wie eine Konfitüre, passen auch Raucharomen.*

Kochen: Chutneys, die ich für die Wintermonate haltbar machen möchte, kochen langsam, meist 2–3 Stunden, in einem Edelstahltopf mit dickem Boden, bis sie so eingedickt sind, dass sie am Löffel kleben und nur langsam abtropfen. Durch das lange Kochen werden unliebsame Mikroorganismen abgetötet – zum einen durch die Hitze und zum anderen durch die Reduzierung der Feuchtigkeit. Die Mischung regelmäßig umrühren, vor allem wenn sie eindickt. Die Reste immer wieder vom Topfboden kratzen, damit nichts anbrennt und dadurch den Geschmack verdirbt.

Aufbewahren: Nur Gläser verwenden, die zuvor bei über 80 °C länger als 15 Minuten sterilisiert wurden. Das Glas fast bis zum Rand füllen, damit möglichst wenig Sauerstoff im Gefäß bleibt. Chutneys halten sich gut mit kaum Sauerstoff und weniger als 10 Prozent Wasser im Glas, denn durch die Oxidation des Gemüses verdirbt das Chutney. Durch den hohen Säuregehalt lässt sich das Chutney bis zu 12 Monate aufbewahren. Geöffnet hält es sich im Kühlschrank bis zu 2 Wochen.

CHUTNEY

Scharfes Tomatenchutney

ERGIBT 2 L

Dies hat alles, was ein gutes Chutney braucht: Süße, Säure, Würze und intensive Umaminoten durch das langsame Köcheln. Es ist inspiriert vom klassischen Tomatenchutney und hat Chili, Ingwer und Knoblauch als Hintergrundaromen. Durch seine Wärme schmeckt es perfekt zu Käse oder zu einem Curry. Passen Sie die Menge von Essig und Zucker der Süße der Tomaten an!

Zubereitung

01 Das Olivenöl in einem Einkochtopf erhitzen und Zwiebeln, Knoblauch, Ingwer, Chiliringe und Gewürze bei leichter Hitze darin anschwitzen; die Zwiebeln sollten weich werden. Tomaten, Äpfel und Rosinen hinzufügen.

02 Bei geringer Hitze 45 Minuten köcheln, dabei alle 5 Minuten umrühren, bis Äpfel und Tomaten schön zerkocht sind. Darauf achten, dass die Mischung nicht nur oben, sondern auch auf dem Topfboden gerührt wird, damit am Boden nichts ansetzt.

03 Den Essig hinzugießen und alles 1 weitere Stunde köcheln lassen. Wiederum regelmäßig umrühren. Wenn die Flüssigkeit mehr und mehr einkocht, häufiger rühren, damit die Masse nicht am Topfboden anbrennt.

04 Den Zucker einrühren, bis er sich auflöst. Die Masse 15–20 Minuten bei mittlerer bis starker Hitze köcheln lassen, bis sie die richtige Konsistenz hat – ein Löffel sollte sich über den Topfboden ziehen lassen und für einige Sekunden eine Spur bilden. Zum Schluss mit Salz ausgewogen abschmecken.

05 Das Chutney in sterilisierte Gläser füllen, fest verschließen und etikettieren. Es ist so 6–12 Monate haltbar.

ZUTATEN

1 EL Olivenöl

2 rote Zwiebeln, fein gewürfelt

8 Knoblauchzehen, fein gehackt

1 EL frisch geriebener Ingwer

2 rote Chilischoten, entkernt und in feine Ringe geschnitten

1 EL Lebkuchengewürz

1 EL Paprikapulver edelsüß

1 TL gemahlener Ingwer

1 TL Chiliflocken

1 TL Koriandersamen

1 TL gemahlener Zimt

2 kg Tomaten, grob gehackt

2 säuerliche Äpfel (z. B. Boskop), geschält, vom Kerngehäuse befreit und in Scheiben geschnitten

100 g Rosinen

1 l Apfelessig

1 kg Rohrohrzucker

1 TL Meersalz

Abb. a

Abb. b

VARIATIONEN

Sie können mit Ketchups und Dips experimentieren und diese ähnlich wie ein Chutney zubereiten. Wenn Sie Ihre eigenen Würzmittel selber herstellen, können Sie aufregende Gewürze verwenden und intensive Geschmacksnoten einbauen.

KETCHUP

Wenn Sie Ketchup selber machen, verbiegen Sie sich nicht, um den Geschmack Ihrer Lieblingsmarke nachzuahmen – es sollte Ihnen vor allem Spaß machen!

Tomatenketchup: Zwiebel, Stangensellerie und Knoblauch in Öl weich dünsten. Tomaten und Gewürze – zum Beispiel Koriander, Zimt, Paprikapulver, Cayennepfeffer, Selleriesalz und Piment – hinzufügen und 10–15 Minuten köcheln lassen. Apfelessig und Rohrzucker einrühren, 45 Minuten köcheln lassen. Pürieren und passieren. Auf die gewünschte Konsistenz einkochen.

Pilzketchup: Pilze mit Schalotte, Knoblauch, Senf, Piment, Gewürznelke und Muskatnuss anbraten. Nach Belieben Rosmarin und Thymian hinzufügen. Zu einer dicksämigen und dunklen Masse einkochen (**Abb. a**). Datteln oder Trockenpflaumen zum Süßen hinzufügen und alles pürieren.

GEMÜSEHUMMUS

In meiner Kindheit gab es Gemüsehummus in allen Farben. Der hat mehr Tiefe als der klassische Kichererbsendip und verwendet Reste vom Röstgemüse.

Rote-Bete-Hummus: Gegarte Rote Bete mit Knoblauch, Orangensaft, Olivenöl und Tahin pürieren. Eventuell getrocknete Aprikosen und Kreuzkümmelsamen hinzufügen und mit Dill garnieren. Fantastisch zu Tortilla-Chips, rohem Gemüse oder einem Pitabrot mit Feta (**Abb. b**).

Kürbishummus: Gerösteter Kürbis passt wunderbar in ein Hummus, wird er mit geräuchertem Knoblauch, Olivenöl, Zitronensaft sowie 1 Prise Paprikapulver püriert. Mit Kürbiskern-Dukkah (s. S. 185) oder viel Chiliöl garnieren.

Dicke-Bohnen-Hummus: Ein Hummus aus Dicken Bohnen mit Minze, Zitronensaft, Pinienkernen und Parmesan ähnelt einem groben Pesto. Gegarte Limabohnen und viel Olivenöl hinzufügen, dann wird es etwas gehaltvoller.

Register

Dank

Dieses Buch wurde fast ausschließlich während des Lockdowns geschrieben und produziert. Es war also eine echte Herausforderung, alle Rezepte und Fotos zu Hause zu produzieren, ohne gleich das ganze Wohnhaus in eine Arbeitsstätte zu verwandeln. Deshalb möchte ich besonders meiner Frau Holly danken, die mich durch ihre fortwährende Motivation, den Gemüseanbau im Garten und die Durchsicht meiner Fotos unterstützt hat. Sie hat unseren Wohnraum mit mir geteilt und gleichzeitig tolle Arbeit beim Homeschooling unserer Kinder geleistet. Holly, du hast das Buch erst möglich gemacht, und dafür bin ich dir dankbar.

Ich danke meinen Kindern Indy, Pippin und Arrietty fürs Probieren. Danke, dass ihr so viel Verständnis dafür hattet, dass euer Dad in diesem Jahr so viel Zeit im Studio verbracht hat (auch an Wochenenden!), und mich immer erinnert habt, wenn der Timer am Backofen mal wieder piepste. Ein Dankeschön an meine Mum Brigit Strawbridge-Howard und ihren Mann Rob – ihr habt den Großteil des Buches gelesen und mir gärtnerische Ratschläge gegeben. Ein Vergnügen, euch jede Woche wieder neue Seiten zu schicken und auf euer Feedback zu warten. Ich danke auch meiner Schwiegermutter Jan – danke, dass du zu Besuch kamst und mit uns gegessen hast, und danke für deinen Zuspruch.

Es hat mir auch diesmal wieder ein großes Vergnügen bereitet, mit meinem Agenten Julian von Soho Agency zusammenzuarbeiten. Danke auch dem gesamten Team von DK, das die Zusammenarbeit an diesem Buch zu einer wunderbaren Erfahrung werden ließ. Ganz besonders möchte ich dabei Alastair, Harriet, Christine, Abi, Ruth und meiner großartigen Lektorin Holly danken. Ein großes Dankeschön geht an Simon Burt, der die Fotos von mir für dieses Buch aufnahm, an Oli von Ollo Fruit und Tia und Richard aus Botelet, bei denen ich Aufnahmen machen konnte – wie immer war es ein Vergnügen, mit euch zusammenzuarbeiten. Dem Team von Veggies & more für unsere wöchentliche Gemüsekiste und allen Lieferanten und Produzenten, mit denen ich arbeite, danke ich für eure Unterstützung und die stets großartigen Zutaten.

Danke und viel Spaß beim Kochen!
Euer James

Über den Autor

James Strawbridge ist ein Koch, Fotograf und Autor aus Cornwall. Als Koch kreiert James Rezepte und entwickelt Produkte
für Lebensmittelmarken. Als Fotograf fotografiert und stylt er
seine Rezepte für Social Media, Websites und seine Bücher.
James arbeitet mit Kunden aus der Lebensmittelbranche im
Südwesten Englands zusammen und liefert innovativen Con-
tent aus seinem heimischen Studio. Er liebt es, saisonal mit
regionalen Produkten zu kochen.

Im Fernsehen ist James Co-Moderator von *The Hungry Sai-
lors* auf ITV und *It's Not Easy Being Green* auf BBC und tritt
bei *Escape to the Chateau* bei Channel 4 auf. Wenn er gerade
nicht kocht oder fotografiert, findet man James beim Rudern
im Gigruderboot, Gärtnern oder Malen.

www.strawbridgekitchen.com

@jgstrawbridge

@eco_boy

NOCH MEHR TIPPS, REZEPTE UND IDEEN VOM SELBSTVERSORGER-EXPERTEN JAMES STRAWBRIDGE

Selbermachen – das Kochbuch
ISBN 978-3-8310-4144-2
Preis 24,95€ (D) / 25,70€ (A)

www.dk-verlag.de